经济管理学术文库 • 经济类

中国生产性服务业发展与城市生产率研究

A Study of the Development of Producer Services and Urban Productivity in China

金晓雨／著

经济管理出版社
ECONOMY & MANAGEMENT PUBLISHING HOUSE

图书在版编目（CIP）数据

中国生产性服务业发展与城市生产率研究/金晓雨著. —北京：经济管理出版社，2020.6
ISBN 978-7-5096-7186-3

Ⅰ. ①中… Ⅱ. ①金… Ⅲ. ①生产服务—服务业—影响—城市经济—生产效率—研究—中国 Ⅳ. ①F726.9 ②F299.21

中国版本图书馆 CIP 数据核字（2020）第 098870 号

组稿编辑：杨国强
责任编辑：杨国强　张瑞军
责任印制：黄章平
责任校对：陈　颖

出版发行：经济管理出版社
（北京市海淀区北蜂窝 8 号中雅大厦 A 座 11 层　100038）
网　　址：www. E-mp. com. cn
电　　话：（010）51915602
印　　刷：北京玺诚印务有限公司
经　　销：新华书店
开　　本：720mm×1000mm/16
印　　张：17
字　　数：220 千字
版　　次：2020 年 8 月第 1 版　2020 年 8 月第 1 次印刷
书　　号：ISBN 978-7-5096-7186-3
定　　价：98.00 元

序　言

从经济活动的空间分布看，城市生产率是决定一个地区居民生活水平和经济长期增长的重要因素。我国城市生产率不足被认为是提升经济增长质量的重要挑战。现有理论和实证文献多是从制造业角度来测度城市生产率并分析其影响因素。事实上，随着中国经济发展和产业结构变迁，生产性服务业已在国民经济中占有越来越重要的地位。那么生产性服务业发展对城市生产率有什么影响，其中的理论机制是什么，这是转型时期中国城市发展中亟待解决的问题。

本书认为，在我国经济转型时期，生产性服务业的发展及其与制造业的互动对城市生产率产生决定性影响。这种互动主要通过生产性服务业作为中间投入的集聚经济、再配置和供需平衡三种机制来实现，即作为中间投入的集聚经济机制、促进制造业空间分布的再配置机制和其自身的供需平衡机制。第一，生产性服务业作为制造业中间投入，通过自身集聚经济，促进制造业的生产率；第二，促使不同生产率的制造业，在各个规模的城市间再配置，从而影响加总的制造业生产率；第三，生产性服务需求取决于本地制造业，平衡其供需结构影响城市生产率。

基于此，本书在理论部分构建了一个简单的数理模型，推导出上述生产性服务业影响城市生产率的三种机制。在单个城市中，推导其集聚经济机制。生产性服务业发展，深化中间投入的分工，通过中间投入的集聚经济，促进制造业生产率提升，并且对其投入密集型制造业提升更大。在此基础上，进一步将模型拓展到空间维度，推导生产性服务业的再配置和供需平衡机制。在城市体系下，这种生产性服务业对各制造业的影响差异及各个规模城市生产性服务业的发展水平差异，构成城市比较优势形成的条件，决定了不同生产率的制造业在各个城市的配置，从而影响加总的制造业生产率。同时，制造业再配置，通过后向关联影响城市对生产性服务的需求，平衡供需结构影响城市生产率。

实证部分用 2003~2007 年中国市辖区制造业 2 位数行业的企业微观数据和 2003~2012 年市辖区数据，针对三种机制进行实证。数据来源于 2003~2007 年《中国工业企业数据库》企业微观数据和 2003~2012 年《中国城市统计年鉴》城市数据。企业微观数据按照省地代码与城市年鉴匹配。

第一，实证生产性服务业影响城市生产率的第一种机制：提升制造业生产率。用 2003~2007 年市辖区制造业企业微观数据实证。通过面板固定效应，发现生产性服务业比重提高促进制造业企业生产率提升；构造制造业的生产性服务投入密集度指标，进一步识别其中间投入的集聚经济机制，发现生产性服务业比重提高对生产性服务投入密集度高的制造业生产率提升更大。为克服企业生产率估计的同时性和选择性偏误，用 OP 法和 LP 法计算企业全要素生产率及采用替代的生产性服务业指标，结果稳健。从而验证了其中间投入集聚经济机制。

第二，实证生产性服务业影响城市生产率的第二种机制：促进制造业再配置。用 2003~2007 年市辖区制造业 2 位数行业数据实证。计算生产性服务业和制造业的修正 E-G 共同集聚指数，发现二者倾向共同集聚，并且随制造业的生产性服务密集度增加，共同集聚水平提高。进一步用面板固定效应和系统 GMM 估计生产性服务业发展对制造业专业化影响，发现生产性服务业发展提高了对其投入密集型制造业专业化水平。

从而验证了其再配置机制。

第三，实证生产性服务业影响城市生产率的第三种机制：平衡供需结构。用 2003~2012 年市辖区数据实证。使用门槛面板模型估计，发现生产性服务业对城市生产率的影响存在规模门槛效应，在不同规模区间影响存在差异。规模低于 50.96 万人的城市，生产性服务供给超过需求，其比重提高，反而加剧产业结构的失衡，降低城市生产率；规模介于 50.96 万~261.2 万人的城市，生产性服务供需平衡，其对城市生产率无显著影响；规模超过 261.2 万人的城市，生产性服务需求超过供给，其比重提高，改善了产业结构不平衡，促进城市生产率提升。从而验证了其供需平衡机制。

综合本书发现，生产性服务业通过集聚经济、再配置和供需平衡三种机制影响城市生产率，并且其影响在各个规模城市中存在差异。为此，根据城市规模，调整产业结构，促进资源和要素在产业、城市之间合理配置，可以提高城市的生产率。

本书的特色和创新在于，通过将生产性服务业与制造业的互动拓展到空间维度，识别了生产性服务业影响城市生产率的三种机制，丰富了现有的理论研究；基于我国城市的定量研究，为转型时期的城市调整产业结构指明方向。最后，本书侧重本地生产性服务业对城市生产率的影响，随着生产性服务贸易增加，大城市生产性服务业对小城市的辐射带动值得未来进一步研究。

感谢为本书的撰写提供帮助的家人、同事和编辑。有你们的帮助和鼓励，才让本书能够顺利与读者见面。本著作的出版同时也献给重庆理工大学八十周年校庆！

由于作者水平有限，编写时间仓促，书中错误和不足之处在所难免，恳请广大读者批评指正。

金晓雨

2020 年 2 月 20 日

目　录

第一章　绪　论

第一节　提出问题

从经济活动的空间分布看，城市生产率是决定经济长期增长的重要因素。中国城市生产率不足被认为是提升经济增长质量的重要挑战。过去的城市化进程中，由于第二产业生产率高于第一、第三产业，依靠第二产业向城市集聚产生的结构效应和规模经济，对城市生产率提升和经济增长做出重大贡献。然而，随着经济发展，产业结构和城市生产率矛盾变得突出，第二产业比重过高，但生产率增长缓慢，并带来大量资源消耗和环境污染，成为制约城市生产率提升的障碍。各界一致认为，我国城市需要调整产业结构，转变增长方式。其关键是在城市内，建立制造业与生产性服务业协调的产业结构，通过生产性服务业的发展来带动制造业和城市生产率的提升。

然而，在不同规模城市，生产性服务业发展却并不平衡。2012 年我国生产性服务业比重和城市规模关系如图 1-1 所示，从图中可以看出，生产性服务业比重和城市规模呈 U 型曲线关系，中等规模城市生产性服务业比重较低，而小城市和大城市具有相当的生产性服务业比重。这反映了在现阶段我国城市体系下，不同规模城市的产业结构差异。大城市集聚高端制造业，对生产性服务业拉动较强，产业结构开始由制造业向生产性服务业转型；中等城市制造业集聚程度较高，生产性服务业比重相对较低；而小城市制造业集聚不足，资源和要素反而过度集中于生产性服务业。

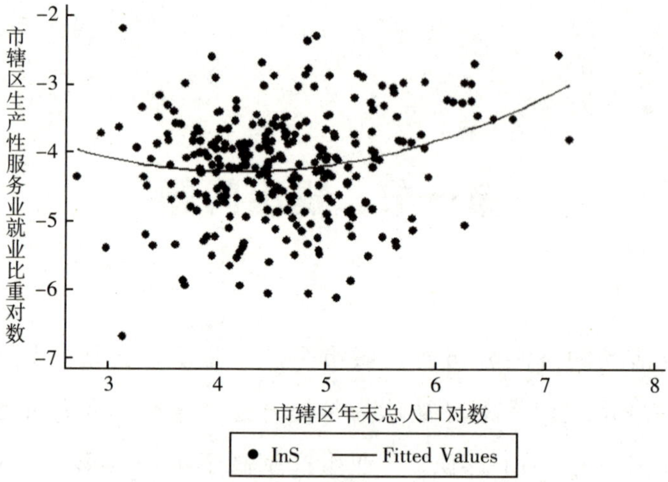

图 1-1　2012 年生产性服务业比重与城市规模

注：根据生产性服务业作为制造业中间投入的定义，用中国 2007 年投入产出表计算出制造业中间投入比重最高的 7 个行业作为生产性服务业的代表。详细计算方法见第三章。

资料来源：《中国城市统计年鉴》(2013)。

这种结构差异势必导致不同规模城市，生产性服务业对城市生产率影响存在差异。城市生产率与生产性服务业比重如图 1-2 所示，人均地区生产总值作为城市生产率的代表，以城市规模均值 140 万人作为临界点，当城市规模小于 140 万人时，生产性服务业比重和城市生产率负相关，而当城市规模超过 140 万人时，生产性服务业比重和城市生产率正相关。可见，生产性服务业对城市生产率的影响取决于城市规模，在不同规模城市具有差异。

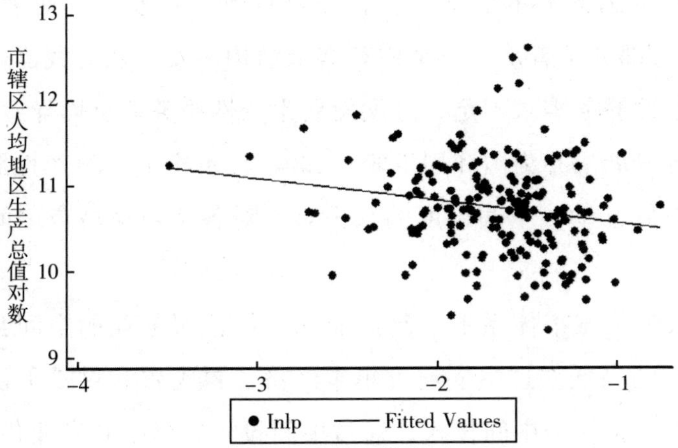

（a）小城市

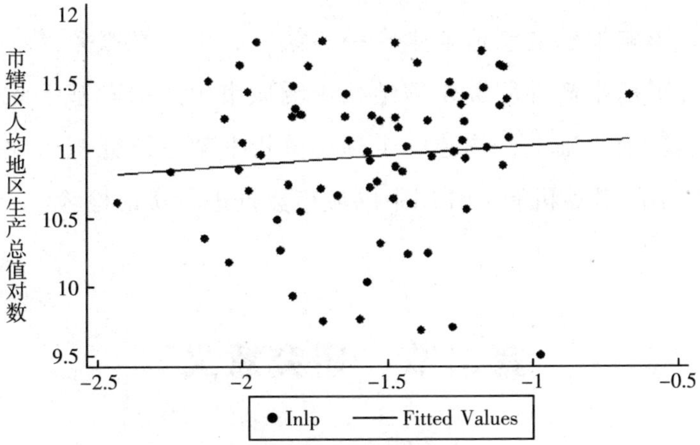

（b）大城市

图 1-2 2012 年城市生产率与生产性服务业比重

注：图中大城市和小城市的划分是相对指标，选择市辖区年末总人口均值 140 万作为临界点，高于 140 万的为大城市，低于 140 万为小城市。出于稳健性，分别选择了 100 万、150 万和 200 万作为临界点，基本结果不变。

资料来源：《中国城市统计年鉴》(2013)。

现有生产性服务业对城市生产率影响的研究中，主要从宏观总量出发。部分学者基于生产性服务业和制造业关联性，认为生产性服务业作为制造业中间投入，促进制造业企业效益提升（顾乃华等，2006a）；但对于生产性服务业本身，一些学者发现，相对于制造业，生产性服务业装备每个劳动力需要的资本更多，而经济效益却较低（刘培林和宋湛，2007）；还有部分学者从产业结构和需求结构出发，认为我国需求结构偏低，对生产性服务需求不足，过度发展生产性服务业反而导致资源错配，不利于经济发展（乔为国和周卫峰，2004）。事实上，生产性服务业和制造业存在空间互动，空间维度的缺失难以对各个规模城市之间差异做出解释。

本书认为，城市体系下，制造业和生产性服务业的空间互动决定了城市生产率的高低。这主要通过集聚经济、再配置和供需平衡三种机制来实现：第一，作为中间投入，通过中间投入的分工和专业化集聚经济，直接提高制造业生产率；第二，促进不同生产率制造业在各个规模城市的再配置，影响加总的制造业生产率；第三，生产性服务需求取决于制造业，通过平衡生产性服务供需结构影响城市生产率。基于此，本书在城市经济学理论基础上，构建一个理论分析框架，研究生产性服务业影响城市生产率的微观机制，并用中国城市数据进行实证检验。

第二节　研究意义

城市是国家财富积累的载体，城市生产率高低会对一国经济长期增长产生重要影响。城市生产率的演变往往也是产业结构变换的过程，适当的产业在不同规模城市之间的合理配置，不仅是提升城市生产率的内在要求，同时也是实现经济长期增长的必要前提（Henderson，2007）。

中国城市生产率不足被认为是提升经济增长质量的重要挑战。具体来看，有两个典型特征：一是小城市规模偏小，集聚效率不高，少部分特大城市规模偏大，拥挤成本过高（王小鲁和夏小林，1999；Au & Henderson，2006；陈钊和陆铭，2006）；二是大小城市之间的产业结构趋同，城市之间专业化分工程度低（Henderson，2007）。在某种程度上，这两个特征紧密相连，共同决定城市生产率的高低。城市生产率来自产业集聚产生的规模经济，不同产业所需要的集聚经济不同，对应不同最优城市规模；反过来说，不同规模城市产生的规模经济不同，也对应着不同的产业结构。不同规模城市中，产业结构趋同使得各个产业找不到合适的空间发展，难以充分获得规模经济。大城市中集聚过多规模经济较弱的产业，带来拥挤成本过高，限制规模经济强的产业的发展空间；小城市集聚规模经济强的产业，难以发挥产业自身的规模经济优势，同样造成产业和城市生产率偏低。最优城市生产率应促进产业在城市之间合理配置，使产业结构和城市规模相对应。

一般来说，在一个国家处于中等收入时期，大城市以生产性服务业为主，提供的是多样化的服务和技术，促进研发和技术进步，而小城市则以制造业为主，从事标准化的生产制造（Duranton & Puga，2001）。产业在空间上的这种分工和配置，有利于发挥各个城市的比较优势，提高城市生产率。中国大小城市产业结构趋同使得不同规模城市难以发挥各自的比较优势，各产业无法获得充分的规模经济，限制了产业和城市生产率的提升。因此，要提高城市生产率，需要从调整产业结构入手，其关键是建立起制造业和生产性服务业的互动协调发展的产业结构，促进各个产业在城市间的合理高效配置。

基于这样的现实背景和理论逻辑，本书试图从生产性服务业和制造业互动演进和空间配置角度，研究生产性服务业对城市生产率的影响机制。试图回答以下几个问题：①如何从结构角度定义中国的城市生产率？②生产性服务业影响城市生产率的微观机制是什么？③如何通过结构调整来促进城市的生产率？

为此，本书研究的意义为：①拓宽了城市生产率内涵及影响因素的理论认识；②将生产性服务业和制造业互动演进拓展到空间维度，分析产业在不同规模城市间的配置，拓宽了对原有理论的认识，有利于服务业研究和城市经济学研究的融合，培养新的理论增长点；③生产性服务业对城市生产率影响的定量研究，有助于城市制定科学的产业政策，促进资源要素在城市空间和跨产业部门的配置，实现产业结构调整升级和城市生产率提升。

第三节 研究方法与数据

一、研究方法

本书用理论和实证结合方法，从理论上提出生产性服务业对城市生产率的影响机制，并用中国城市数据进行实证检验。

理论方面，在城市经济学理论框架下，将生产性服务业和制造业互动演进关系拓展的空间维度，构建了一个简单的数理模型，推导出生产性服务业影响城市生产率的微观机制。三个影响机制相互联系，层层递进，图 1-3 为生产性服务业对城市生产率的影响机制。单个城市下，推导生产性服务业通过中间投入集聚经济，影响制造业生产率的机制。基于 D-S 中间产品模型，城市中制造业以生产性服务作为中间投入，其促进中间投入的分工和专业化生产，提高制造业的生产率。进一步拓展到空间，推导出再配置和平衡供需机制。在两个城市的城市体系下，生产性服务业对不同制造业影响差异，以及不同规模城市生产性服务业发展水平差异，构成城市比较优势形成的条件，决定了不同生产率的制造业在各个城市的配置，从而影响加总的制造业生产率。同时，这种再配置，通过后向关联改变城市对生产性服务需求，通过平衡供需结构影响城市生产率。随着城市规模增加，集聚更多生产性服务投入密集型制造业，这些制造业通过后向关联增加生产性服务需求，与需求相平衡的生产性服务供给有利于提高城市生产率。

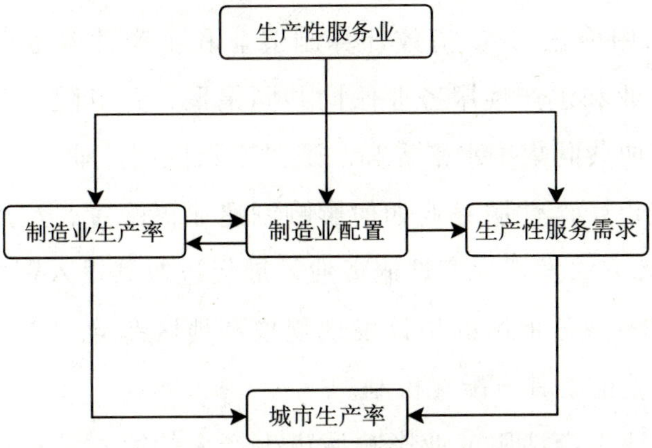

图 1–3 生产性服务业对城市生产率影响机制

实证方面，利用城市和企业微观数据匹配构造的 4 维数据，使得很多效应得以更有效的处理。指标方面，采用 OP 法和 LP 法计算制造业企业生产率，克服同时性偏误和选择性偏误，并采用替代的生产性服务业比重指标，进行稳健性检验。方法方面，采用了面板固定效应、非参数估计、动态面板、门槛面板模型等多种计量方法，提升估计的一致性和有效性。较大的数据量和多种计量方法的采用，确保了实证结果的稳健性。具体来看，分为以下三步进行：

首先，实证生产性服务业影响城市生产率的第一种机制：提升制造业生产率。通过 2003~2007 年《中国工业企业数据》制造业企业微观数据和城市数据匹配，利用面板固定效应，实证其对制造业企业生产率的影响。结果发现，生产性服务业发展促进制造业生产率提升。进一步利用

2007年《投入产出表》，构造制造业的生产性服务投入密集度指标，利用制造业生产性服务投入密集度和生产性服务业比重交叉项，识别中间投入机制，发现生产性服务业对其投入密集度高的制造业生产率提升更大。利用OP和LP法计算制造业企业生产率，以及采用替代生产性服务业指标，实证结果是稳健的，从而验证了其中间投入的集聚经济机制。

其次，实证生产性服务业影响城市生产率的第二种机制：促进制造业再配置。利用修正E-G指数计算制造业和生产性服务业共同集聚水平，发现制造业和生产性服务业倾向共同集聚，并且随着其生产性服务投入密集度增加共同集聚水平提高。通过市辖区制造业2位数行业数据，进一步检验城市生产性服务业如何影响制造业再配置，利用面板固定效应和系统GMM方法发现生产性服务业发展促进对其投入密集型制造业集聚，分城市规模和分地区的估计发现规模和地区差异，进一步修正了回归结果。从而验证了其再配置机制。

最后，实证生产性服务业影响城市生产率的第三种机制：平衡供需结构。通过门槛面板模型，识别不同规模区间，生产性服务业对城市生产率的影响。门槛面板模型通过数据自身选择最优门槛区间，避免了人为对函数的设定，更为科学。发现生产性服务业对城市生产率的影响存在规模门槛效应，在不同规模区间影响存在差异。规模低于50.96万人的城市，生产性服务供给超过了需求，其比重提高，加剧了产业结构失衡，降低城市生产率；规模介于50.96万~261.2万人的城市，生产性服务业供需平衡，其比重对城市生产率无显著影响；规模超过261.2万人的城市，生产性服务需求超过了供给，其比重提高，改善了结构失衡，会促进城市生产率。从而验证了其供需平衡机制。

二、研究数据

实证中采用了统一的数据，研究数据来自2003~2007年《中国工业企业数据》、2003~2012 年《中国城市统计年鉴》、2007 年《中国投入产出表》和 1990~2012 年《中国统计年鉴》等。

制造业企业数据处理。首先，对《中国工业企业数据库》所存在多种问题进行处理（见第五章）。其次，利用《中国工业企业数据库》中的省地代码将企业数据加总为市辖区各区和市辖县制造业数据，并将市辖区各区数据加总得到城市市辖区制造业数据，剔除年销售额 500 万元以下国有企业数据和采掘业、燃气和水的供应业数据，采用的是年销售额 500 万元以上的制造业企业数据。加总过程中剔除了异常值和重复值，确保了数据的可靠性。出于相关指标时序上的一致性，生产性服务业对制造业生产率和配置的实证研究采用 2003~2007 年的数据，然后将 2003~2007 年《城市统计年鉴》和加总的制造业数据匹配，得到城市各个制造业企业、细分行业、生产性服务业就业和城市规模等数据。生产性服务业和城市生产率关系的实证采用 2003~2012 年数据。

生产性服务业的度量，以及制造业对生产性服务业投入密集度的计算，采用 2007 年《中国投入产出表》计算。投入产出表列出了全国各个制造业中间投入产品种类和数量，首先用投入产出表数据计算出制造业对服务业直接消耗系数最高的 7 个服务行业，将其作为生产性服务业代表。其次计算各制造业对这 7 个行业的中间投入占其增加值比重，该比重代表制造业的生产性服务投入密集度。对于投入产出表的行业划分和《中国工业企业数据库》以及城市年鉴中的差别，采用更细分的投入产出表，将细分行业进行合并，得到统一的划分标准后计算。

城市资本存量，按照永续盘存法估算。首先，计算出 1990~2012 年城市固定资产投资总额，用固定资产投资指数折算到基期 2000 年；其次，按照永续盘存法计算出 1990~2012 年各年固定资产存量，其中初始年份选择 1990 年，将当年固定资产投资除以 10%作为 1990 年资本存量，折旧率参考以往文献选取为 6%（具体见第七章）。

其他需要折算的数据实际值都按照对应指数折算为2000年为基期的数据。城市人口数据由于得不到常住人口数据，仍采用统计年鉴中的人口数据。

第四节　创新之处

与现有关于生产性服务业和城市生产率的研究相比，本书的创新和边际贡献体现在以下三个方面：

第一，基于生产性服务业和制造业互动演进，将其拓展到空间维度，丰富了现有理论。现有关于生产性服务业的研究，多从宏观总量出发，缺乏空间维度，难以对城市产业结构差异及其对城市生产率影响作出解释。本书认为，制造业和生产性服务业的空间互动演进，决定了城市生产率。这主要通过集聚经济、再配置效应和平衡供需三种机制来实现。①生产性服务业作为制造业中间投入，通过自身分工产生的集聚经济，直接提高制造业的生产率；②其促进不同生产率的制造业在各个规模城市的再配置，影响加总的制造业生产率；③其需求取决于本地制造业，平衡其供需结构会影响城市生产率。这三种机制共同作用，使得在不同规模城市，生产性服务业对城市生产率产生不同影响。

第二，识别了生产性服务业影响制造业生产率的另一渠道——再配置效应。传统服务业研究认为，生产性服务业作为制造业中间投入，通过分工和专业化产生的集聚经济，促进制造业生产率提升。本书指出，空间维度下，生产性服务业对不同制造业影响差异，以及不同规模城市生产性服务业发展水平差异，构成城市比较优势形成的条件，决定了不同生产率的制造业在各个城市的配置。这种制造业再配置效应影响加总的制造业生产率。

识别该再配置效应，具有重要的理论和政策意义。理论上，若再配置效应存在，则以往生产性服务业集聚经济的实证，会高估其效应。更为重要的是，其具有重要的政策含义，在各城市大力发展生产性服务业的背景下，若再配置效应占主导，高生产率制造业向大城市集聚。这会导致大小城市生产率差距进一步拉大，而小城市偏向生产性服务业的政策，由于难以吸引高生产率制造业，很可能是无效的，甚至导致资源和要素的低效配置。

第三，从结构角度，对我国生产性服务业在不同规模城市中的作用差异做出解释，并进行实证验证。在提出理论基础上，结合我国城市生产性服务业发展特征，对我国生产性服务业在不同规模城市中的作用做出解释，并进行实证验证。本书发现，生产性服务业对城市生产率的影响取决于城市规模，大小城市偏离供需平衡的结构，导致生产性服务业对城市生产率产生不同影响。基于中国城市数据的实证，以及从结构角度对城市生产率的理解，为转型时期城市调整产业结构，提升城市生产率提供理论指导。

第五节　结构框架

本书在一个统一的理论和实证框架下研究生产性服务业对城市生产率的影响及其机制，共八章，文章结构安排可以分为缘起、正文、结语三大部分，如图 1-4 所示。

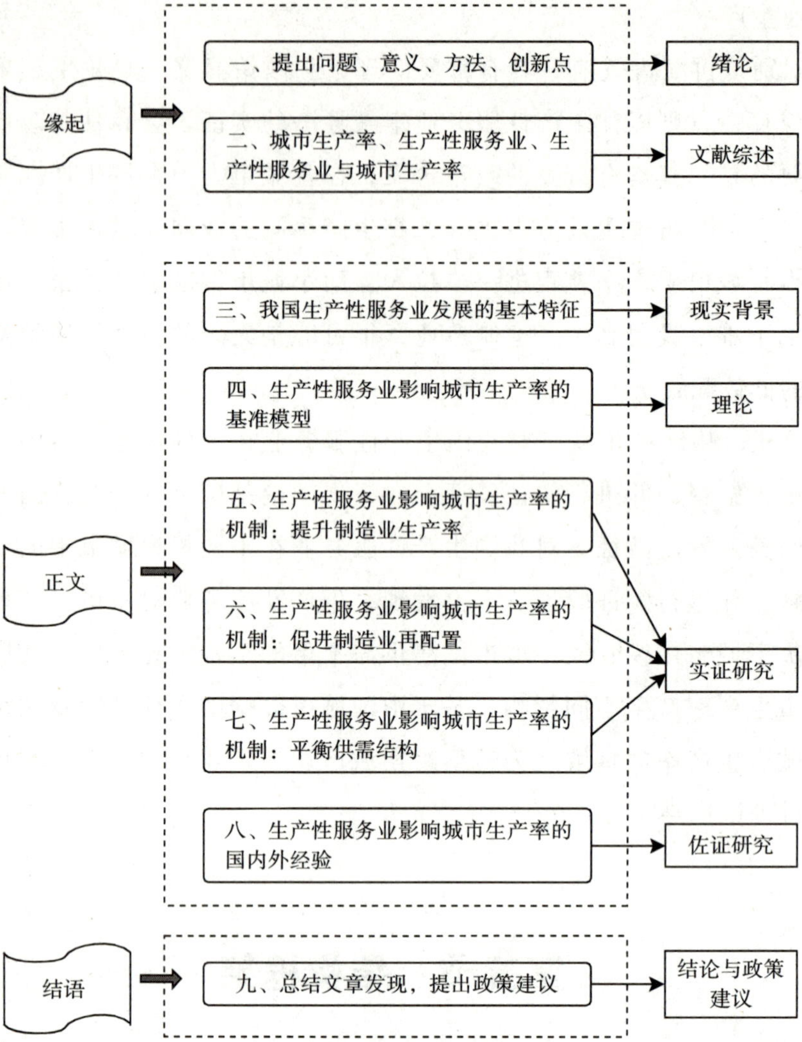

图 1-4　本书结构的框架

缘起部分包括第一、第二章，即绪论和文献综述，是文章的导入部分，也是本书研究的出发点。第一章为绪论，介绍了文章的研究背景及创新点等。第二章为文献综述，从城市生产率、生产性服务业、生产性服务业与城市生产率三个方面综述了国内外相关理论和实证研究成果，并进行评述，前人的研究是本书研究的出发点，文章在该部分对前人研究进行总结，并阐述在前人研究的基础上的边际贡献。

正文部分包括第三至第八章。第三章分析我国生产性服务业发展的基本特征，为后续理论和实证研究提供现实基础。第四章的理论部分建立了一个简单的数理模型，推导出城市体系下，生产性服务业对城市生产率的影响机制。在完成理论分析后，利用中国的城市数据进行实证检验，实证研究部分包括第五、第六、第七章三个实证。第五章是对生产性服务业和制造业生产率的实证，用制造业企业微观数据，研究生产性服务业对制造业生产率的影响。第六章是对生产性服务业再配置机制的实证，该机制的存在会影响城市加总的制造业生产率。第七章从平衡供需结构角度，分析生产性服务业对我国城市生产率的影响。3 个实证从三个角度研究生产性服务业对城市生产率影响，其相互联系，层层递进。第八章通过国内外城市的案例分析，进一步佐证研究结论。

结语部分是第九章，对全书的研究结论进行总结，基于研究结论提出相应的政策建议，并指出不足和将来的研究方向。

第二章 文献综述

第一节 城市生产率

一、城市生产率的内涵

（一）集聚收益

城市是人和企业在地理空间上的集聚，人和企业之所以在地理空间上集聚形成城市，是由于这种地理空间上的邻近性为其带来了收益，这种收益表现为提高了企业的生产率和个人的收益。因此，要讨论城市生产率，首先要分析这种收益的来源及其微观基础。

理论方面，城市集聚经济根据其来源通常可以分为三种类型：来自共享的劳动力市场，来自中间产品和最终产品之间的产业联系，以及来自知识的外溢（马歇尔，2012）。这种划分简单而清晰地解释了城市内企业和居民为什么会在地理上靠近。简单地说，是城市节约了各方面的运输成本，包括运输劳动力、产品和思想的成本（Ellison et al.，2010）。首先，企业靠近供应商和消费者可以节约产品运输的成本；其次，需要同样工人的企业相互之间靠近可以更容易雇用到劳动力，这些劳动力在这些企业集聚的地方也更容易找到工作；最后，企业之间相互靠近有利于知识和技术的溢出。尽管马歇尔提出的三种外部性可以为城市的形成提供理由，但这种分类并未从机制上解释城市形成。为此，Duranton 和 Puga（2004）提出城市新的形成机制的分类，将城市形成的微观基础分为共享、匹配和学习。

共享包括以下几个方面：来自不可分商品和设施的共享，来自多样化收益的共享、来自个人专业化收益的共享和来自风险的共享。不可分商品和设施的共享所指的是，由于某些商品和设施具有不可分特性，这会带来总体水平的收益递增，进而导致城市的收益递增。这种理论很容易理解，事实上长期以来，城市建模把城市看作是生产过程中存在着大的不可分性的结果（Koopmans，1957；Mills，1967；Mirrlees，1972）。多样化收益的共享指的是总体收益来自共享更为多样性的中间投入。尽管最终产品市场上完全竞争，但中间投入的共享会带来最终产出的增长。该理论是基于 Ethier（1982）的论文，最终产品由中间投入按照 Dixit 和 Stiglitz（1977）所采用的不变替代弹性效用函数方式构成，城市规模增加提高了中间投入的种类，中间投入种类的增加提高了最终产品的产出，因此，最终产品企业共享中间投入带来城市总产出的增长。个人专业化收益指的是专业化程度提高带来生产率提升。斯密（1970）制针工厂的例子指出了生产的分工有利于提高工人的工作效率。在城市中，城市规模增加，工人可以进行更为深入的分工和专业化，这种分工和专业化可以提升城市生产率。劳动力市场共享，由于企业和工人共享劳动力市场，降低了企业面对工人流动的风险，也降低了工人失业的风险。

匹配可以通过三种方式影响集聚收益。第一，是匹配的质量。Helsley 和 Strange（1990）指出了匹配的外部性问题，即匹配主体的增加可以提高匹配的期望质量。Duranton 和 Puga（2004）将他们的分析框架加以拓展，将其引入城市框架讨论集聚经济的来源，由于城市提高了匹配主体的数量，从而会提高匹配的期望质量。第二，是匹配的机会。匹配主体的增加不仅可以提高匹配的期望质量，同样可以提高匹配的机会，城市集聚经济不仅表现出与规模收益递增的本地总量生产函数有关，同时表现出与规模收益递增的本地总体匹配函数相关。一个收益递增的匹配函数意味着求职者和空缺职位数目的增加将导致匹配工作数目更大比例的增加。在这种情况下，城市中经济主体数目的增加减少了搜寻成本，减少失业率和空缺比例。因此，城市使得求职者和职位得以更高概率的匹配。第三，是减轻要挟成本，当合约不完全时，当一方想要预先投入专用性资产时，就会遭遇另一方的要挟，这种事后的要挟行为会阻碍对社会有利的专用性资产的投入（Williamson，1985；Hart，1995）。如果有大量的交易方，双方就能够在谈判阶段转向其他交易方，从而减轻要挟问题，城市由于集聚大量的上下游企业，从而可以有效避免要挟问题。

学习也是集聚经济一种重要的来源。学习往往并不是个人行为，个人的学习行为往往会影响周围其他人的行为，并被周围其他人的行为所影响。学习过程中所需的很多信息要面对面地交流，而城市可以让人们在空间距离上靠得更近，因此，城市为学习和知识的传播提供了有利的环境。雅各布斯（2007）强调，在城市中，人们通过交流、学习，可以促进新思想的产生和新企业的创立。Duranton 和 Puga（2001）为多样化环境促进创新提供了微观基础。他们建立了一个动态的理论模型，在产业不同生命周期中，所需要的环境不同，多样化城市有利于企业的学习，从而有利于处于创新阶段的企业，专业化城市有利于降低生产成本，从而有利于处于成熟阶段的企业。城市不仅促进新知识的产生，也有利于知识更有效的传播。有些知识只能通过“面对面”的交流才能够传播，而城市让人们靠得更近，有利于这种知识的传播。

实证方面，大量文献并不是为了识别集聚的机制，而是通过各种方式识别马歇尔（2012）所述集聚经济的三种来源。产业关联方面，马歇尔的中间投入品共享主要是基于中间品的投入过程中规模经济的存在。如果没有规模经济的存在，一个下游企业无论位于何处都能以相同的价格获得投入，而如果存在规模经济，下游企业会选择供应商集中的区域，供应商也会选择下游企业集中的区域。这是由于供应商选择下游企业集中的区域可以大规模生产，规模经济节约了生产成本。并且，由于供应商增加，下游企业也可以以更低的价格获得中间投入。Holmes（1999）基于美国的数据，用对中间投入的购买量除以销售额作为投入购买强度，该指标代表了产业关联，发现投入购买强度越大的产业，其集聚程度越高，表明对于产业关联越强的产业集聚效应越强。对于劳动力市场共享，主要指的是工人和工作的匹配问题。对于工人而言，在城市中更容易实现和工作的匹配，在城市中集聚很多企业，工人相对更容易在城市中找到合适的工作；对于企业而言，在城市中集聚了很多相同技能的工人，企业也能更容易找到合适的工人。Costa 和 Kahn（2001）的研究具有重要意义，他们通过考察具有高等学历夫妇的就业区位选择，发现大城市中“高等学历夫妇”比例相对较高，这是由于在大城市中有更多的就业机会，有助于“高等学历夫妇”双方都找到合适的工作。Freedman（2008）利用厂房水平雇主和雇员的匹配数据研究软件出版行业集聚对劳动力市场的影响，发现集聚有利于工人在行业内跳槽。Bleakley 和 Lin（2012）利用历史人口密集度作为城市集聚工具变量，研究发现，集聚降低了工人跨行业和跨职业的流动，说明集聚有利于劳动力市场更好的匹配，从而降低工人跨行业和跨职业的流动概率。对于知识溢出，在经济学不同领域都有讨论，包括人力资本外部性研究、城市经济学研究等。对于知识溢出的分析，首先要找到知识溢出存在的证据。Jaffe 等（1993）为知识溢出的存在提供了有力的证据，并且这种溢出效应会随着地理距离的增加而快速递减。在专利引用的地理区位方面，他们发现，专利引用在空间上是高度集聚的。既然知识溢出存在，那么知识溢出是否会带来产业的集聚呢？Audretsch 和 Feldman（1996）把产业的空间集中对一些本地的产业特征进行回归分析，具体包括了该地区的大学、研发支出和熟练劳动力可获得性等，发现知识导向型的产业更倾向于在空间集中。Serafinelli（2019）利用意大利数据研究发现，从高生产率企业流出的工人进入其他企业会提高企业生产率，高生产率企业的进入通过工人的流动产生的知识溢出能解释其他企业 15%的生产率增长。

一些文献通过企业或产业之间劳动力市场关联、产业关联、技术关联来共同识别这三种机制及其相对重要性。Greenstone 等（2010）通过大企业进入对本地其他企业的影响来识别集聚溢出，发现大企业进入之后显著提升了本地企业的 TFP，按照大企业和其他企业之间劳动力市场关联、产业关联和技术关联划分来识别溢出的渠道，发现共享劳动力市场和技术类似的企业 TFP 显著提升，支持了劳动力市场共享理论和知识与技术溢出理论。Ellison 等（2010）通过建立产业之间共同集聚指数来识别马歇尔提出的三种外部性，将共同集聚指数和产业之间共享产品、劳动力和思想三种方式联系起来，实证发现，马歇尔的三种外部性都得到了支持，并且投入产出联系更加重要。总的来看，集聚收益形成的原因复杂多样，不同产业结构产生的外部性种类和大小都有差异，并且这些外部性都是随着城市规模的增加而增加的。

（二）集聚成本

城市可以产生种种集聚收益，但同时集聚也带来集聚成本。随着城市规模扩大，由于城市土地有限，人口增加使得城市密度增大和空间范围扩大。导致城市通勤成本增加，房价上涨，环境污染加重，带来一系列的社会问题。

城市经济学理论文献通常将集聚成本看作一个整体，称为通勤成本或拥挤成本。如果城市密度不变，随着城市规模扩大，城市空间边界扩展，远处的工人距离城市中心更远，需要更多的通勤成本，通勤成本会导致有效劳动减少和地租增加。根据 Abdel-Rahman 和 Fujita（1990）的论文，试图在一个简单的框架下讨论通勤成本对城市有效劳动、地租的影响。考虑一个单中心城市，城市为线性的，总人口为 N，人口密度为 1，城市的生产发生在城市的中心，称为中心商务区（CBD）[①]。城市中的每个工人需要到中心商务区工作，工人往返需要花费时间，即通勤成本，不妨假设工人单位距离的通勤成本为 2t（t > 0），居住在距离 CBD 越远的工人通勤成本越高。令每个工人提供 1 单位时间劳动，则扣除通勤成本，工人提供的有效劳动为 $L(x) = 1 - 4tx$。城市单位工人平均有效劳动为

$$\bar{L} = \frac{2}{N}\int_0^{\frac{N}{2}}(1-4tx)dx = 1 - tN \quad (2\text{-}1)$$

由式（2-1）可见，通勤成本的存在，降低了工人的有效劳动时间，并且随着城市规模的增加，平均有效劳动时间递减。城市的拥挤使得工人需要花费更多的时间在往返通勤上，因此，虽然城市让人们靠得更近，但靠得更近也带来了拥挤，降低有效劳动。

另一种拥挤成本是地租。当收入和城市的土地租金函数给定时，每个工人都会选择能够实现其自身效用最大化的住处。由于城市内产品的价格相同，效用取决于收入，而这就等同于居民选择实际收入最大化的住处。令每个工人提供 1 单位时间劳动，居住在距离 CBD 为 x 的工人最大化其实际收入水平 $w(1-4tx) - R(x)$。其中，4tx 为工人往返 CBD 所花费的时间，R(x) 为 x 处的土地租金。在空间均衡下，城市各处居民在通勤成本和土地租金上支出总额是相同的，工人们根据他们的工资排序，

① 将中心商务区（CBD）的存在作为既定的，Borukhov 和 Hochman（1977）、Fujita 和 Ogawa（1982）从理论上推导了中心商务区的存在。

收入最高的工人由于通勤机会成本较高，选择距离 CBD 较近的住处，这就产生了 Alonso（1964）所说的竞租的结果，此时，距离城市 CBD 为 x 处的地租为

$$R(x)=4tw\left(\frac{N}{2}-x\right) \tag{2-2}$$

R(x)随着城市规模 N 的增加而增加，城市规模增加提高了土地租金，从而提高了本地房价水平。在空间均衡下，这种土地租金的增加最终是通勤成本引起的。土地租金提高增加了居民的生活成本，会挤出就业和产业。齐讴歌等（2012）分析了房价水平对产业区位分布的影响，本地房价水平提高，加快了产业从中心城市向外围转移，促进城市产业的转型升级。范红忠（2008）分析城市交通房价政策，认为向大城市倾斜的交通和住房政策，虽然有利于大城市人口集聚，但集聚收益被高房价和拥挤成本抵消，造成城市的虚假繁荣，人口的福利反而降低。因此，考虑集聚收益的同时，集聚带来的本地房价水平增加，也构成了城市拥挤成本的重要组成部分。

除了通勤成本引起的有效劳动减少和地租增加外，城市还会带来环境污染、犯罪率增加、隔离等社会问题，这些非市场因素对现代城市的影响越来越大。大量研究发现，集聚区往往具有更严重的污染（张可和豆建民，2013），有限空间内生产能力的扩张增加了污染排放，恶化当地环境，集聚主要通过规模效应增加了环境污染（豆建民和张可，2014）。Glaeser 和 Kahn（2004）系统探讨了美国城市蔓延带来的一系列问题，在城市中由于汽车的密集使用，有限空间内大量的小汽车带来城市的拥挤，给交通带来很大压力。同时，由于汽车尾气的排放，也造成城市空气污染严重，与汽车使用相关的两个重要环境外部性是温室气体和局部烟雾，这些都会影响城市居民的生活质量。更为严重的是，环境污染还会影响居民健康与寿命，使得各种与环境污染相关的疾病患病率，以及死亡率

增加（Ebenstein et al.，2015；Chen et al.，2013）。这种效应会影响家庭的区位选择，环境污染使得居民迁移，“用脚投票”选择更适宜居住的城市（Banzhaf & Walsh，2008；Tra，2010）。城市也会带来犯罪率增加，由于犯罪往往需要违法者和受害人之间的空间距离接近，而城市使得人口密集增加，对城市犯罪率会产生影响（Flaherty & Sethi，2014）。Glaeser和Sacerdote（1999）发现，高的犯罪收益和低的被捕概率能解释城市规模和高犯罪率联系。Bianchi等（2012）发现，移民和城市犯罪率具有正相关关系，并利用工具变量估计发现移民增加了城市财产犯罪，但对其他犯罪无显著影响。而城市中高犯罪率也会对经济行为产生影响，个人和企业倾向于选择犯罪率低的城市（Rosenthal & Ross，2010）。Abadie和Dermisi（2008）利用住房空缺率，研究发现，恐怖分子行为增加了地标性建筑的住房空缺率，从而犯罪行为也构成一种分散的力量，不利于城市集聚。城市带来的另一个影响是收入差距扩大和隔离问题，尽管城市让人们在物理距离上靠得更近，但心理距离却未必能同样靠近。陈钊和陆铭（2006）发现，农村向城市的劳动力流动并没有带来城乡工资差距的均等化，相反，中国的城乡差距是持续扩大的，并将这种现象解释为是城市政府维护城市居民利益的最优决策的结果。

总的来看，随着城市的规模增加，各种负面因素，如通勤时间和费用的增加、房价提高、环境污染严重等一系列经济和社会问题也会加剧。尽管每一个集聚成本都有不同的形成机制，但都和城市规模有着正向的关系，随着城市规模扩大，城市集聚成本也相应增加。

（三）城市最优规模

随着城市规模的增加，城市的集聚收益和集聚成本都相应增加，当城市规模增加带来的边际集聚收益和边际集聚成本相等时，城市达到最优规模。

对于城市规模，首先要讨论的是城市最优规模能否实现。虽然城市中集聚的边际收益和边际成本相等时，城市达到最优规模，但由于城市中决策主体是企业和工人，企业和工人出于利润最大化动机达到的市场均衡可能会违背最优的城市规模。空间均衡要求工人在各个城市之间效用均等化，任何城市之间效用的差异都会导致工人在城市之间的流动，从而最终消除这种差异。由于外部性的存在，对于工人来说，增加 1 单位工人给城市带来的收益等于自身获得的收益，而增加 1 单位工人给城市带来的成本却需要由城市中所有其他工人承担，因此，理论上均衡的城市规模总是超过最优规模的。然而，Henderson（1974）指出，当城市存在土地开发者或政府时，可以通过补贴等方式影响工人的流动，从而消除这种外部性，使得均衡的城市规模等于最优城市规模。虽然理论上具有可行性，但实证上一些研究发现，我国城市并非处于最优规模，在我国特定的政策背景下，由于人口流动受到限制，我国很多城市规模是偏小的，也有少部分城市规模偏大，超过了最优规模（王小鲁和夏小林，1999；Au & Henderson，2006）。

城市的最优规模来自集聚经济和拥挤成本的平衡。城市的最优规模并不是固定的，它和城市的产业结构相关。由于不同的产业产生的外部性不同，这种外部性的差异使得最优的城市规模存在差异。Henderson（1974）认为，城市的集聚经济来自产业内部，城市应该是专业化的，而不同产业产生的外部规模经济不同，因此，专业化于不同产业的城市最优规模不同。实证上，Black 和 Henderson（2003）观察美国的城市数据，发现专业生产不同产品的城市，其规模也不同，而美国的经济结构总体上正从制造业向服务业的方向转变，大城市往往集聚服务业，小城市仍然专业化于制造业。Henderson（1974）的理论认为，外部性仅仅取决于单个产业，将外部性作为一个总体，仅有大小之分，并未区分外部性的种类。Duranton 和 Puga（2001）将城市的外部性分为多样化外部性和专业化外部性，多样化有利创新，专业化有利降低企业的生产成本，外部性会决定城市的最优规模①。观察美国企业功能专业化趋势，Duranton 和 Puga（2005）进一步建立了总部—工厂的分工模型，总部依赖多样化的生产性服务业，而生产工厂则依赖专业化劳动力，在均衡下大城市提供总部服务，小城市专业化生产。Au 和 Henderson（2006）研究了中国城市生产率问题，认为城市集聚经济来自生产性服务业，因此，具有不同生产性服务业比重的城市对应不同的最优城市规模。柯善咨和赵曜（2014）同时考虑产业结构和城市规模对城市生产率的影响，发现随着城市规模扩大，生产性服务业比重增加，对城市生产率的促进作用增加，随着生产性服务业比重增加，城市具有更高的最优规模。这些发现都指出了产业结构的重要性，不同的产业结构对应不同的最优城市规模，生产性服务业比重增加，使得城市需要更大的规模，以充分实现生产性服务业的规模经济。

（四）城市生产率

城市之所以具有高生产率，是由于各种集聚经济的存在。伴随城市规模扩大，集聚经济增加，同时集聚成本也增加，当规模增加带来的边际集聚经济和边际集聚成本相等时，净集聚经济最大化，此时城市是生产率最高的，也达到了最优规模。然而，城市的集聚经济由于来源不同，对不同经济活动产生不同作用，只有当城市集聚经济和城市内部的经济活动匹配时，才能最大化城市的净集聚经济。

一些对城市集聚经济的来源的分类揭示了不同集聚经济对于城市不同经济活动的影响不同，Duranton 和 Puga（2001）将城市集聚经济分为促进创新的集聚经济和提高生产率的集聚经济，不同的经济活动应该在具有不同集聚经济的城市中分配，因此，多样化城市产生促进创新的集聚

① 尽管在文章的模型中多样化城市和专业化城市具有相同的城市规模，但作者也指出模型的参数发生改变，不同的城市则对应不同的最优规模。

经济，应该进行创新活动，专业化城市产生提高生产率的集聚经济，应该进行专业化生产。Duranton 和 Puga（2005）将城市集聚经济分为提供总部服务的集聚经济和提高生产率的集聚经济，生产性服务业比重高的大城市能够以低成本提供总部服务，应该提供总部服务，制造业比重高的专业化城市能够以低成本生产，应该专业化生产。一些实证文献也发现了不同的经济活动分布在不同规模不同产业结构的城市中，Black 和 Henderson（2003）发现，美国的大城市服务业比重较高，创新活动活跃，小城市制造业比重较高，专业化生产水平较高。因此，在一个城市体系中，不同城市具有不同的产业结构和规模，产生的外部性不同，这种外部性应该和经济活动相匹配，这样才能充分利用城市的集聚经济，才能最大化城市的生产率。

二、城市生产率的度量

通过对城市集聚经济来源的讨论，明确了城市生产率的内涵，城市高生产率就是城市净集聚经济最大化，城市高生产率既可以直接体现为产出效率提高，在空间均衡下，也会通过高要素价格等其他方式体现出来。由于关注重点不同，文献中度量生产率的方法很多，包括估计生产函数方法、非参数方法、DEA 方法、指标法等，其基本思路是从集聚经济对经济活动产生的结果来衡量生产率。

最直接的度量城市生产率的方法是直接估计生产函数。其基本思想是如果城市具有更高的生产率，那么同样的投入应该可以获得更高的产出，这种超出平均水平的产出增长则是城市的生产率。王小鲁和夏小林（1999）通过估计生产函数寻找最优城市规模，发现我国城市规模偏小，大部分城市集聚不足，限制了城市生产率。直接估计生产函数的前提假设是所有城市各个投入要素的投入产出弹性相同，但由于不同的城市技术不同，对要素的使用密集度也存在差异，这样会造成对城市生产率度量的偏差。此外，直接估计生产函数得到全要素生产率也会产生内生性问题（Van Beveren，2012），一些学者改进了对生产函数的估计，采用半参数方法估计生产率（Olley & Pakes，1996；Levinsohn & Petrin，2003），从而克服生产率估计中的同时性偏误和选择性偏误，对于 OP 和 LP 这两种方法孰优孰劣并没有一致的结论（Combes & Gobillon，2014），还有的学者使用随机前沿方法估计企业生产率。范剑勇等（2014）利用 LP 半参数估计和随机前沿方法估计企业生产率，考察集聚对企业全要素生产率的影响，发现两种方法计算的结果接近。

考虑要素投入弹性差异和城市异质性因素，一些学者采用非参数的方法估计城市生产率。Charnes 等（1989）指出，数据包络分析法（Data Envelopment Analysis，DEA）采用最优化方法内生性地确定各种投入要素的权重，避免了投入和产出之间的具体关系，排除了很多主观因素，而且和产品与要素价格无关，很适合用于评价城市的生产率。DEA 方法事实上是利用决策单位的生产集构造一个生产的前沿面，将每个决策单元的生产可能性集和该前沿面比较，从而得到每个决策单元对于前沿面的相对效率水平。李郇等（2005）采用 DEA 方法度量了我国 202 个地级及以上城市的效率，并分析了 1990~2000 年城市生产率的时序和空间变化，发现我国城市生产率总体上较低，而且呈现与三大地带经济发展和城市行政等级相一致的格局。虽然 DEA 方法度量了静态的城市生产率，但由于跨年份前沿面不同，因此无法进行跨年份效率的比较，难以比较跨年份城市生产率的变化。为此，Fare 等（1994）提出了 Malmquist 方法，其基本思路是用不同前沿面分别对跨年份的决策单元进行度量，然后取几何平均值，该指数度量了跨年份决策单元效率的改进。很多学者采用该方法度量中国城市生产率增长（邵军和徐康宁，2010；李培，2007；刘秉镰和李清彬，2009；金相郁，2006），但由于选择的数据和时间不一致，以及数据处理方法不同，得出的结论并不一致。可见，尽管非参数方法具有很多优点，但由于数据质量和选择样本的差异，不同研究得出的结论差异很大，并不能很好地反映城市生产率及城市生产率的变化①。此外，DEA 方法度量由于难以设定特定函数形式，在结合理论的实证研究中较少采用。

还有一些文献采用其他间接的方法度量城市生产率，Glaeser 等（1992）以及 Henderson 等（1995）采用就业增长度量城市生产率的提高，在其理论基础依据空间均衡下，城市生产率提高会导致就业的增长。在对其他欧洲国家的研究中，Mameli 等（2008）利用意大利数据研究发现本地总就业有利于产业长期增长，Viladecans-Marsal（2004）使用西班牙数据发现集聚对 6 个行业中的 3 个无显著影响。也有一些文献使用小企业产生作为度量，Rosenthal 和 Strange（2003）利用新企业的产生作为度量城市生产率的指标，如果一个城市是有效率的，那么这个城市应该可以吸引新企业的进入。也有一些学者对新企业产生给予不同解释，认为新企业产生代表企业家精神（Delgado et al.，2010；Glaeser et al.，2015），或者创新能力（赖永剑，2012）。还有就是使用工资度量城市生产率（Glaeser & Maré，2001；Wheaton & Lewis，2002），这种度量方法基于在竞争市场上，工资等于劳动者的边际产品价值。

尽管城市生产率有很多不同的表现，对城市生产率的度量方法很多，但在理论文献中，通常采用生产函数估计城市生产率。这是因为：一方面，数理建模需要采用特定形式的生产函数；另一方面，当关注城市中除去其他要素投入后所产生的余额，这种余额即是集聚经济。当生产函数只有劳动时，扣除劳动贡献，得到的余量即是生产率，劳动生产率也是全要素生产率（因为只有劳动单个要素）。而在控制资本后，得到的余

---

① 当某个决策单元的生产可能性集位于前沿面时，该数据点的测量误差会改变前沿面，影响到所有城市的效率的度量；此外，选择不同的样本集合，也会得到不同的前沿面，使用不同前沿面得到的相对效率缺乏可比性。

量是资本和劳动两种要素下的全要素生产率。城市经济学数理模型中，为了简化分析，通常采用劳动单个要素的函数形式，因此，通常估计劳动生产率。Au 和 Henderson（2006）建立了一般均衡的理论模型，研究中国城市规模和城市劳动生产率的关系，得出城市的人均产出水平和城市规模呈现倒 U 型曲线关系，并且最优城市规模随着城市内部产业结构的不同而不同，由于人口流动受限使得我国城市偏小，限制了城市生产率。柯善咨和赵曜（2014）建立理论模型分析了生产性服务业比重和城市规模对城市生产率的交互效应，在其模型中考虑了劳动和资本要素，得出生产性服务业的比重和城市的生产率关系受到规模的影响，城市达到一定的临界规模才能从上下游产业关联中获得效益。生产函数估计城市的生产率关键在于对其的解释，这些研究均考虑了影响城市生产率的具体因素，并将其纳入理论和实证模型，发现城市生产率除了受到要素投入的影响外，还受制于城市内部产业结构。基于理论建立的实证模型，估计得到的城市生产率，具有更明确的理论含义，避免解释的模糊。

三、城市生产率的影响因素

城市生产率的影响因素的研究，主要从不同因素对集聚经济的作用开始的。由于城市生产率取决于集聚外部性，集聚外部性和城市规模呈正相关关系，并且集聚外部性在产业维度上存在差异，因此，现有文献主要从规模和产业两个维度上讨论城市生产率。

城市的集聚外部性和拥挤成本都随着城市规模的扩大而增加，当城市规模扩大带来的边际收益和边际成本相等时，净集聚经济实现最大化，城市达到最优规模（Henderson，1974）。虽然理论分析提供城市实现净集聚收益最大化的机制，但鲜有文献具体讨论城市的最优规模问题。王小鲁和夏小林（1999）最早研究中国的城市生产率，其建立的理论模型认为，城市的集聚经济 Y_u 随着城市规模 u 的扩大而增加，但边际效应递减

$(\partial Y/\partial u>0, (\partial^2 Y)/(du^2)<0)$，城市的集聚成本 X_u 也随着城市规模扩大而增加，并且边际效应递增（$\partial X/\partial u>0, (\partial^2 X)/(\partial u^2)>0$），因此，当城市的规模扩大所带来的边际集聚收益等于边际集聚成本时 $\partial Y/\partial u=\partial X/\partial u$，城市存在最优规模（$U^*$），如图 2-1 所示。根据以上理论，王小鲁和夏小林（1999）用中国数据估计了我国城市的最优规模，发现我国城市最优规模为 100 万~400 万人。席强敏（2012）采用了 DEA、超效率 DEA、Malmquist 指数等指标估计了 2001~2009 年中国 152 座城市生产率和城市规模之间的关系，发现城市综合效率和城市规模呈正相关关系，城市规模效率随着城市规模扩大呈倒 U 型曲线关系。王业强（2012）利用 DEA、超效率 DEA 和 Tobit 回归模型发现，总体上中国城市规模效率和城市规模呈正相关关系，城市经济、环境、社会规模效率和城市规模呈倒 U 型曲线关系。然而，也有学者认为，城市规模并不是适合作为集聚经济的度量，其难以体现集聚的空间距离特征，相对而言，人口密集度更能体现集聚的大小。Ciccone 和 Hall（1996）利用人口密集度估计集聚外部性对生产率的影响，认为人口密集度相对城市规模是更好的度量指标。Carlino 等（2007）实证人口密集度对创新的影响，其用专利密集度代表地区创新水平，发现人口密集度增加提高了地区专利密集度，然而人口密集度

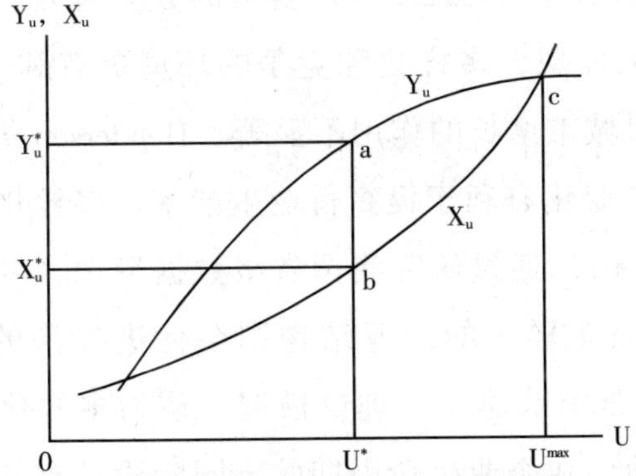

图 2-1 城市集聚经济与集聚成本

资料来源：王小鲁和夏小林（1999）。

对创新的影响并非完全正向关系，当人口密集度在2200人/平方英里时，专利密集度最高。这可能是由于过高的密集度产生的拥挤成本带来的负作用。

产业结构和城市生产率的研究，文献主要从专业化和多样化产生的外部性进行研究的。从静态角度看，马歇尔（2012）认为，集聚经济来自行业内部企业之间，因此，专业化有利于提高城市生产率，将专业化外部性带来的集聚经济称为本地化经济；雅各布斯（2007）认为，集聚经济来自产业之间，多样化有利于提高城市生产率，将多样化外部性带来的集聚经济称为城市化经济。Henderson（2003）发现，高技术产业往往是专业化的，这间接表明专业化有利于提高企业生产率。Combes等（2008）以工资水平度量集聚经济，利用法国数据发现，专业化有利于99个产业中的94个工资水平提高。Martin等（2011）利用法国厂房层面的数据研究发现，专业化有利于提高企业生产率，多样化对企业生产率无太大影响，从而支持本地化经济，不支持城市化经济，但其也发现，当专业化水平超过一定水平时，对生产率的影响变为负向的。从动态角度看，往往将专业化对增长的作用称为Marshall外部性，将多样化对增长的作用称为Jacobs外部性。大量文献研究这两种外部性哪种更有利于提高城市生产率。Glaeser等（1992）利用美国的数据研究产业环境对城市就业增长影响，结果发现，多样化和竞争的环境更有利于城市就业增长，专业化水平提高对城市增长的作用不显著。Henderson等（1995）用美国的数据研究发现专业化有利于提高行业生产率，多样化有利于新行业的产生。薄文广（2007）通过研究我国省级数据发现，专业化对经济增长产生负面影响，而多样化的产业结构则会促进经济的增长。理论上，Duranton和Puga（2001）建立了理论模型，认为多样化和专业化的城市并无优劣之分，他们在企业生命周期的不同阶段具有各自的优势，多样化城市有利于创新，专业化城市有利于节约生产成本，在城市体系中，多样化城市和专业化城市可以共存。另一部分文献从生产性服务业和制造业的关联角度考察城市生产率。Duranton 和 Puga（2005）讨论了不同类型城市的功能分工，大城市集聚生产性服务业提供总部服务，小城市集聚制造业进行专业化生产，这种城市功能分工有利于提高企业的生产率。Davis 和 Henderson（2008）利用微观企业数据研究发现，总部集聚于大城市有利于将研发等活动和生产活动分离，总部从本地多样化的生产性服务业投入和其他总部的集聚中获得生产率提升。总部集聚生产性服务业比重高的大城市具有优势，而总部和生产工厂分离也带来沟通和运输成本，Henderson 和 Ono（2008）同时考虑总部和生产工厂邻近所带来的优势和分离的优势，并实证比较了二者之间的矛盾。

一些文献将生产性服务业和城市规模结合起来，研究城市最优规模。Au 和 Henderson（2006）建立了一个理论模型分析城市的最优规模问题，在其模型中，生产性服务业为最终产业（制造业）提供中间服务，通过分工产生集聚经济；当城市的规模扩大时，城市中间投入的种类也随之增加，城市的集聚正外部性增强；但城市规模扩大的同时，城市的拥挤成本也会增加。在一系列假定的前提下，该模型证明了城市人均产出和城市规模存在倒 U 型曲线关系，在曲线的最高点，城市达到最优规模，此时的城市人均产出最大。同时，城市的生产性服务业比重也影响城市的最优规模，由于城市的集聚经济来自生产性服务业，因此，其比重增加，集聚经济也会随之增加，城市的最优规模相应增加。豆建民和汪增洋（2010）以土地产出率表示城市的生产率，发现二产比重在大小城市对生产率影响不同。柯善咨和赵曜（2014）建立了一个理论模型，分析了生产性服务业和城市规模对城市生产率的交互效应，在其模型中城市集聚经济来自生产性服务业，生产性服务业和制造业之间的比重对城市生产率的影响取决于城市规模，城市需要达到一定的临界规模才能够从产业关联中获得效益。

其他影响城市生产率的因素还包括区位，人力资本等。城市区位对城市生产率的影响主要通过市场潜力作用，城市靠近一个较大的市场，具有更大的市场潜力，有利于企业因规模经济而节约运输成本（Krugman，1980，1991）；但同时靠近一个大的市场，也可能产生更大的竞争，从而降低企业效率（Black & Henderson，2003）。Au 和 Henderson（2006）在实证中国城市生产率与城市规模和城市产业结构之间关系时，测算了城市的市场潜力，加入市场潜力变量并不显著影响城市生产率。许政等（2010）考察城市与大的港口距离对城市增长的关系，发现中国城市的增长和其到大的港口距离之间具有“∽”型的曲线关系，这与 NEG 的“中心—外围”理论一致。李郇等（2005）采用 DEA 方法度量了中国 202 个地级及以上城市的效率，并分析了 1990~2000 年城市生产率的时空变化，发现我国城市生产率整体上较低，且呈现与三大地带经济发展和城市行政等级相一致的格局。另一个影响城市生产率的因素是人力资本，城市人力资本对城市生产率的影响不仅通过教育的个人收益影响城市生产率，更重要的是通过教育的社会收益影响城市生产率，教育的社会收益通过技术外部性和货币外部性影响城市生产率（Moretti，2004a），人力资本的外部性在实证研究文献中得到了相当广泛的支持（Moretti，2004b）。Glaeser 等（1995）利用跨国数据的实证研究发现，第二次世界大战以后人力资本高的城市人均收入增长较快。基础设施通过降低拥挤成本有利于提高城市生产率（Haughwout，2002）。Wu（2010）认为，中国的基础设施投资对将来城市增长具有重要作用。实证上，张学良（2012）发现，我国交通基础设施促进了区域经济增长，弹性为 0.05~0.07，并具有显著的空间溢出效应。Bronzini 和 Piselli（2009）分析了 R&D、人力资本和基础设施对长期生产率的影响，发现三者均有利于提升区域生产率，格兰杰因果关系检验显示人力资本和基础设施是生产率提升的原因，而不是结果，R&D 和生产率提升互为因果。

第二节　生产性服务业

一、生产性服务业的内涵和外延

（一）生产性服务业的内涵

生产性服务业，通常也被称为生产者服务业（Producer Services），是指那些被其他商品和服务的生产者当作中间服务性投入的产业（格鲁伯和沃克，1993）。Greenfield（1966）根据服务业的服务对象的不同，把服务业分为两种类型：面向消费者的消费服务业和面向生产者的生产性服务业。其认为生产性服务业是为企业、非营利机构、政府等机构提供服务的产业，而不是为消费者提供服务的产业。Coffey 和 Bailly（1991）指出，生产性服务业产出的产品是生产性服务，其将自身的生产性服务提供给其他企业，在其他企业的生产过程中有助于提高企业的生产效率，并促成上下游企业之间的交易活动。Hansen（1993）认为，生产性服务企业在其他企业的生产过程中发挥着中介的作用，有利于企业生产过程中不同生产阶段的增值，从而提高企业的生产率，在其定义下，生产性服务业既包括了上游的研发活动也包括下游的营销活动。Huang（2012）认为，生产性服务业在经济中发挥克服信息摩擦的中介作用，通过专业化的信息服务降低最终产品生产者和中间产品投入者之间的信息摩擦，从而有利于长期经济增长。顾乃华等（2006b）认为，生产性服务业具有三个显著特征：一是软化产业结构；二是它的产品是中间服务，构成被服务企业的生产成本；三是将知识引入生产过程中，提升产业竞争力（刘志彪，2006）。正因为生产性服务业的这些特性，生产性服务业促进了经济交易和商品生产，成为促进其他经济部门增长的中间投入产业（Riddle，1986）。也有部分文献研究生产性服务业在国际贸易中的作用，Francois 和 Hoekman（2010）以及 Deardorff（2001）研究了生产性服务业在贸易中的作用，认为运输、金融保险等贸易生产性服务业有利于促进产品交易，这些生产性服务业对产品贸易有促进作用，贸易壁垒不仅阻碍生产性服务业贸易，而且阻碍了产品贸易。Francois 和 Hoekman（2010）对生产性服务业贸易政策作了系统的综述。不同学者对生产性服务业的内涵理解不同，侧重点也不同，但总体来看，生产性服务业具有以下几个特征：

首先，作为中间投入。作为中间投入是生产性服务业的基本特征之一，提供产品的对象是其他的企业，而不是消费者。这使得提供服务的企业和被服务的企业之间形成一定的产业关联，这种上下游企业之间的关联性是生产性服务业产生的基础，也是其价值的体现。陈宪和黄建锋（2004）认为，生产性服务业的产生来自于社会分工的深化，最初在社会交易成本比较高时，生产性服务存在于企业内部，企业为自己的生产提供辅助性的服务，后来随着社会交易成本降低和社会分工的深化，生产性服务开始慢慢独立于企业，成为独立的行业，为所有企业提供无差别的生产性服务。可见，从生产性服务业的产生和发展历程来看，其一直是作为其他企业的中间投入而存在的。

其次，具有知识和技术密集性。从生产性服务业起源看，其产生之初是为其他的企业提供辅助性服务的，而发展到现代，其越来越体现为知识和技术密集性，成为生产过程中不可或缺的投入。现代的生产性服务包括了研发、咨询、法律等专业性服务，这些生产性服务具有知识和技术密集性的特征。刘志彪（2005）认为其能够将人力和知识引入生产中，从而能够促进其他产业的生产率的提升，是现代产业竞争力的重要来源。根据其知识和技术密集性，一些研究也开始将生产性服务分为高端和低端生产性服务（Dong & Liu，2014；Schiller et al.，2015）。

再次，服务对象本地化。由于生产性服务往往需要面对面的交流，这使生产性服务很难跨越地理距离，生产性服务业主要是服务于本地企业。比如咨询、法律、营销等，这些生产性服务往往需要与被服务企业进行紧密的交流，才能为被服务企业提供有效的生产性服务，而地理距离增加了沟通的成本，使得生产性服务很难跨越地理距离。虽然一些学者研究生产性服务贸易，认为生产性服务贸易相对于产品贸易在经济中更加重要，但就目前我国的情况看，生产性服务在贸易中的比重仍然很低，生产性服务业往往是高度本地化的。

最后，提升企业生产率。生产性服务作为企业的中间投入，通过拓展中间投入，增加中间环节的分工和专业化，有利于提升被服务企业的生产率。大量文献从分工理论出发，研究生产性服务提升企业生产率的机制。Markusen（1989）建立理论模型，认为作为制造业的中间投入性的产业，当其在经济结构中的比重提高时，会促进中间服务产业的分工，从而提升社会的总产出。Huang（2012）从生产性服务业降低上下游产业之间的信息摩擦角度出发，认为生产性服务业通过降低交易成本，促进研发效率，有利于长期经济增长。大量实证研究发现，生产性服务业有利于企业竞争力的提升（顾乃华等，2006a；江静等，2007；Yang et al.，2013）。

（二）生产性服务业的外延

根据生产性服务业的内涵，那么在我国的行业分类中，具体包括哪些行业呢？由于产业划分往往根据的是生产产品的特征和工艺，以及不同研究对内涵的关注点不同，因此对生产性服务业的外延，并没有一致的划分。

Browning 和 Singelmann（1975）将商品生产部门和服务生产部门进行分类，商品生产部门包括农业、采矿业、制造业等，服务生产部门包括三种：消费性服务业（如餐饮、娱乐等）、生产性服务业（如金融、法律、会计等）和分配性服务业（如交通运输、批发和零售业等）。顾乃华等（2006b）认为，生产性服务业包括四种类型：一是促进各种资源的分配和流通的服务业（包括金融业、物流等）；二是为产品的流程设计和产品创新提供服务的服务业（包括研发、设计等）；三是提供生产组织与管理方面的服务（包括咨询、财务、法律等）；四是提供生产活动过程的服务（包括市场营销、广告、运输等）。张志彬（2013）认为，生产性服务业包括了传统生产性服务业和现代生产性服务业。传统生产性服务业主要是为企业提供产品流通服务，例如交通运输、邮政和仓储业，批发和零售业，金融保险业等。而现代生产性服务业则主要是为企业提供信息、技术和管理服务，包括信息技术、咨询、租赁和商业服务等。

可见，对于什么是生产性服务业，在不同的研究中，定义并不相同。有些服务业既为企业提供辅助服务，也可以为最终产品的消费者提供服务，比如金融业、批发零售业、住宿餐饮业等，这些产业既包括提供个人消费的金融业务，住宿餐饮等，也包括为企业提供金融业务，批发零售等，只不过是更侧重于哪一种。此外，由于分析的侧重点不同，对其范围定义也会有所差异，有些学者侧重中间投入的特征，在选择行业范围的时候，会倾向于最终产品产业中投入比重较高的服务业；有些学者则侧重于知识和人力密集特征，会选择人力资本密集型的服务业，两种标准选择的生产性服务业包括范围往往并不一致，这也会导致对生产性服务业外延定义不同。表 2-1 列举了一些国内外学者对其行业范围的定义。

从表 2-1 可以看出，对于生产性服务业的涵盖范围，不同研究包括的行业不同。但相对来说，普遍包括商业服务、金融、信息计算机服务和软件业等。这几个行业作为生产过程中投入比重较高，并且知识和技术密集型的行业得到普遍认同。但对于批发零售业、住宿、餐饮业等行业，虽然也作为制造业中间投入，但知识和技术密集度较低，有些研究

表 2-1　国内外对生产性服务业的行业范围界定

文献	包括行业
Browning & Singelmann (1975)	保险金融业、法律和商业服务、企业服务、研究开发、房地产业、会计、交通运输业等
Howells & Green（1986）	金融业、保险业、商业服务业等
Marshall et al.（1987）	研发、广告、营销、商品的存储与销售、清洁、福利服务等
Hansen（1990）	金融、保险、交通运输、研发、资产管理服务等
格鲁伯和沃克（1993）	金融业、批发贸易、交通运输业、仓储、会计、广告等
程大中（2006）	金融服务、信息服务业、专业服务等
Francois & Woerz（2008）	通信服务、金融保险服务、商业服务业、运输服务业
高觉民和李晓慧（2011）	交通仓储及邮政通信、房地产、科研和综合技术服务、金融与保险
韩峰等（2011）	电力煤气供水、批发零售、科技服务和地质勘查、建筑等
顾乃华（2011）	交通、仓储与邮电、租赁以及商务服务、科研技术服务和地质勘查、金融、信息计算机和软件
Yang et al.（2013）	批发零售业、交通运输、金融保险、房地产、信息服务
Huang（2012）	批发零售业、印刷和传播服务业、信息服务业、法律服务业、设备修理和维护服务业
柯善咨和赵曜（2014）	批发与零售、交通运输仓储及邮政、租赁商业服务、住宿以及餐饮、科研技术服务和地质勘查、信息计算机服务和软件、金融
Arnold et al.（2015）	银行、通信、运输、保险

资料来源：笔者整理。

将其包括在生产性服务业之内，有些则没有。在实证研究中，对生产性服务业的范围定义是个难点（顾乃华，2011），需要结合具体的研究思路选择。柯善咨和赵曜（2014）在研究中，计算了制造业中生产性服务的直接消耗系数，选择最高的 7 个服务业作为代表，在一定程度上能够避免人为的主观设定，相对来说更具有客观性。

二、生产性服务业与制造业关系

大量文献通过理论分析，研究了二者之间的关系。认为作为制造业中间投入，生产性服务业的发展，能够促进中间投入的分工以及专业化的生产，从而促进制造业的生产率提升。但该思想一直缺乏理论模型，在张伯伦（2009）的垄断竞争的理论背景下，Dixit 和 Stiglitz（1977）建立理论模型讨论垄断竞争下最优产品差异化问题，作者采用不变替代弹性的效用函数，当产品种类增加时，总效用水平提高，该函数清晰表明了产品种类增加带来的影响，并且在垄断竞争市场中，该模型可以得到很简洁的结果。Ethier（1982）在此基础上，将其应用到产品的生产方面，效用函数变成了总产出，产品种类变成中间投入种类，同样地，当中间投入品种类增加时，总产出水平增加，因此，中间投入品种类的增加提高了生产率。该模型表明了分工促进效率提升的机制，即分工带来中间环节被更细分，提高了生产效率，从而带来总产出水平增加。Markusen（1989）建立了一个两部门的模型，生产最终品的制造业和提供中间品的生产性服务业，通过采用 D-S 形式的函数，得出生产性服务业的发展，会带来中间投入服务的种类增加，这相当于促进了中间投入的分工以及专业化生产，将传统分工促进效率提升的思想嵌入了数理模型之中，从而得出分工增加总产出水平，促进效率提升。Francois（1990）和 Marrewijk 等（1997）也得出类似结论。Huang（2012）从降低市场交易中的摩擦的角度，认为生产性服务业降低了最终产品和中间投入之间的交易摩擦，承担中介作用，有利于促进研发和投资效率，促进长期的增长。

在生产性服务业方面，主要从其对制造业企业竞争力，以及对地区经济增长的作用角度进行实证研究。顾乃华（2005）在两部门模型下研究生产性服务业的外溢效应，利用中国 1997~2002 年的数据，发现其对工业发展具有显著的外溢效应，并促进了地区经济发展。江静等（2007）和冯泰文（2009）用不同的数据和方法，也得出类似结论。杨仁发（2013a）研究发现，有些行业对制造业的作用较大，而有些却不显著，如科研、技术服务和地质勘查等。Arnold 等（2016）研究印度服务业改革对制造业生产率的影响，发现银行、通信、保险和运输业改革促进了制造业生产率提升，并且对外资企业的影响更大。一些学者也发现了行业和地区异质性，黄莉芳等（2011）研究生产性服务业的技术溢出，发现其对资本密集型制造业前向溢出效应较强，对技术密集型制造业具有微弱的后向溢出效应，长三角地区生产性服务业对制造业产生前向溢出效应，环渤海和珠三角地区产生后向溢出效应。实证研究中，也有相反的结论，程大中（2006）用投入产出表发现，生产性服务占总产出比重偏低，与其他部门关联较弱，并不能带动其他产业的发展。

理论上，由于关联性，空间区位上，二者往往也倾向一致。陈建军等（2009）度量了我国生产性服务业集聚水平，发现生产性服务业主要集聚在北京、上海、江苏、浙江和广东等沿海地区，而我国制造业也集聚在江苏、上海、浙江、广东等地（罗勇和曹丽莉，2005），可见，制造业和生产性服务业在地理区位选择上具有一致性。实证中，陈国亮和陈建军（2012）发现，二者在空间上倾向共同集聚，而产业关联、知识密集度等促进其共同集聚水平提升。Ke 等（2014）分析了二者的协同定位问题，利用联立方程估计显示，二者选址上具有协同性，一方倾向选址于另一方所在的地区，并且当本地制造业或生产性服务业发展时，关联产业也会改变原有的区位。然而，陈洁和王耀中（2015）发现，制造业发展不利于生产性服务业在本地和周边城市的集聚。出现这种结论差异，一方面，可能是由于制造业异质性问题，另一方面，可能是生产性服务业本身存在行业异质性。沈飞等（2013）对长三角和珠三角的研究发现，长三角地区的金融、保险和房地产业对制造业集聚具有促进作用，而珠三角的交通运输、邮电通信、金融保险业对制造业集聚有促进作用。Dong 和 Liu（2014）发现，我国生产性服务业总体上集中在大城市，但在空间上却是分散的，高端生产性服务业集聚在大城市，而低端生产性服务业由于“挤出效应”会被挤出到周边的中小城市。可见，在空间中，异质性生产性服务业，也会呈现出不同的集聚模式。

第三节　生产性服务业与城市生产率

一、外部性与城市生产率

城市之所以有效率，来自于城市存在多种外部性，然而不同的产业却产生不同的外部性。Henderson（1974）认为，外部性是来自产业内部企业之间，因此，城市都是专业化的，然而不同产业所产生的外部性不同，有些产业的企业需要和其他同产业内企业靠得更近，产生更大的外部性，而有些产业的企业相对独立，产生的外部性较小，因此，均衡下专业化于不同产业的城市规模不同。其将城市的外部性作为一个整体考虑，这样的话，外部性对于所有企业都是相同类型的影响，就只有大小之分。Duranton 和 Puga（2004）将城市的外部性进行总结，认为根据产生的机制外部性可以分为共享、匹配和学习，这种区分有利于分析不同条件所产生的不同外部性种类。从城市内产业的专业化和多样化来看，Duranton 和 Puga（2001）认为，多样化和专业化所产生的外部性种类不同，多样化城市由于具有多个产业，按照雅各布斯（2007）的创新观点，创新来自不同产业之间，当生产不同产品的企业集聚在一起，相互之间可以交流、学习，通过知识的融合而产生新知识，从而产生新的产业，因此，多样化有利于创新与孵化新产业。而专业化集聚了专业化的企业，企业之间通过共享中间投入和劳动力市场，可以节约生产成本，因此，专业化有利于专业化生产。可见，专业化和多样化产生的外部性种类是不同的。观察到城市开始从部门专业化向功能专业化转变，Duranton 和 Puga（2005）进一步分析了城市的功能专业化现象，其考虑了不同城市的生产性服务业和制造业比重差异，制造业外部性能够降低生产工厂的生产成本，而生产性服务业外部性能够增强总部经济。

除了不同的产业环境产生的外部性不同外，不同企业所需求的外部性不同。在 Duranton 和 Puga（2001）的模型中，企业在生命周期的创新阶段和生产阶段所需求的外部性不同。在企业的创新阶段，企业需要不断地试错以找到适合自己的生产工艺，因此，企业需要在一个有利于企业进行不断试错的环境；而在企业找到适合自己生产工艺之后，企业开始进行大规模生产，此时，企业需要寻找一个有利于降低生产成本的环境。在 Duranton 和 Puga（2005）的模型中，企业的不同部门所需要的外部性环境不同，总部由于承担进行研发、服务等功能，需要多样化的服务业中间投入，以和企业需求进行更好的匹配；而制造工厂由于进行专业化生产，其需要差异化的中间投入和较低的劳动力成本，需要一个专业化的环境以降低生产成本。可见，企业处于不同阶段或者企业的不同部门由于承担不同的功能，都需要不同的产业结构环境。

既然不同产业产生的外部性不同，而不同企业和部门也需要不同的外部性环境，那么，企业就需要和城市的产业进行匹配。当需要某种外部性的企业位于产生该种外部性的城市中时，才会提高企业和城市生产率。在 Duranton 和 Puga（2001）的模型中，处于创新阶段的企业会位于多样化城市，而处于大规模生产阶段的企业会迁往专业化城市，均衡是专业化城市和多样化城市共存，这种均衡是最优且稳定的。同样，在 Duranton 和 Puga（2005）的模型中，在一定条件下，企业会将总部位于服务业发达的城市，将制造工厂位于制造业发达的专业化城市。这种配置有利于降低企业的成本，也有利于提高城市生产率。实证研究也支持了这种结果。Henderson 等（1995）研究了美国 1970~1980 年的产业增长，将产业分为传统产业和新兴产业，发现专业化有利于传统产业增长，而多样化有利于新兴产业的增长。正是由于不同的产业环境产生的外部性不同，使得不同的产业在不同的环境中增长存在差异。Davis 和 Henderson（2008）用美国 1977~1997 年的微观数据研究总部选址的影响因素，发现获得差异化的本地服务和是否集聚其他总部显著影响企业的总部选址，差异化的本地服务业有利于更好地匹配总部的需求，同时其他总部也会对总部选址产生正面影响。该研究结论也支持 Duranton 和 Puga（2005）的理论，由于服务业城市和制造业城市产生的外部性不同，影响了企业不同部门所能获得的外部性，从而产生总部和制造工厂位于不同类型的城市。

这些研究均指出需要某种外部性的产业或企业，应该集聚在产生这种外部性的城市，这种配置是有效率的。空间维度下，生产性服务业和制造业存在互动演进，推动城市产业结构变化，相应城市的外部性也会改变，这对城市生产率的影响尚缺乏讨论。生产性服务业的外部性，会对城市的生产率产生复杂的影响。

二、生产性服务业影响城市生产率的机制

城市中，生产性服务业的发展可以通过多种机制影响城市的生产率。当不考虑产业关联时，可以通过结构红利体现出来，考虑产业关联时，则产生更为复杂的影响。

当不同产业具有不同外部性，并且这种外部性只会对产业内部的企业有正面作用时，那么当产业结构从外部性低的产业向外部性高的产业转变时，资源会得到更好的配置，从而提高加总的城市生产率。这是一种直接效应，和传统产业结构理论中的结构红利一致。Henderson（1974）指出，生产不同产品的产业所具有的生产技术不同，相关参数不同，因此产生的外部性不同，这种外部性差异决定了均衡的城市规模差异。在其模型中，由于外部性来自产业内部企业之间，因此，均衡时所有城市都是专业化的，当一个城市的产业和城市规模不匹配时，如果城市规模

偏小，则外部性没有得到充分利用，如果城市规模偏大，外部性的边际成本超过边际收益，这两种情况都会降低城市生产率。现实当中，一个城市并不是完全专业化的，城市往往具有多个产业，不同的产业所产生的外部性不同，如果外部性仅来自产业内部企业之间，且只有产业内部企业可以获得，那么增加外部性高的产业，降低外部性低的产业就可以优化资源配置，提高城市生产率。

Helsley 和 Strange（2014）考虑产业关联性，城市既不是完全专业化，也不是完全多样化的，而是部分产业的共同集聚，这些产业集聚在一起是由于彼此能够从其他产业中获得收益。大量研究表明，生产性服务业能够促进制造业企业效率。顾乃华等（2006a）研究了我国的转型期生产性服务业作用，用 2000~2002 年 31 个省（自治区、直辖市）的数据发现，其发展能够提升工业企业的竞争力，并且在东部地区和金融保险业中作用最强。江静等（2007）从作为高级要素投入角度，同样发现了生产性服务业对制造业效率的积极作用。冯泰文（2009）采用中介变量模型，引入交易成本和生产制造成本两个中介变量，研究发现其能够通过交易成本的降低，而不是生产制造成本的降低，提高制造业生产率。这些研究大多证实了其作用，但对具体机制却都是在一个孤立的空间中讨论。考虑空间互动时，不同产业会在不同城市配置，这种配置会影响城市生产率。

Baldwin 和 Okubo（2006）从企业异质性角度，分析了企业“自选择”行为，由于市场规模差异，高生产率企业倾向进入大城市，而低生产率企业会进入小城市，这种自选择效应改变了加总的城市生产率[①]。从产业角度来看，同样存在“自选择”的问题，当不同产业从城市中获得的收

① 还有一部分文献从市场竞争角度，认为大城市竞争更加激烈，会挤成低生产率的企业，从而提高加总的城市生产率（Melitz & Ottaviano，2008；Combes et al.，2012）。

益不同时，获得收益更高的产业会首先在该城市生存，而获得收益较低的产业则被挤出。如果不同产业具有不同生产率，那么“自选择”效应会改变加总的城市生产率。对于我国城市集聚对生产率影响是来自集聚效应还是自选择效应，梁琦等（2013）使用分位数回归方法，检验异质企业的集聚和选择效应对企业生产率影响，发现选择效应显著存在，而集聚效应不显著。相反，余壮雄和杨扬（2014）分析了集聚效应和选择效应对城市生产率的作用，发现集聚效应是大城市生产率优势的来源，不存在自选择效应。考虑到二者的关联性差异，在不同的城市中，生产性服务业发展水平的差异也会构成城市的比较优势，影响到不同制造业的区位选择，从而影响城市生产率，但这尚缺乏研究。

制造业“自选择”不仅直接影响城市生产率，也会改变城市的需求结构。从制造业和生产性服务业的关系看，制造业集聚会对生产性服务产生需求，促进生产性服务业发展（肖文和樊文静，2011；刘纯彬和杨仁发，2013；袁志刚和高虹，2015）。而生产性服务密集型的制造业，对生产性服务业的带动作用更强。而目前，在我国城市中，生产性服务业总体水平较低，在不同规模的城市中发展水平也不合理，这势必影响我国城市生产率。柯善咨和赵曜（2014）发现，生产性服务业对城市生产率的作用取决于城市规模，只有当城市规模超过一定的门槛值时，生产性服务业和制造业才能形成良性互动，提高城市生产率。张浩然（2015）利用门槛面板模型，研究发现，高端的生产性服务业会促进城市的经济效率，并且随着城市的规模增加而作用加强，当城市规模超过一定门槛值时，生产性服务业对城市经济效率的作用更强，而低端生产性服务业和城市经济效率呈倒 U 型。生产性服务业之所以在不同规模城市作用不同，是由于其和城市规模对应的最优比重不匹配。不同制造业发展水平的地区，对生产性服务业的需求不同，黄永春等（2013）分析了美国“再工业化”和中国“去工业化”问题，认为美国制造业比重过低，生产性服务业比重过高，限制了经济效率，要再工业化提高制造业比重，而中国制造业比重过高，生产性服务业比重过低，同样限制了经济效率，要去工业化提高生产性服务业比重。美国和中国的情况正对应我国城市体系下，小城市和大城市的情况，我国小城市制造业比重偏低，生产性服务的需求不足，本地过高的生产性服务业比重，会造成城市结构失衡，不利于城市生产率；而大城市往往集聚高端的制造业，生产性服务需求高[①]，大城市的生产性服务业发展滞后，会限制其对城市的生产率作用。

这些文献分别从不同角度，对生产性服务业影响城市生产率的机制进行分析和实证。然而，产业的空间互动，使其对城市生产率作用更为复杂，其既可以直接提高制造业生产率，也会促进制造业配置，并通过供需结构产生影响，通过多种机制影响城市生产率。

第四节 总结性评述

本章从城市生产率的来源、度量和影响因素，生产性服务业的内涵外延和其与制造业关系，生产性服务业与城市生产率关系三个方面综述了国内外相关文献。已有的研究为将来的研究提供了出发点和思路。

对于城市生产率的研究，较一致的观点认为城市生产率来自城市的净集聚收益，即集聚收益扣除集聚成本后的净收益。对于集聚经济的度量具有多种方式，为了和理论模型一致，采用估计生产函数的方法。城市生产率受到城市规模、产业结构等影响。城市经济学主要从专业化和

① 袁志刚和高虹（2015）实证制造业对生产性服务业的就业乘数效应，发现随着城镇化水平提高和城市规模扩大，制造业就业乘数效应加强。这是由于大城市中制造业和生产性服务业关联性更强，从而产生更强的乘数效应。

多样化角度，分析其对城市生产率的影响；也有部分文献从生产性服务中间投入角度，分析其产生的集聚经济。

对于生产性服务业的研究，国内外关于其内涵理解基本达成共识，即作为中间投入性的产业，提供生产性服务，具有知识和技术密集性，对于内涵的一致理解有利于理论分析。对于生产性服务业的外延则存在较大分歧，不同学者划分标准不同，包括的行业范围也不同，按照特定计算方法划分行业范围更加可靠。由于产业关联性，生产性服务业促进制造业生产率，在区位选择上也倾向同一个城市。

对于生产性服务业和城市生产率关系的研究，现有文献侧重从中间投入角度，考虑其对城市生产率的影响，但往往缺乏空间考虑。生产性服务业和制造业的空间互动，使其对城市生产率作用复杂。其既可以直接提高制造业生产率，也会促进制造业配置，并通过供需结构产生影响。然而，尚没有文献对这些机制进行系统研究，本书在一个统一的框架下，分析生产性服务业对城市生产率的各种影响机制。

第三章 我国生产性服务业发展的基本特征

第一节 引 言

经济发展过程中，和其发展阶段相匹配的产业结构，有利于资源的有效配置，提高生产率，促进经济增长。城市是国家财富积累的载体，构建和城市发展阶段相匹配的产业结构，有利于提升城市生产率和促进城市的长期增长。

城市发展中有两个重要的阶段：一是城市化进程，农村到城市的转换；二是城市内部产业结构的调整，本质上是城市之间的转换[①]。这两个阶段紧密联系，城市化进程既是农村居民向城市流动的人口转移，也是农业向工业和服务业的转变的产业结构转换。城市化进程使城市集聚工业和服务业。城市化进程中也伴随城市内部产业结构变动，即工业和服

① 经济中第二、第三产业总比重一定时，一个城市内部某个产业的变动，即体现为其他城市产业的反向变动，这本质上是产业在不同城市间的配置问题。

务业之间的结构变动，尤其是制造业和生产性服务业之间的结构变动[①]。基于生产性服务业和制造业之间的产业关联性，二者之间的空间互动演进决定城市生产率的高低。分析城市化进程中，生产性服务业的发展，有助于从结构角度理解我国城市生产率的演变。

为此，本章的目的是，从生产性服务业演变的时间和空间两个维度，概括其在我国发展的基本特征，为理论和实证分析提供现实基础和出发点。

第二节　生产性服务业范围界定

作为其他产业中间投入的产业，为其他产业提供生产性服务（格鲁伯和沃克，1993）。其生产的产品不是最终产品，而是中间产品；其服务对象不是消费者，而是其他产品和服务的生产者。对于生产性服务业，虽然其概念清晰，但具体到其包括的行业，则很难界定。中国的行业划分往往是根据产品和技术特征进行的，有些服务业行业提供的服务既供给最终消费者，也供给生产者。如批发零售业，其产品既可以是提供给消费者的各种最终消费品，也可以是提供给生产者的中间产品。实证研究中，国内外学者对生产性服务业的范围界定也并不统一，很多实证研究主观设定生产性服务业范围不够严谨。本书侧重生产性服务业的中间投入特征，理论上，投入制造业中作为中间投入的比重越高，越接近生产性服务业的定义。为此，参考柯善咨和赵曜（2014）的方法，根据生

① 对于服务业而言，既包括提供最终消费的生活性服务业，也包括为其他产业提供中间投入的生产性服务业。在同偏好假设下，各城市生活性服务业具有相同比重。而生产性服务业作为中间投入行业则不同，生产性服务业和其他产业之间的互动演进，以及其空间配置，使得其对于经济效率具有重要的作用。

产性服务业作为中间投入的特性划分，按照制造业对各服务业的投入密集度选择最高的几个服务业行业作为生产性服务业的代表。该方法为生产性服务业的界定提供了特定的标准（中间投入标准），避免了界定的主观性，相对更加可靠。

具体方法是，根据 2007 年《中国投入产出表》，计算制造业对各服务业的直接消耗系数，即以各服务业行业在制造业中的中间投入，除以制造业生产过程中的总投入。其公式为

$$A_{ij}=\frac{X_{ij}}{X_j} \tag{3-1}$$

式中，i 表示各服务业行业，j 为 2 位数制造业行业加总的制造业，X_{ij} 表示制造业中直接消耗的各个服务业中间投入，X_j 表示制造业总产值。服务业包括了 14 个服务业。根据公式，该直接消耗系数代表了各个服务业在制造业中的投入密集度。表 3–1 列出了计算结果，选取直接消耗系数最高的 7 个行业作为生产性服务业代表。分别为交通运输、仓储及邮政业，批发和零售业，金融业，住宿和餐饮业，科学研究、技术服务和地质勘查业，租赁和商业服务业，信息传输、计算机服务和软件业。制造业对这 7 个行业的直接消耗系数远高于其他服务业。

表 3–1　制造业对各服务业行业直接消耗系数

行业	直接消耗系数
交通运输、仓储业及邮政业	0.0223
批发和零售业	0.0203
金融业	0.0120
租赁和商务服务业	0.0080
研究与试验发展业	0.0051
住宿和餐饮业	0.0048
信息传输、计算机服务和软件业	0.0039
房地产业	0.0022

续表

行业	直接消耗系数
居民服务和其他服务业	0.0017
卫生、社会保障和社会福利业	0.0014
文化、体育和娱乐业	0.0010
水利、环境和公共设施管理业	0.0004
教育	0.0003
公共管理和社会组织	0.0001

注：直接消耗系数=各服务业行业在制造业中的中间投入/制造业生产过程中的总投入，根据生产性服务业的内涵，选择直接消耗系数最高的 7 个服务业行业作为生产性服务业的代表。

从表 3-1 中可以看出，现阶段我国制造业对生产性服务业的使用集中在一些基础的、增值较少的生产性服务业，对知识和技术密集型的生产性服务业使用较低。在这 7 个生产性服务业行业中，金融业，科研技术服务和租赁商业服务等可以看作是知识和技术密集型生产性服务业，而批发零售，住宿餐饮业可以看作劳动密集型生产性服务业。生产性服务业的一个典型特征是知识和技术密集性，由于知识和技术密集型生产性服务业作为中间投入，在投入其他产业的生产过程中，也同时为其他产业注入知识和技术。相较于劳动密集型生产性服务业，对制造业生产率的促进作用更强。我国制造业对知识和技术密集型生产性服务投入比重相对较低，制造业投入较高比重的劳动密集型生产性服务，可能会造成生产性服务业对制造业生产率整体提升效果减弱。考虑到中间投入性，批发零售，住宿餐饮业虽然不是知识和技术密集型行业，但由于其在制造业生产过程中投入比重较大，同样对制造业具有较高的带动作用，实证研究中往往仍将其作为生产性服务业。

值得注意的是，这里选择的 7 个生产性服务业只代表其在制造业产品生产过程中投入比重最高，并不代表其作为制造业的生产性服务中间投入。这些行业都或多或少提供给最终消费者，具有一定的生活性服务特征。由于数据限制，本书只根据其在制造业中的投入比重来衡量其是否为生产性服务业。实证中数据允许的情况下，会考虑行业异质性，进行分行业检验。

第三节　我国生产性服务业发展的时空特征

一、我国生产性服务业发展的时间趋势

中华人民共和国成立以来，我国经济快速发展，产业结构也发生变化。1952~2012 年我国三次产业增加值占 GDP 的比重的变化如图 3-1 所示，从三次产业结构的变化趋势看，大致可以分为以下两个阶段：

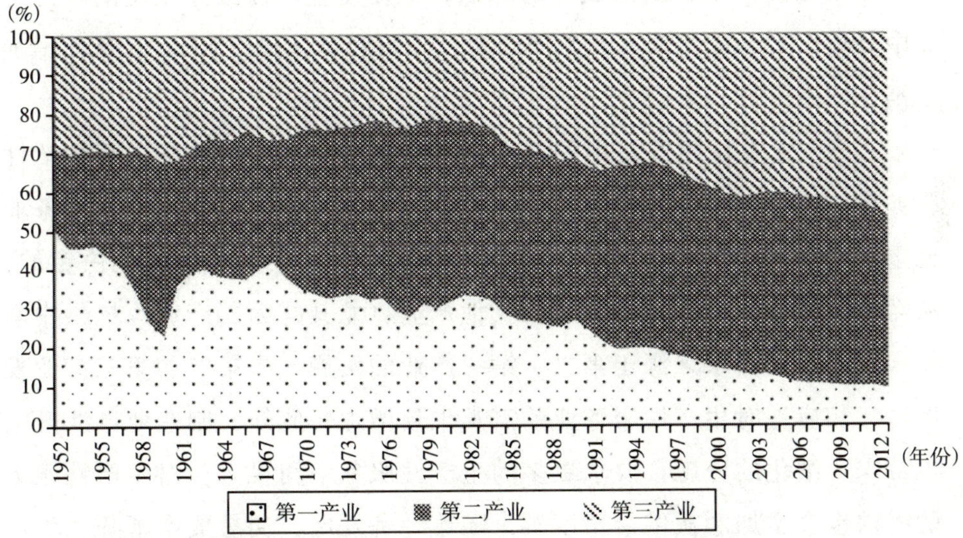

图 3-1　1952~2012 年我国三次产业占 GDP 比重

资料来源：《中国统计年鉴》(2013)、中经网数据库。

第一阶段是 1952~1978 年，该阶段我国政策上推行“赶超战略”，大力发展第二产业，尤其是重工业，压制服务业发展，造成第三产业比重下降，第二产业比重上升；另外，因为在计划经济体制下，我国居民使用的服务产品主要由政府控制其生产和分配，生产性服务存在于企业内部，由企业自身提供（Au & Henderson，2006），这也导致了第三产业比重逐渐降低。同时，该阶段也处于城市化进程中，虽然政策上并不鼓励农民进城，甚至采取各种措施阻碍（如户口政策，知识青年“上山下乡”等），但事实上政策未能起效，在该阶段城市化水平不断提高（Fujita et al.，2004），第一产业比重下降。

第二阶段是 1978 年至今，该阶段实行改革开放后，经济体制逐渐由计划经济向市场经济转轨，资源开始转向由市场配置占主导，第三产业比重过低的产业结构扭曲得以扭转。第三产业在 GDP 中的比重开始逐渐增加，由 1978 年的 23.94%增加到 2012 年的 46.90%，增加了近一倍。另外，在市场经济下，交易成本的降低，也促使生产性服务业逐渐从制造业中分离出来，成为独立的生产部门（陈宪和黄建锋，2004），从而增加了第三产业比重。

第三产业在国民经济中的比重逐渐增加，但第三产业既包括生活性服务业，也包括生产性服务业。理论上，随着经济发展，生产性服务业比重会增加（刘志彪，2006）。这是由需求和供给两个方面共同决定的。从需求角度看，生产性服务业为其他产业（尤其是第二产业）提供中间投入服务，其需求来源于第二、第三产业的发展，当第二、第三产业发展时，相应地对生产性服务业的需求也会增加；此外，制造业产业升级也带来更细化的分工，要求更多的生产性服务中间投入，对生产性服务的需求也会增加。从供给角度看，随着经济发展，交易成本下降，生产性服务由企业自身提供开始转向由外部企业提供，开始独立于企业内部，成为独立的服务业部门，增加其在整个经济产出和就业中的比重。

然而，我国的生产性服务业发展趋势并非一直增加。图 3-2 是 7 个生产性服务业部门的发展趋势，尽管 1978 年以来第三产业取得了快速发展，但我国生产性服务业发展却相对缓慢，交通运输、仓储邮政，金融，批发零售以及住宿餐饮业在 1978 年改革开放之后几年有所增加，但之后却一直维持一个稳定的水平，甚至有所降低。由于 2002 年行业划分标准的变化，对于信息计算机服务和软件业，租赁和商业服务业，科研技术服务业等只有 2002 年之后的数据，这三个行业的增长也同样缓慢，甚至 2002 年以来比重一直在下降。

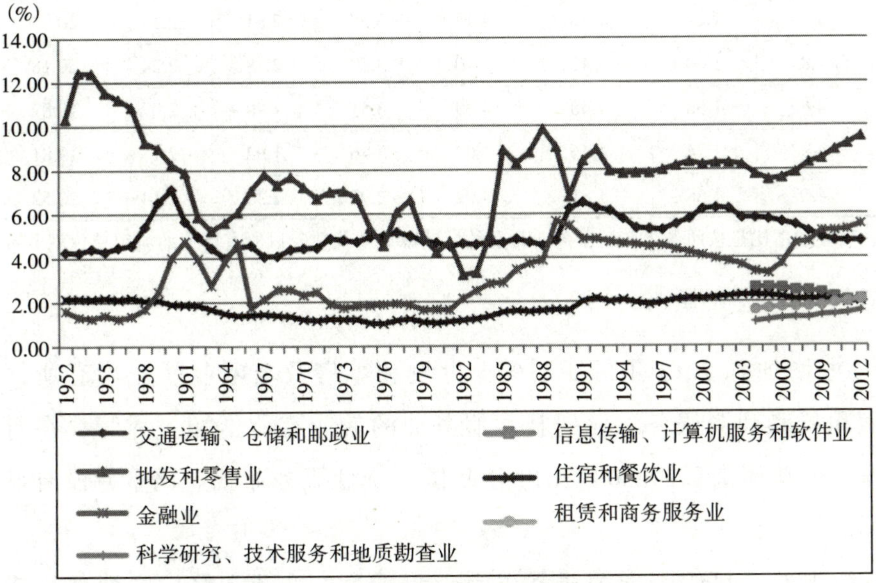

图 3-2 1952~2012 年我国生产性服务业占 GDP 比重

资料来源：《中国统计年鉴》(2013)。

从就业看（见表 3-2），2003~2013 年我国生产性服务业的比重总体上变化不大，略有下降。其中，交通运输、仓储和邮政业就业比重除 2012 年外，在 2003~2013 年是逐年下降的，由 2003 年的 5.80%下降到 2013 年的 4.67%；住宿和餐饮业略有增加，由 2003 年的 1.57%增加到 2013 年的 1.68%；信息传输、软件和信息技术服务业增长最快，由 2003

表 3-2　2003~2013 年各生产性服务业就业的占比

单位：%

年份	交通运输、仓储和邮政业	住宿和餐饮业	信息传输、软件和信息技术服务业	批发和零售业	金融业	租赁和商务服务业	科学研究和技术服务业	合计
2003	5.80	1.57	1.06	5.73	3.22	1.67	2.02	21.08
2004	5.69	1.60	1.11	5.29	3.21	1.75	2.00	20.65
2005	5.38	1.59	1.14	4.77	3.15	1.92	2.00	19.95
2006	5.23	1.57	1.18	4.40	3.14	2.02	2.01	19.55
2007	5.18	1.55	1.25	4.22	3.24	2.06	2.02	19.51
2008	5.14	1.58	1.31	4.22	3.42	2.25	2.11	20.04
2009	5.05	1.61	1.38	4.14	3.57	2.31	2.17	20.23
2010	4.84	1.60	1.42	4.10	3.60	2.38	2.24	20.18
2011	4.60	1.68	1.48	4.49	3.51	1.99	2.07	19.82
2012	4.38	1.74	1.46	4.67	3.46	1.92	2.17	19.81
2013	4.67	1.68	1.81	4.92	2.97	2.33	2.14	20.52

注：就业的占比是按照各生产性服务业行业的城镇单位就业数除以所有行业的城镇单位就业数得到。

资料来源：中经网统计数据库。

年的 1.06 增加到 2013 年的 1.81%；批发和零售及金融业就业均有所下降；而租赁和商务服务、科研技术服务业的就业有所增加。尽管存在行业差异，但总体来看，2003~2013 年我国生产性服务业就业比重并没有显著增加。

总体来看，尽管新中国成立以来，我国第二产业和第三产业都快速发展，但作为为这些产业提供中间投入的产业，生产性服务业发展却相对滞后。

二、我国生产性服务业发展的空间分布

城市体系下，不同城市的分工和专业化产业不同，对生产性服务的需求不同。城市集聚对其需求较高的产业，能够带动其发展，其发展也

会促进这些产业的效率提升，而城市集聚对其需求较低的制造业，带动作用较弱。因此，生产性服务业的空间分布，不一定是相同的，也不应该是相同的。

从生产性服务业的空间分布来看，其在我国城市中的分布并不均匀。以城市规模划分，不同规模城市生产性服务业比重不同。2012 年我国 275 个城市市辖区生产性服务业就业比重与城市规模如图 3-3 所示。从图中可以看出，生产性服务业比重和城市规模呈 U 型曲线关系，小城市和大城市生产性服务业比重较高，中等城市生产性服务业比重较低。

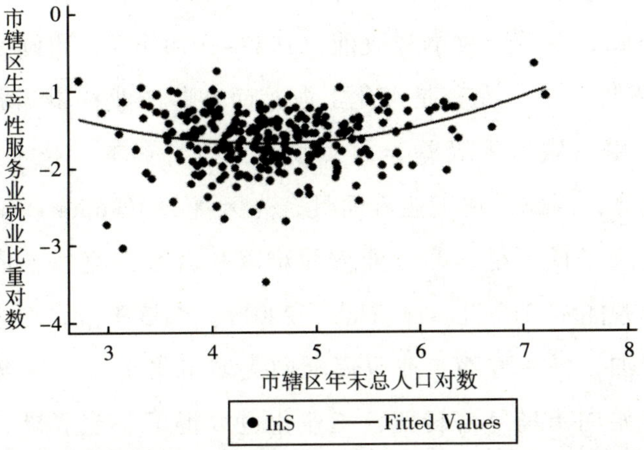

图 3-3　2012 年市辖区生产性服务业就业比重与城市规模

资料来源：《中国城市统计年鉴》（2013）。

进一步以市辖区生产性服务业比重对数为被解释变量，年末总人口对数及其平方项为解释变量，进行 OLS 回归。表 3-3 列出了计量回归结果，年末总人口对数及其平方项的回归系数都是显著的，一次项回归系数为负，二次项回归系数为正，说明市辖区生产性服务业就业比重和年末总人口呈 U 型曲线关系，拟合优度为 0.056。

表 3-3 生产性服务业比重和城市规模关系回归结果

	回归系数	标准差	P 值
lnN	–0.882***	0.259	0.001
$(lnN)^2$	0.098***	0.027	0.000
样本量：275；R^2：0.056；F 统计量：8.12			

注：数据为 2012 年截面市辖区数据，样本量为 2012 年截面的 275 个城市。被解释变量为市辖区生产性服务业单位就业比重对数，解释变量 lnN 为城市年末总人口对数值。***、** 和 * 分别表示在 1%、5%和 10%的显著性水平上显著。

生产性服务业在不同规模城市呈现这种 U 型分布，是由我国产业转型历程以及其与制造业的关系共同导致的。从产业转型历程角度看，中华人民共和国成立以后至改革开放前（1949~1978 年），我国实行“赶超政策”，大力发展工业，尤其是重化工业。而这些产业在不同城市中的发展并不平衡，由于城市等级差异，大城市集聚了资本、技术和劳动力，并具有政策优势，因此，在工业方面具有先天优势（Fujita et al.，2004）。中小城市则先天条件不足，在工业方面难以和大城市竞争，成为为本地提供服务的服务性城市（Glaeser et al.，2001）。在该阶段，一方面我国工业比重逐渐增加，另一方面工业也逐渐向大城市集中。1978 年改革开放以后，我国开始向市场经济转轨，工业化也取得了一定成果，第二产业在经济中的比重提高到 47.88%，第三产业比重则偏低，只有 23.94%，政策上开始放开管制，第三产业发展较快。这在总量上平衡了第二产业和第三产业比重，其在不同规模城市中的分布也发生改变。藤田昌久等（2010）分析了产业在不同市场规模地区间的梯度转移，根据该理论，当竞争加剧时，产业先从市场规模大的城市向市场规模中等的地区转移，再向市场规模较小的地区转移。由于规模经济，我国制造业产业梯度转移过程中，中等城市在制造业方面具有优势。大城市在发展服务业，尤其是生产性服务业过程中，会将制造业向中等城市转移，使得大城市服务业比重增加，制造业比重降低，中等城市制造业比重增加，服务业比重降低。但在此过程中，小城市由于规模较小，集聚经济不足，在吸引制造业方面难以和中等城市竞争，从而仍然是制造业比重较低，服务业比重较高。

从生产性服务业和制造业的关系角度，制造业需要生产性服务业提供中间服务投入，尤其是对于先进制造业，其对于生产性服务业需求更高。大城市集聚先进制造业，这些制造业分工更细、专业化程度更高，需要更为专业化的服务性投入，对生产性服务需求更高。由于产业关联作用，制造业会带动生产性服务业的增长。中等城市集聚的制造业相对大城市技术复杂性较低，这些制造业对生产性服务业的需求相应也较低，对生产性服务业的带动作用较弱。实证中，袁志刚和高虹（2015）估计制造业对生产性服务业的就业乘数效应，发现在我国城市体系下，随着城市规模增加，制造业对生产性服务业的带动作用增强。这正是由于不同规模城市制造业差异，从而产生对生产性服务业的需求差异导致的。小城市由于集聚的制造业比重很低，对生产性服务业需求也较低，甚至难以集聚制造业，其主要是作为消费性城市，为当地和周围居民提供消费便利，因此服务业比重相对较高。

考虑到产业关联性，制造业比重提高需要更多的生产性服务，分析相对比重有助于判断产业结构的合理性。对比不同规模城市制造业比重，图 3-4 是不同规模城市制造业就业比重对数，制造业就业比重随着城市规模扩大而增加。现阶段我国制造业在城市中的分布情况是：大城市制造业比重高于中等城市，中等城市制造业比重高于小城市。虽然图中部分超大城市制造业比重出现下降趋势，但总体上制造业比重随着城市规模扩大而增加。表 3-4 也列出了制造业就业比重对数对市辖区年末总人口对数及其平方项的回归结果，第二列只加入市辖区年末总人口对数，回归系数显著为正，拟合优度为 0.078；第三列加入市辖区年末总人口对数及其平方项，两个变量的回归系数都变得不显著，说明城市制造业比重和城市规模不存在二次曲线关系，制造业比重和城市规模呈正向关系。

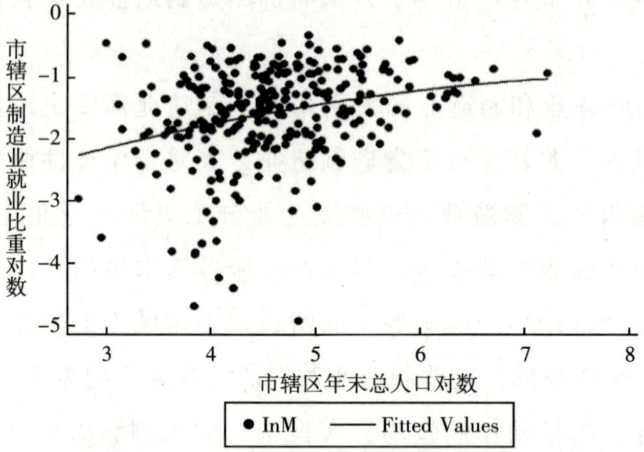

图 3-4 2012 年市辖区制造业就业比重与城市规模

资料来源：《中国城市统计年鉴》(2013)。

表 3-4 制造业比重和城市规模关系回归结果

	OLS	OLS
LnN	0.289*** (0.059)	0.639 (0.505)
$(\ln N)^2$		−0.037 (0.052)
常数项	−2.916*** (0.272)	−3.732*** (1.200)
样本量	286	286
R^2	0.078	0.079
F 统计量	24.10	12.27

注：数据为 2012 年的截面数据，被解释变量为市辖区制造业单位就业比重对数，***、** 和 * 分别表示在 1%、5%和 10%的显著性水平上显著。

基于生产性服务业和制造业之间的关联性，制造业比重增加需要更高比重的生产性服务业。因此，制造业比重和城市规模的正向关系，需要大城市具有更高比重的生产性服务业，以满足城市内的制造业的需求，以此促进制造业的效率提升。然而，在现阶段的我国城市中，生产性服务业却是“两头高，中间低”的情况，即大城市和小城市的生产性服务业比重均较高，而中等城市生产性服务业比重较低。这种需求结构和产业结构的不匹配会影响城市的生产率。

第四节 我国生产性服务业生产率分析

从时间趋势上看，随着经济快速发展，我国的生产性服务业并未取得相应的增长，使得其对制造业的促进作用有限。从分布上看，不同规模城市生产性服务业和制造业比重差异很大，产业在不同规模城市之间配置不合理。基于生产性服务业和制造业产业关联性，二者互动演进和空间配置会影响城市生产率。

一、生产性服务业和制造业生产率比较分析

从国家层面加总数据看，二者的生产率差异反映了一国总体制造业和生产性服务业的生产率差异。由于缺乏资本数据，表 3-5 计算了 2004~2012 年我国制造业和各生产性服务业劳动生产率的变化趋势[①]。

从变化趋势看，该期间除信息传输、计算机服务和软件业外，各行业劳动生产率均有所提高，金融业劳动生产率提高最快，由 2004 年的 14.17 万元/人提高到 2012 年的 34.90 万元/人。从截面上看，2012 年科学研究、技术服务和地质勘查业劳动生产率最低，金融业劳动生产率最高，这可能是由于金融业较高的资本投入导致的。制造业劳动生产率高于交通运输、仓储和邮政业，租赁和商业服务业，科研技术服务和地质勘查

① 由于分析对象是制造业和生产性服务业的行业相对差异，表中数据未作平减，均为名义值。

表 3-5 制造业和各生产性服务业劳动生产率

单位：万元/人

年份	制造业	交通运输、仓储和邮政业	信息传输、计算机服务和软件业	批发和零售业	住宿和餐饮业	金融业	租赁和商务服务业	科学研究、技术服务和地质勘查业
2004	15.86	13.77	32.03	19.85	19.35	14.17	12.64	7.41
2005	16.85	15.64	33.92	23.10	20.83	15.25	12.89	8.55
2006	18.42	17.24	35.65	27.79	22.59	19.11	13.88	9.89
2007	20.33	18.87	35.95	33.27	24.05	25.50	15.29	11.39
2008	22.32	19.50	36.83	38.04	25.59	26.60	15.26	11.61
2009	23.71	19.83	35.32	41.85	26.48	29.75	16.03	13.02
2010	25.27	21.38	33.71	47.11	27.19	31.47	17.70	13.60
2011	24.09	22.14	30.07	43.89	24.72	32.31	21.47	15.27
2012	24.27	23.69	31.59	44.50	25.32	34.90	23.78	15.98

注：劳动生产率按照行业增加值除以单位就业人数得到，增加值为按照 GDP 缩减指数折算到 2003 年的实际值，由于统计数据中服务业分行业的就业只有单位就业，所以这里采用单位就业人数。这里由于行业就业超过单位就业，计算出的劳动生产率会比真实值偏高，此外，考虑到服务业很多就业人口是私营和个体就业，所以计算结果也可能高估了服务业相对制造业的生产率。

资料来源：中经网统计数据库。

业等，但却低于金融业，批发和零售业等。

生产性服务业开始超过制造业生产率，反映了城市发展过程中的结构调整需求。随着交易成本降低，制造业分工和专业化程度深化，制造业集中于其具有核心竞争力的生产环节，将原本属于其内部的生产性服务外包给专门的企业，从而促进了生产性服务产业的壮大。其发展壮大也能够通过提供专业性的服务，发挥自身的规模经济，促进制造业生产率提升。现阶段生产性服务业生产率高于制造业，反映了资源配置的低效。资源仍过度配置于低生产率的制造业，而生产性服务业比重偏低和发展滞后，也限制了其对制造业生产率的提升作用。

劳动生产率只考虑劳动要素，可能导致部分资本投入较高的行业劳动生产率很高，为此，也采用平均工资水平代理生产率变量。表 3-6 列出了制造业和各生产性服务业工人的平均工资。各行业的相对工资水平和相对劳动生产率略有差异，这反映了行业资本密集度差异，行业工资水平可以作为反映生产率相对更好的一个指标。从各行业的相对工资水平看，除住宿和餐饮业外，其他生产性服务行业的平均工资水平均高于制造业。这反映了其具有知识和技术密集性的特征，知识和技术型工人具有更高的生产率，可以获得更高的劳动报酬，如金融业，这些行业的工人具有高等学历教育的工人比重较高，其平均工资水平高于制造业。对于科学研究、技术服务和地质勘查业，虽然其劳动生产率较低，但其平均工资水平却很高，只考虑劳动则低估了该行业的生产率。采用工资水平代理生产率得到的结果和劳动生产率差异不大。

表 3–6　制造业和各生产性服务业平均工资

单位：元/人

年份	制造业	交通运输、仓储和邮政业	信息传输、计算机服务和软件业	批发和零售业	住宿和餐饮业	金融业	租赁和商务服务业	科学研究、技术服务和地质勘查业
2004	13328	16900	31282	12169	11800	22725	17510	21838
2005	14340	18818	34916	13729	12487	26304	19108	24438
2006	15800	20902	37655	15428	13208	30771	21248	27433
2007	17030	22473	38418	16973	13729	35447	22396	30954
2008	18239	23947	41036	19296	14440	40282	24600	34015
2009	20160	26555	43729	21911	15686	45416	26690	37705
2010	21800	28534	45436	23717	16487	49462	27899	39753
2011	23982	30793	46386	26591	17978	53052	30726	42026
2012	26710	34239	51630	29717	20051	57551	34092	44412

注：工资水平为按照 GDP 缩减指数折算到 2003 年的实际值，单位（元/年）。
资料来源：中经网统计数据库。

总体上看，我国现阶段，生产性服务业生产率已开始超过制造业生产率。在市场经济体制下，生产率反映了资源的配置效率。从配置效率看，资源和要素从低生产率的制造业向高生产率的生产性服务业配置，有利于城市整体生产率提升。近年来，虽然我国制造业比重和生产性服务业比重均没有太大增加，但由于交易成本降低和制造业内部产业升级，对生产性服务业需求增加。生产性服务业发展滞后限制其对制造业的促进作用，制造业低生产率也使得其对生产性服务业带动不足，不利于城市生产率。

二、服务业生产率与城市规模

服务业和制造业生产率除了在时间上的演变，在空间维度也具有差异。不同规模城市比较优势不同，集聚的制造业具有差异，相应对服务业需求也具有差异。由于缺乏生产性服务业细分行业数据，以 2012 年《中国城市统计年鉴》中的服务业作为替代指标，分析服务业生产率和城市规模关系。

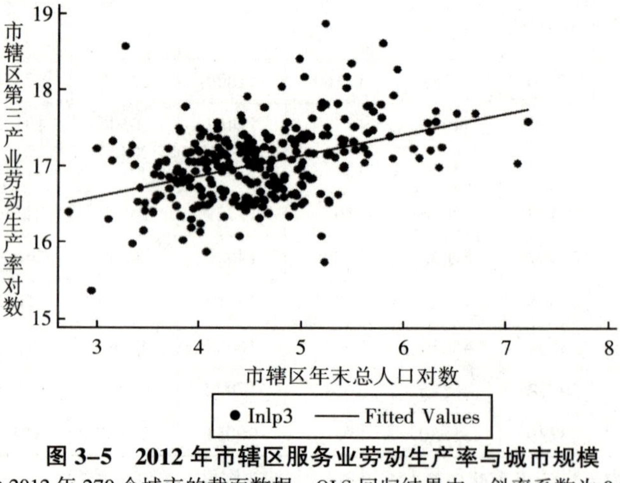

图 3-5　2012 年市辖区服务业劳动生产率与城市规模

注：数据为 2012 年 270 个城市的截面数据。OLS 回归结果中，斜率系数为 0.273，在 1%水平上显著，R^2 为 0.172。

图 3-5 是城市服务业劳动生产率对数和城市规模对数的散点图，服务业生产率和城市规模呈斜向上的水平直线关系，用服务业生产率对数

作为被解释变量，城市规模对数作为解释变量的计量回归结果显示，城市规模对数的斜率系数为0.273，在1%的水平上显著，拟合优度为0.172，说明统计上服务业劳动生产率和城市规模呈正相关关系。随着城市规模扩大，城市服务业劳动生产率也相应提高。

城市之间生产率差异，一方面，反映城市规模差异带来的集聚经济。随着城市规模扩大，通过上下游差异关联、劳动力共享和知识溢出等方式，产生的集聚经济促进了服务业生产率提升。另一方面，反映产业结构差异，产业结构也对服务业生产率产生影响。服务业往往是本地化的，为本地提供服务。随着城市制造业发展，通过后向关联增加对本地服务业需求，推高本地服务业价格，从而提高服务业的劳动生产率。各城市制造业分布具有差异，随着城市规模增加，城市集聚经济和拥挤城市差异促进制造业“自选择”。生产性服务业投入密集型制造业集聚在大城市，劳动密集型制造业集聚在小城市。大城市中制造业对生产性服务业产生更高需求，资源过度配置于制造业导致生产性服务业比重偏低，对制造业生产率带动不足。小城市集聚劳动密集型制造业，对生产性服务业带动不足，资源过度配置于服务业，导致服务业生产率偏低。

可见，不同规模城市中，结构差异对城市生产率的影响很可能是不同的，偏离最优结构都会限制城市生产率。大城市生产性服务业比重偏低，导致服务业对制造业促进作用有限，而制造业低效率也限制了服务业发展，推动产业结构从制造业向服务业转变，有利于扭转资源配置的不合理，提升城市生产率；小城市制造业集聚程度较低，对服务业拉动不足，资源和要素过度配置于服务业，降低了服务业生产率。

第五节　本章小结

本章回顾了中华人民共和国成立以来，我国生产性服务业发展的时空演变特征。分析了这种演变背后的历史因素和经济因素，以及这种演变对城市生产率的影响。生产性服务业和制造业互动演变和空间配置具有最优结构，而这种演变和配置处于特定历史环境，往往受到政策的影响，使得产业配置可能违背最优结构，从而影响城市生产率。总结本章内容，主要有以下发现：

第一，时间趋势上，我国生产性服务业发展滞后于第二、第三产业。作为中间投入，生产性服务业的发展取决于最终产品产业的发展。改革开放以来，我国第二、第三产业快速发展，总量和增长率都不断提高。但由于我国长期以来偏向工业的产业政策，生产性服务业占国民经济和就业比重均较低，滞后于其他产业的发展。

第二，空间分布上，我国生产性服务业比重和城市规模呈 U 型曲线关系。生产性服务业的这种空间分布，具有深刻的历史和经济原因。长期以来，我国偏向大城市的政策使得大城市在最初的发展过程中，集聚高比重的制造业，中小城市制造业比重偏低。随着城市发展和制造业走向成熟，大城市产生过高的拥挤成本，开始向服务业转型，制造业开始向中等城市转移。而在此过程中，小城市难以吸引制造业，制造业集聚不足，沦为为本地服务的服务型城市。产业梯度转移过程中，造成大城市和小城市生产性服务业比重偏高，中等城市集聚制造业的现象。

第三，全国水平上，现阶段生产性服务业的生产率已经开始超过制造业。市场经济条件下，生产率反映了资源的配置效率。资源和要素从低生产率的制造业向高生产率的生产性服务业配置，有利于城市整体生产率提升。近年来，虽然我国制造业比重和生产性服务业比重均没有太大增加，但由于交易成本降低和制造业内部产业升级，对生产性服务业需求增加。生产性服务业发展滞后限制其对制造业的促进作用，制造业低生产率也使得其对生产性服务业带动不足，前后向关联难以建立，会限制城市生产率。

第四，空间分布上，随着城市规模的扩大，服务业劳动生产率递增。城市之间生产率差异，一方面，反映城市规模差异带来的集聚经济差别，随着城市规模的扩大，通过上下游产业关联、劳动力共享和知识溢出等方式，产生的集聚经济促进了服务业生产率提升；另一方面，反映产业结构的差异，生产性服务密集型制造业集聚在大城市，劳动密集型制造业集聚在小城市。大城市中制造业对生产性服务业产生更高需求，促进生产性服务业发展；小城市集聚劳动密集型制造业，对生产性服务业带动不足。

第四章　生产性服务业影响城市生产率的基准模型

第一节　引　言

从经济活动的空间分布看，城市生产率是决定经济长期增长的重要因素。中国城市生产率不足被认为是提升经济增长质量的重要挑战。遵循新经济地理学和城市经济学的模型，现有的文献多从制造业来测度城市生产率和分析其影响因素。然而，城市内各产业间存在互动，过度强调制造业发展会扭曲资源和要素的配置，反而降低城市生产率。各界一致认为，我国城市需要调整产业结构，以提升城市的生产率。其关键是在城市内，建立生产性服务业与制造业协调的结构，通过二者产业关联以提升城市生产率。

作为提供中间服务的产业，生产性服务业对经济发展具有重要作用。学界对此做了广泛研究，顾乃华等（2006a）基于产业关联性，发现其能够促进工业企业的效益。而对于其自身，刘培林和宋湛（2007）却发现，相对于制造业，生产性服务业装备每个劳动力需要的资本更多，而经济效益却较低。也有学者从供需结构角度，认为服务业发展应结合需求，我国制造业层次不高，对服务业需求不足，服务业比重过高反而会扭曲资源配置（乔为国和周卫峰，2004）。这些研究从宏观角度研究了生产性服务业的作用，但有以下不足：第一，对生产性服务业作用机制的研究，仍基于传统中间投入模型，认为外生的技术决定了生产性服务业比重，进而决定城市生产率，使得生产性服务业失去主动性；第二，多从单个城市视角，缺乏空间维度，而城市体系下产业在城市间的配置对城市生产率产生重要影响。

本书认为，我国的经济转型期，生产性服务业发展及其与制造业的互动会对城市的生产率产生决定性的影响。这主要通过三种机制实现：第一，生产性服务业作为中间投入，通过分工而产生集聚经济，直接提高制造业生产率；第二，促进不同生产率的制造业在不同规模城市再配置，从而影响加总的制造业的生产率；第三，其需求取决本地制造业，通过平衡供需结构会影响城市生产率。

为此，本章在城市经济学理论基础上，建立一个简单的理论模型，推导上述生产性服务业影响城市生产率的微观机制。在单个城市中，推导其集聚经济机制。与以往文献不同，本书假设产业结构外生，则制造业生产率不仅取决于技术，还受到城市中生产性服务业发展水平影响。生产性服务业的发展，会促进中间投入分工并能够降低中间品的成本，从而形成中间投入的集聚经济，提高制造业生产率，并且对其投入密集型制造业生产率提升更大。在此基础上，进一步拓展到空间，推导出再配置和供需平衡机制。在一个两城市的城市体系下，这种生产性服务业对不同制造业影响差异，以及不同规模城市生产性服务业发展水平差异，构成城市比较优势形成的条件，决定了不同生产率的制造业在各个城市的配置，从而内生决定了加总的制造业技术和生产率。同时，制造业的再配置，通过后向关联改变城市对生产性服务需求，通过平衡供需结构影响城市生产率。随着城市规模增加，集聚更多生产性服务密集型制造业，这些制造业通过后向关联增加生产性服务需求，和需求相平衡的生产性服务业供给有利于提高城市生产率。

第二节　生产性服务业提升制造业生产率的机制分析

传统研究将制造业企业作为由要素投入产出最终产品的“黑箱”，制造业生产率取决于自身的技术进步和要素配置效率，对于制造业生产率提升的具体机制讨论较少。斯密（1970）指出，企业内部各环节的分工和专业化，有利于发挥各环节的规模经济，提高企业生产率。事实上，企业在生产过程中，既需要土地、资本、劳动等要素投入，也需要生产性服务投入（格鲁伯和沃克，1993）。生产性服务独立于企业内部，由专门企业提供，可以发挥自身的规模经济，为制造业提供更为多样化的中间投入，从而促进制造业企业生产率提升。因此，有人把生产性服务业看作是促进其他部门增长的过程性的产业，是经济中的黏合剂，是有利于经济交易的产业，是促进商品生产的推动力，可以带动其他部门的增长，促进整个区域的发展（Riddle，1986）。生产性服务业方面的研究，数理模型多从中间投入角度，分析其对制造业生产率的影响（Markusen，1989）。基于此，城市经济学文献将城市内制造业作为生产最终品的产业，生产性服务业为其提供中间投入服务，能产生集聚经济，因此，随着制造业中间投入需求增加，制造业生产率得到提升（Ciccone & Hall，1996；Au & Henderson，2006）。

这些文献的一个共同点是，假设制造业技术是外生的，劳动力可以在产业间自由流动，生产性服务来自制造业的需求。这隐含着生产性服务业是随着技术变迁而自动调整的，制造业生产率最终来自外生的技术。然而，这种假设对处于现阶段的中国并十分符合，中国的产业政策往往会对要素配置和产业发展产生重要影响（林毅夫，2012）。大量实证研究也发现，我国生产性服务业滞后于经济发展，限制了制造业生产率（顾乃华等，2006a）。因此，制造业生产率不仅由外生技术决定，还取决于生产性服务业自身发展水平。

与以往中间品模型不同，本书假设生产性服务业和制造业使用异质的劳动力，两种劳动力不能自由转换，从而赋予生产性服务业在经济中的主动作用，即特定技术下结构调整会影响生产率。因此，制造业生产率不仅由制造业技术决定，还取决于本地生产性服务业发展水平。

参考 Abdel-Rahman（1988）、Fujita（1988）和 Rivera-Batiz（1988）的中间品模型，以此为基础，推导生产性服务业影响制造业生产率的微观机制。设定城市结构，城市是线性的结构，总人口为 N，人口在线性城市中均匀分布，人口密度为 1，工人需要在线性城市的中心（CBD）工作，因此，城市边界与城市 CBD 的距离为 N/2，如图 4-1 所示。每个工人提供 1 单位劳动，工人单位距离通勤成本为 4t，居住在与 CBD 距离为 x 处的工人的有效劳动时间为 1-4tx，扣除通勤成本，工人的总有效劳动时间为

$$L=2\int_{0}^{\frac{N}{2}}(1-4tx)\,dx=N-tN^2 \tag{4-1}$$

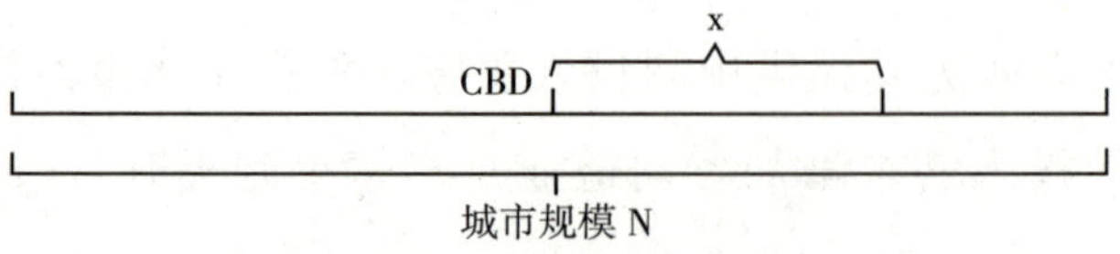

图 4-1　线性城市结构

工人总有效劳动时间随着城市规模扩大而增加，增加限定条件 $\frac{\partial L}{\partial N}>0$，解得 $0<N<\frac{1}{2t}$。在空间均衡下，城市各处工人获得的效用水平相同，在该设定下，工资水平相同。城市边界的工人的工资水平等于保留工资水平 $\bar{w}$，即 $\left(1-4t\cdot\frac{N}{2}\right)w=\bar{w}$，得到城市单位有效劳动工资水平

$$w=\frac{\bar{w}}{1-2tN} \tag{4-2}$$

城市中有两个产业，生产最终品的制造业和中间品的生产性服务业，城市总产出为制造业总产出，即制造业增加值和生产性服务业增加值的加总 $Y=Y_M+Y_S$。令总产出由直接劳动要素投入和中间投入构成，生产函数为

$$Y=RL_M^{1-\gamma}Q^{\gamma} \tag{4-3}$$

式中，R 为常数 $(1-\gamma)^{1-\gamma}\gamma^{\gamma}$，$L_M$ 为制造业直接劳动投入，即制造业就业；Q 为生产性服务业中间投入数量指数；$1-\gamma$ 和 γ 分别为直接劳动和生产性服务弹性，设定生产性服务中间投入数量指数 Q 由不变替代弹性生产函数构成

$$Q=\left(\int_0^n s_i^{\frac{\sigma-1}{\sigma}}di\right)^{\frac{\sigma}{\sigma-1}} \tag{4-4}$$

式中，s_i 为第 i 种生产性服务业中间投入量，n 为生产性服务业中间投入种类，σ 为替代弹性，且 $\sigma>1$。由于每个生产性服务业企业生产的产品都有差异，所以生产性服务业企业数量也为 n。该生产函数隐含着中间品交易是无成本的，制造业使用中间服务品的成本仅来自服务品自身（Ethier，1982）。不失一般性地，假设生产性服务中间投入 s_i 以相同的替代弹性对称地进入生产函数，因此，中间投入可以写为

$$Q=n^{\frac{\sigma}{\sigma-1}}S_i \tag{4-5}$$

从式（4-5）中可知，生产性服务数量指数随着产品种类和数量的增加而增加。这隐含着分工促进生产率提升的机制。随着城市生产性服务业企业总量增加，促进分工的细化，加总的生产性服务数量指数越大。每个制造业企业都从生产性服务总量增加中获得中间投入增加，从而促进企业生产率。

相应地，可以计算出生产性服务价格指数

$$G=\left(\int_0^n p_i^{1-\sigma}di\right)^{\frac{1}{1-\sigma}}=n^{\frac{1}{1-\sigma}}p_i \tag{4-6}$$

下面设定生产性服务企业技术。生产性服务由唯一投入要素——生产性服务业劳动力，按照规模报酬递增的方式生产。成本函数为

$$l_i=f+cs_i \tag{4-7}$$

式中，f 为以劳动度量的固定成本，c 为生产每一单位生产性服务产出的边际劳动使用量。由于固定成本的存在，随着产出增加，分摊在每单位产品上的固定成本降低，从而生产性服务业呈现规模报酬递增特性。假定生产性服务企业处于垄断竞争市场中，则生产性服务企业按照边际定价法则

$$p_s=\frac{cw_s\sigma}{\sigma-1} \tag{4-8}$$

式中，w_s 为生产性服务业工人的工资水平。由于生产性服务企业是对称的，省略企业下标 i。此时，由于市场是垄断竞争的，生产性服务企业利润最终会由其他企业的不断进入而降为 0，由零利润条件

$$\pi_s=p_s s_i-w_s(f+cs_i)=0 \tag{4-9}$$

可以求出每个生产性服务企业的产量

$$s_i=\frac{\sigma-1}{c}f \tag{4-10}$$

由式（4-10）可见，生产性服务企业的产出和企业数量与生产性服

务业工人的工资水平无关，这是由于采用了不变替代弹性的生产函数的设定。此时，生产性服务业需求市场增加完全体现在企业数量的增加上[①]。根据式（4-7）和式（4-10），每个生产性服务企业的就业为

$$l_i = \sigma f \tag{4-11}$$

与以往文献不同的是，本书设定城市生产性服务业比重是外生的，研究其如何影响制造业的生产率。城市的总就业由制造业和生产性服务业工人构成，两种工人是异质的，具有不可替代性。该假设隐含着城市的就业结构是前定的，城市产业效率来自异质性的工人，即城市的就业结构或产业结构。该假设具有理论和现实基础，从理论上看，制造业和生产性服务业由于生产不同的产出，使用不同的技术，工人在知识和技术上具有异质性（例如，制造业工人不能够从事法律、研发设计等生产性服务业工作，而法律工作者也不会从事生产性工作），生产性服务业相对于制造业往往是知识密集型的，并具有规模保持递增特征（Markusen，1989）；从现实中国数据看，我国制造业和服务业工人工资水平存在持续较大的差异，说明制造业和服务业工人并不是完全可替代、完全自由流动的。

此外，设定生产性服务作为制造业的中间投入，是高度本地化的，即本地制造业只能使用本地生产性服务作为中间投入。外包服务是典型的例子，法律、咨询、会计、金融等生产性服务需要直接面对客户的交流，在很大程度上都是本地化的，在城市之间不可贸易（第五节拓展讨论中会放松该假定，进行讨论）。

城市总有效劳动为 L，生产性服务业就业比重为 θ，则生产性服务业有效劳动为 θL。此时，生产性服务业企业数量为

---

① 当采用可变替代弹性设定时，提高工资水平会影响企业产出，对生产性服务业需求市场增加体现在企业数量的增加和产量的增加。

$$n=\frac{\theta L}{\sigma f} \tag{4-12}$$

将式（4-5）、式（4-10）、式（4-12）代入式（4-3），得到城市总产出为

$$Y=RL_M^{1-\gamma}Q^{\gamma}=R[(1-\theta)L]^{1-\gamma}\left(\frac{\theta L}{\sigma f}\right)^{\frac{\gamma\sigma}{\sigma-1}}\left(\frac{\sigma-1}{c}f\right)^{\gamma} \tag{4-13}$$

不失一般性地，为了简化，通过设定 σ、c 与 f 之间的关系，消除式（4-13）中的常数项，城市总产出简化为

$$Y=R\theta^{\frac{\gamma\sigma}{\sigma-1}}(1-\theta)^{1-\gamma}L^{1+\frac{\gamma}{\sigma-1}} \tag{4-14}$$

为了求解制造业增加值，需要对总产出扣除中间投入的增加值。对于中间投入——生产性服务业，使用劳动作为唯一投入要素，则其产出水平等于工人工资总额，其增加值为

$$Y_S=np_s s=\theta Lw_s \tag{4-15}$$

现在求解均衡工资水平，根据城市生产函数设定，得到成本函数

$$C(Y)=w_M^{1-\gamma}G^{\gamma}Y_M \tag{4-16}$$

由式（4-6）、式（4-8）、式（4-12）及 c 与 f 之间的设定，成本函数为

$$C(Y)=w_M^{1-\gamma}w_S^{\gamma}(\theta L)^{\frac{\gamma}{1-\sigma}}Y_M \tag{4-17}$$

式中，w_M、w_S 分别为制造业劳动和生产性服务业劳动的工资水平。城市中对两个产业的就业需求来自制造业对直接劳动和生产性服务劳动的需求，根据 Shepard 引理

$$L_{M,D}=\frac{\partial C(Y)}{\partial w_M}=(1-\gamma)w_M^{-\gamma}w_S^{\gamma}(\theta L)^{\frac{\gamma}{1-\sigma}}Y_M \tag{4-18}$$

$$L_{S,D}=\frac{\partial C(Y)}{\partial w_S}=\gamma w_M^{1-\gamma}w_S^{\gamma-1}(\theta L)^{\frac{\gamma}{1-\sigma}}Y_M \tag{4-19}$$

城市制造业和生产性服务业工人的供给等于制造业对制造业和生产性服务业工人的需求。由供需平衡条件 $L_M=L_{M,D}$、$L_S=L_{S,D}$，得到两个产业工人，工资水平差异

$$\frac{1-\theta}{\theta}=\frac{(1-\gamma)w_S}{\gamma w_M} \tag{4-20}$$

由式（4-2）、式（4-15）、式（4-20），得到生产性服务业增加值为

$$Y_S=(1-\theta)\frac{\gamma}{1-\gamma}(N-tN^2)\frac{\overline{w}}{1-2tN} \tag{4-21}$$

制造业增加值 Y_M 为制造业总产出 Y 扣除生产性服务中间投入 Y_S 的价值，在设定下，每个工人提供 1 个单位劳动，相应地，制造业生产率为

$$y_M=\frac{Y_M}{N_M}=\frac{Y-Y_S}{N_M}=Rq^{\frac{gs}{s-1}}(1-q)^{-g}N^{\frac{g}{s-1}}(1-tN)^{1+\frac{g}{s-1}}-\frac{g}{1-g}(1-tN)\frac{\overline{w}}{1-2tN} \tag{4-22}$$

从式（4-22）中可以看出，制造业生产率取决于城市规模、生产性服务业比重及生产性服务业的产出弹性。由于 $\frac{\partial y_M}{\partial\theta}>0$，生产性服务业比重增加会促进制造业的生产率提升。这是由于其具有集聚经济，能够促进中间服务的分工和专业化生产，从而提升制造业的生产率，在公式中表现为 $\theta^{\frac{\gamma\sigma}{\sigma-1}}$。此外，其比重增加也会增加自身行业内的竞争，降低中间投入品的成本，从而提升制造业生产率，在式中表现为 $(1-\theta)^{-\gamma}$。综合来看，生产性服务业通过增加生产性服务业分工和竞争，降低中间投入成本，提高制造业生产率。

城市规模对制造业生产率的影响不确定，可以分解为两种效应：第一，城市规模增加，带来生产性服务绝对量的增加，增加了城市集聚经济，从而提高制造业生产率，用 $N^{\frac{\gamma}{\sigma-1}}$ 表示；第二，城市规模增加也带来拥挤成本的增加，会降低制造业生产率，用 1-tN 和 1-2tN 表示。当城市

拥挤成本很低时（$t\to0$），此时拥挤效应消失，即 $1-tN\to1$，$1-2tN\to1$。城市规模对制造业生产率的作用取决于哪种效应更强。城市经济学认为，集聚经济和拥挤成本均随着城市规模扩大而增加，但集聚经济增加的速度低于拥挤成本增加的速度，城市存在最优规模（Henderson，1974）。对应这里则要求 $\partial y/\partial N>0$，$\partial^2 y/\partial N^2<0$。

下面考虑制造业技术对制造业生产率的影响。在单一制造业技术下，制造业生产率还和其对生产性服务业的投入密集度有关，即 γ。一方面，当制造业对生产性服务业中间投入密集度越高时，越放大了生产性服务业比重和城市规模对制造业生产率的影响，对生产性服务投入密集度越高的制造业生产率越高，即 $\partial^2 y/\partial S\partial\gamma>0$，$\partial^2 y/\partial N\partial\gamma>0$；另一方面，由于生产性服务业本身的竞争，制造业对生产性服务业中间投入密集度也改变了城市中生产性服务业竞争状况，当制造业对生产性服务业中间投入需求越高时，生产性服务业的竞争越弱，所生产的中间服务品价格就越高，从而导致制造业成本增加，生产率降低（表现为 $-\frac{\gamma}{1-\gamma}(1-tN)\frac{\bar{w}}{1-2tN}$）。总的来看，当所有制造业技术相同时，制造业对生产性服务业的产出弹性对制造业生产率提升作用不明确，取决于生产性服务业外部规模经济效应和竞争效应对制造业的作用大小。在异质制造业技术下，城市内有多个制造业，γ 为各个制造业技术的加总，单个制造业行业对市场总供需的影响很小，可以忽略，则只有前一种效应起作用，即生产性服务业投入密集度高的制造业生产率更高。

本节通过单一技术的制造业和生产性服务业关联模型，分析了生产性服务业通过拓展中间投入，提高制造业生产率的微观机制。相对于以往研究只考虑制造业外生技术，本书进行了拓展，同时考虑外生技术和生产性服务业发展水平，有助于更准确地理解转型时期我国生产性服务业促进制造业生产率的微观机制。具体来看，主要有以下结论：

第一，生产性服务业通过两种方式，促进制造业生产率提升：一方面，其比重增加，增加了制造业中间投入产品种类，直接提高了制造业生产率；另一方面，其比重增加，加剧了中间投入产品市场的竞争，降低中间投入成本，从而提高制造业生产率。两种效应同时作用，使得其比重和制造业生产率呈正向关系。

第二，制造业生产率和城市规模呈倒U型曲线关系。城市规模增加，一方面，增加了生产性服务中间投入规模，提升城市集聚经济，有利于制造业生产率；另一方面，增加了拥挤成本，提高劳动力要素价格。当城市规模较低时，集聚经济超过拥挤成本，制造业生产率随着城市规模增加而增加，当城市规模超过一定值时，拥挤成本开始超过集聚经济，继续增加城市规模反而会降低制造业生产率。

第三，制造业技术对制造业生产率影响分为两种情况。单一制造业技术下，制造业技术提升一方面放大集聚经济，有利于提升制造业生产率；另一方面加剧市场对中间投入的需求，增加中间投入价格，不利于制造业生产率，技术对生产率影响不确定。考虑异质制造业技术，对于特定制造业行业，其本身对市场总需求影响可以忽略，则只有前一种效应，即对生产性服务业投入密集度越高的制造业，生产率越高。

第三节　生产性服务业促进制造业再配置的机制分析

上一节的模型清晰揭示了生产性服务业作为制造业中间投入，提高制造业生产率的微观机制。其集聚经济，能够促进中间服务品的分工和专业化生产，以及自身的市场竞争降低服务品价格，进而提高制造业的生产率。然而，不同的制造业从本地的生产性服务中获得的收益并不一致，同一城市中，制造业的技术存在异质性，即生产性服务投入密集度有差异。生产性服务业对制造业生产率的作用，随着其对生产性服务业的投入密集度增加而增加，即 $\frac{\partial y}{\partial \theta}>0$，$\frac{\partial y^2}{\partial \theta \partial y}>0$。这使得在空间城市体系下，制造业会根据利润最大化，选择最佳区位。

本节基于前一节的分析，进一步拓展到空间维度。在一个两城市的城市体系下，生产性服务业对不同制造业影响差异，以及不同规模城市生产性服务业发展水平差异，构成城市比较优势形成的条件，决定不同生产率制造业的空间配置。生产性服务业发展促进对其投入密集型制造业集聚，并挤出劳动密集型制造业，这种空间再配置模式，影响加总的制造业生产率。

一、制造业技术差异

为分析城市中不同制造业的空间分布问题，设定一个两城市多制造业部门的模型。城市中有连续的制造业行业 $0<\gamma<1$，每个城市每种制造业对应一家企业，其生产的产品具有不可替代性。因此，城市内制造业企业处于垄断市场；但城市之间，生产相同产品的企业为伯川德竞争，即定价较低的企业占领全部市场。

由式（4-1）、式（4-17）、式（4-20）可知，制造业企业单位成本函数为

$$c(Y_g)=\left(\frac{\tilde{\gamma}}{1-\tilde{\gamma}}\right)(1-q)^{\gamma}q^{\frac{gs}{1-s}}(N-tN^2)^{\frac{g}{1-s}}\frac{\bar{w}}{1-2tN} \tag{4-23}$$

式中，$\tilde{\gamma}$为城市中加总的生产性服务业投入密集度。由制造业单位成本函数式（4-23）可知，制造业单位成本取决于生产性服务业比重 θ、城市规模 N 和制造业对生产性服务业的投入密集度 γ。同一城市中，城市

生产性服务业比重和城市规模均相同，制造业单位成本仅取决于制造业对生产性服务的投入密集度 γ。由于 $\sigma>1$，随着 γ 的增加，制造业的单位成本降低，这种由于生产性服务投入密集度差异所导致的成本差异，构成城市比较优势形成的条件。

为简化分析，设定在城市体系中只有两个城市 A 和 B。产品在 A、B 两地运输无贸易成本，故消费者会选择价格较低的生产商。由于边际成本等于平均成本，此时，成本较低（价格较低）的生产商获得全部市场。当产品 γ 在 A 地生产时，需要满足

$$c_A(Y_\gamma)<c_B(Y_\gamma) \tag{4-24}$$

整理，得

$$\left[\ln\left(\frac{\gamma_B}{\gamma_A}\cdot\frac{1-\gamma_A}{1-\gamma_B}\right)+\frac{1}{\sigma-1}\ln\frac{N_A-tN_A^2}{N_B-tN_B^2}+\frac{\sigma}{\sigma-1}\ln\frac{\theta_A}{\theta_B}-\ln\frac{1-\theta_A}{1-\theta_B}\right]\gamma>\ln\frac{1-2tN_B}{1-2tN_A} \tag{4-25}$$

当方程两边取等时，方程有唯一解，此时，可以得到制造业专业化分工的临界条件为

$$\gamma^*=\frac{\ln\frac{1-2tN_B}{1-2tN_A}}{\left[\ln\left(\frac{\gamma_B}{\gamma_A}\cdot\frac{1-\gamma_A}{1-\gamma_B}\right)+\frac{1}{\sigma-1}\ln\frac{N_A-tN_A^2}{N_B-tN_B^2}+\frac{\sigma}{\sigma-1}\ln\frac{\theta_A}{\theta_B}-\ln\frac{1-\theta_A}{1-\theta_B}\right]} \tag{4-26}$$

由式（4-26）可知，制造业专业化模式取决于城市规模和生产性服务业比重。结合式（4-25）分析可知，均衡的专业化模式只存在两种情况：

（1）当 $N_A>N_B$，且 $\theta_A>\alpha$（其中，α 使得式（4-26）分母为零的 θ 的解）时，城市 A 专业化产品范围（γ^*，γ），城市 B 专业化产品范围（0，γ^*）。

（2）当 $N_A<N_B$，且 $\theta_A<\alpha$ 时，城市 A 专业化产品范围（0，γ^*），城市 B 专业化产品范围（γ^*，γ）。

当城市 A 的规模大于城市 B 时，此时，城市 A 只要具有高于某个临界值 α 的生产性服务业比重就会存在专业化分工。这是由于，当城市 A

的规模超过城市 B 时，拥挤成本存在，城市 A 的制造业工资水平超过城市 B。城市 A 在生产对直接劳动投入比重高的制造业方面成本较高，而此时如果城市 A 的生产性服务业比重较高，那么城市 A 对生产性服务密集型制造业方面相对于前者具有比较优势，城市 A 会专业化于对生产性服务密集型制造业，相应的城市 B 专业化于劳动密集型制造业。而相反，当城市 A 的规模低于城市 B 时，城市 A 只要具有低于某个临界值 α 的生产性服务业比重就会存在专业化分工。此时，城市 A 会专业化于劳动密集型制造业，相应地，城市 B 专业化于对生产性服务业投入密集型制造业。

二、需求结构

需求的设定，参考 Dornbusch 等（1977）的连续产品的 Cobb-Douglas 形式。即对于产品 γ，消费者在该产品的支出份额为常数 $b(\gamma)$，不随产品价格而改变。同时，假设城市 A、B 的消费者具有相同的偏好，从而 $b(\gamma)=b_A(\gamma)=b_B(\gamma)$，具体可以表示为以下形式

$$b(\gamma)=\frac{p(\gamma)q(\gamma)}{Y} \tag{4-27}$$

$$b(\gamma_A)=b(\gamma_B) \tag{4-28}$$

$$\int_0^1 b(\gamma)d\gamma=1 \tag{4-29}$$

式中，$p(\gamma)$和 $q(\gamma)$分别表示制造业产品的价格和每个消费者对其消费量，Y 表示每个城市消费者的收入水平。根据前面的设定，若 $\theta_A>\theta_B$，城市 A 的消费者在本地产品上的支出份额为

$$\varphi(\gamma^*)=\int_{\gamma^*}^1 b(\gamma)d\gamma>0 \tag{4-30}$$

$$\varphi'(\gamma^*)<0 \tag{4-31}$$

城市 A 的消费者对城市 B 产品的支出份额为

$$1-\varphi(\gamma^*)=\int_0^{\gamma^*} b(\gamma)d\gamma \tag{4-32}$$

三、均衡生产性服务业比重和专业化产品范围

为得到均衡生产性服务业比重和专业化产品范围，转向产品市场均衡条件。考虑城市 A 的产品市场。产出方面，根据生产函数设定，企业只有劳动力一种生产要素投入，因此，城市总产出等于城市制造业和生产性服务业工人工资收入总和。

$$Y = w_M N_M + w_S N_S \tag{4-33}$$

由式（4-2）、式（4-20）得

$$Y = \frac{1}{1-\gamma} \cdot (1-\theta)N \cdot \frac{\bar{w}}{1-2tN} \tag{4-34}$$

消费方面，城市 A 专业化生产产品范围 $\gamma^* < \gamma < 1$，城市 A 生产的产品销往 A、B 两个城市，两个城市在 A 生产的产品上的支出份额都为 $\varphi(\gamma^*)$。产品市场均衡下，城市 A 的总产出等于总消费，可以得到

$$Y_A = \varphi(\gamma^*)(Y_A + Y_B) \tag{4-35}$$

由式（4-34）、式（4-35）得到产品市场均衡条件

$$1 - \varphi(\gamma^*) = \frac{(1-\theta_B)N_B}{(1-\theta_A)N_A} \frac{1-2tN_A}{1-2tN_B} \cdot \frac{1-\gamma_A}{1-\gamma_B} \tag{4-36}$$

由临界条件式（4-26）和产品市场均衡条件式（4-36），可以得到均衡生产性服务业比重和专业化产品范围。以城市 A 的规模大于城市 B 为例，将两个条件画在同一张图中，如图 4-2 所示。

令生产性服务业比重之比 $n = \frac{\theta_A}{\theta_B}$，由于市场均衡条件 $\frac{\partial \gamma^*}{\partial n} > 0$，市场均衡曲线是一条斜向上的曲线；而临界条件 $\frac{\partial \gamma^*}{\partial n} < 0$，临界条件曲线是一条斜向下的曲线，因此，临界条件和市场均衡条件有唯一解，决定了唯一的均衡生产性服务业比重和专业化产品范围。

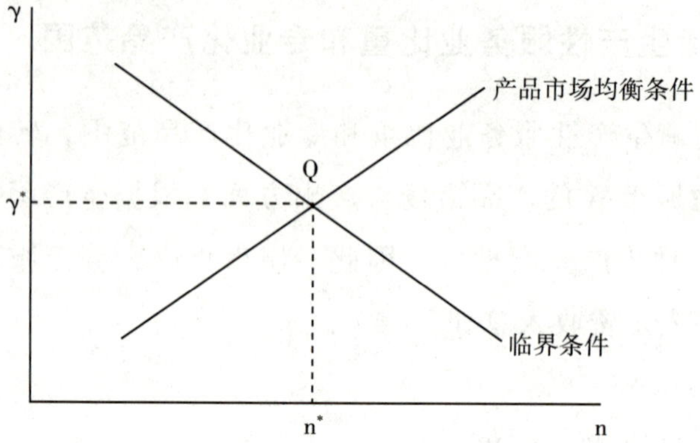

图 4-2　均衡生产性服务业比重和专业化产品范围

以城市 A 的规模大于城市 B 为例。此时，城市 A 专业化于生产性服务业投入密集型制造业，城市 B 专业化于劳动密集型制造业。临界条件是一条斜率为负的曲线，这是因为当城市 A 的生产性服务业比重增加时，使得城市 A 的制造业更具竞争力，从而可以专业化于更多制造业。而产品市场均衡条件是条斜率为正的曲线，这是因为当城市 A 的生产性服务业比重增加时，也增加了生产性服务业竞争，降低城市工资水平，从而降低了对其他城市商品的需求，在产品市场均衡下，专业化生产的产品种类也更少。临界条件和产品市场均衡条件曲线的交点处决定了均衡的相对生产性服务业比重 n 和专业化产品临界点 γ^*。

总结本节发现，空间城市体系下，当制造业对生产性服务投入密集度有异质性时，生产性服务业比重和城市规模会共同决定制造业的分布模式。生产性服务密集型制造业集聚在生产性服务业比重高的大城市，劳动密集型制造业集聚在生产性服务业比重低的小城市。这是由不同规模城市的比较优势内生决定的，随着城市规模扩大，劳动力成本增加，在生产性服务密集型制造业方面形成比较优势。这些城市提高生产性服务业比重，促进其专业化于生产性服务密集型制造业。而小城市劳动力成本低，在劳动密集型制造业方面具有比较优势，专业化于劳动密集型制造业。而由于不同生产性服务密集度制造业生产率不同，这种再配置效应决定了城市加总的制造业生产率，使生产性服务业比重高的大城市生产率更高。可见，生产性服务业对制造业生产率的影响除直接的提升效应外，还存在再配置效应，而这种效应在以往研究中却受到忽视。

第四节 生产性服务业最优比重与城市生产率

基于生产性服务业和制造业空间互动，制造业的空间分布模式除了影响城市加总的制造业生产率，还会通过后向关联效应影响城市对生产性服务的需求。

由式（4-1）、式（4-14）得城市生产率

$$y=\frac{Y}{N}=R\theta^{\frac{\gamma\sigma}{\sigma-1}}(1-\theta)^{1-\gamma}N^{\frac{\gamma}{\sigma-1}}(1-tN)^{1+\frac{\gamma}{\sigma-1}} \tag{4-37}$$

城市生产率与生产性服务业比重，以及与城市规模之间的关系并不是单向的。一方面，生产性服务业比重提高，增加了中间产品投入种类，有利于提高制造业生产率；另一方面，生产性服务业比重过高也导致生产性服务业本身竞争加剧，降低生产性服务业自身的生产率，加总的城市生产率取决于这两种效应哪种更强。同样，城市规模增加，一方面通过增加生产性服务业总量提高城市生产率，另一方面通过拥挤成本降低了城市生产率，加总的城市生产率取决于这两种效应哪种更强。以城市劳动生产率最高为目标，生产性服务业比重和城市规模存在最优水平。

对于生产性服务业比重而言，当$\frac{\partial \ln y}{\partial\theta}=0$时，城市生产性服务业比重增加的边际收益和边际成本相等，此时城市具有最优的生产性服务业比重

$$\theta^* = \frac{\gamma\sigma}{\sigma + \gamma - 1} \tag{4-38}$$

城市最优生产性服务业比重受到制造业对生产性服务业投入密集度 γ 的影响。根据制造业专业化模式，大城市专业化于生产性服务业投入密集型制造业，小城市专业化于劳动密集型制造业，加总的制造业技术 $\gamma_{大城市} > \gamma_{小城市}$。因此，大城市生产性服务业最优比重要高于小城市（$\theta_{大城市} > \theta_{小城市}$）。大城市由于专业化于对生产性服务业投入密集度高的制造业，这些制造业也通过后向关联增加对生产性服务的需求，从而相对小城市需求更高。

通过第三章我们知道，我国生产性服务业的发展情况，规模较大的城市和规模较小的城市具有相当的生产性服务业比重。结合本章结论，这种结构显然偏离了最优生产性服务业比重。大城市的生产性服务密集型制造业对生产性服务需求较高，偏低的生产性服务业比重限制了其对制造业生产率的促进作用；而小城市的劳动密集型制造业，对生产性服务需求不足，却拥有过高的生产性服务业比重，导致资源过度向低效率的服务业配置。这种供需结构差异，导致不同规模城市生产性服务业对城市生产率的影响大相径庭。大城市发展生产性服务业改善了结构不平衡，通过制造业和生产性服务业前后向关联，有助于提升城市生产率；而小城市生产性服务业比重过高加剧了结构不平衡，导致资源过度集中于低效率服务业，降低城市生产率。

对于城市规模而言，当 $\frac{\partial \ln y}{\partial N} = 0$ 时，城市规模增加的边际集聚收益和边际拥挤成本相等，此时城市具有最优规模为

$$N^* = \frac{\gamma}{\sigma + 2\gamma - 1} \frac{1}{t} \tag{4-39}$$

城市最优规模受到制造业对生产性服务业投入密集度 γ、生产性服务

业替代弹性 σ 和城市通勤成本 t 的影响。由 $\frac{\partial N^*}{\partial \gamma}>0$，$\frac{\partial N^*}{\partial \sigma}<0$，制造业对生产性服务投入密集度提高和替代弹性增加都会增加城市最优规模。这是由于制造业对生产性服务业投入密集度增加或者生产性服务业替代弹性增加，都会产生对生产性服务更高需求，增加城市就业，从而增加城市最优规模；$\frac{\partial N^*}{\partial t}<0$，城市通勤成本增加会降低城市最优规模，更高的通勤成本使得城市边缘工人需要花费更多的通勤时间，降低工人的收入水平，城市最优规模降低。

本节在上一节的基础上，从供需平衡角度，分析本地生产性服务业的最优比重。由于制造业空间配置，大城市集聚生产性服务投入密集型制造业，这些制造业通过后向关联扩大生产性服务需求市场，生产性服务业具有更高最优比重；小城市集聚劳动密集型制造业，对生产性服务的需求不足，具有相对较低的最优比重。城市中生产性服务业发展水平和需求相平衡，有利于城市生产率。

此外，生产性服务业和制造业空间互动，同时决定了城市的最优产业结构和规模。城市规模短期相对总是稳定的，而针对规模，调整产业结构，是平衡供需以提高城市生产率的途径。

第五节　拓展与讨论

前面几节在两个城市两个产业框架下，分析了生产性服务业对制造业生产率、制造业再配置以及城市生产率的影响。现实世界城市体系中，却有多个城市，彼此之间存在复杂的互动，制造业也并非完全专业化的，部分生产性服务业在城市之间是可贸易的。下面将从以下几方面进行拓展讨论：

一、不完全专业化

当消费者需求多样化产品，制造业存在规模报酬递增，并存在运输成本，三个条件同时满足时会存在产业内贸易。此时，不同城市生产具有差异的同类产品。Krugman（1979）最早系统讨论了产业内贸易，由于消费者对同一个产业内产品具有多样化需求，不同地区会生产同行业具有差异的产品，并相互贸易。本书的分析同样可以拓展到不完全专业化，基本结论不变。对于特定制造业行业 γ，产品按照 D-S 形式进行加总，消费者偏好多样化的产品，并且城市之间有运输成本，则会产生产业内贸易。此时，专业化具有两个维度，一是专业化产品范围，二是每种产品的专业化水平。Helpman 和 Krugman（1985）将产业内贸易和比较优势结合起来，系统讨论同时存在比较优势和产业内贸易，带来不完全专业化时的情形。生产性服务业对专业化产品范围的影响同之前的理论，而对于专业化水平，每个制造业行业 γ，不同城市专业化生产一部分种类的产品。此时，城市生产性服务业降低制造业企业的单位生产成本，并且对生产性服务业投入密集型制造业更有利，从而提升生产性服务业投入密集型制造业专业化水平，降低劳动密集型制造业专业化水平。但对于不同规模城市而言，生产性服务业的作用并不相同，随着城市规模增加，提高生产性服务业比重所带来的生产性服务业总量更大，从而生产性服务业在大城市边际作用更强。大城市中，生产性服务业和制造业之间前后向关联更强，具有更高的生产性服务业比重；而小城市生产性服务业和制造业关联性较弱，具有更高的制造业比重。

二、多城市讨论

当城市体系中有多个城市时，具有不同规模和生产性服务业比重的城市集聚不同制造业。随着城市规模扩大和生产性服务业比重增加，城市在生产性服务业投入密集型制造业上具有更大的比较优势，从而在这些产业上专业化水平更高。生产性服务业发展，会降低制造业中间投入成本，从而有利于该城市生产性服务业投入密集型制造业集聚，并挤出劳动密集型制造业。并且随着城市规模增加，提高生产性服务业比重所带来的总量增加更大，更有利于对其投入密集型制造业集聚。

由于城市规模差异，生产性服务业比重提高对制造业配置的影响不同。这种差异使得生产性服务业比重提高对不同规模城市的生产率产生不同影响。城市规模较大时，生产性服务业比重提高促进对其投入密集型制造业集聚，通过后向关联，这些制造业也对生产性服务产生需求，从而增加了生产性服务业最优比重，通过前后向关联提升城市生产率。当城市规模较小时，生产性服务业比重提高对其投入密集型制造业集聚的作用较小，比重过高反而使得其超过最优值，导致自身生产率降低，从而降低城市生产率。

三、可贸易生产性服务业

前面分析假设生产性服务业是服务于本地制造业，不可贸易的。然而，也有一些生产性服务业是可以贸易的，如金融业、软件服务业等。在我国的城市体系中，也存在这种趋势，一些特大城市生产性服务业不仅服务本地制造业，还服务于周边邻近的城市的制造业，例如上海、深圳等，对于可贸易的生产性服务业，结论需要进行一定的修正。

生产性服务业可以进行贸易时，大城市由于集聚了生产性服务密集型高的制造业，从而对其产生较高的需求，这些城市往往在发展生产性服务业上具有优势。当生产性服务可以进行贸易时，由于规模经济，这些城市往往具有相对其自身需求更高的生产性服务业比重，并向周围城市进行服务业出口，从而形成类似 Krugman 所提出的本地市场效应（Krugman，1980）。毛艳华和李敬子（2015）发现了我国服务业的本地市场效应，而在空间维度，城市之间的制造业再配置使本地效应更为突出。对于大城市而言，由于集聚生产性服务业投入密集型制造业，从而具有更大的需求市场，在本地市场效应的作用下，生产性服务业最优比重会高于生产性服务业不可贸易时的最优比重。对于小城市而言，生产性服务业最优比重会低于生产性服务业不可贸易时的最优比重。大城市通过提高生产性服务业比重，产业不仅是向高端制造业转型，同时也是向高端生产性服务业转型；而小城市则专业化于制造业，并从大城市获得高端生产性服务投入。

以上海为例，上海的生产性服务业发达，制造业比重很低，上海的生产性服务业不仅服务于上海的制造业，还服务于昆山、苏州、无锡等长三角城市，使得这些城市相对集聚更高比重的制造业，本地生产性服务业比重较低。在城市体系下，形成产业互动，中心大城市发展生产性服务业，并向周边城市出口，周边规模相对较小的城市发展专业化制造业，并从中心大城市获得生产性服务投入。

第六章　本章小结

本章在城市经济学理论框架下，建立一个简单的数理模型，推导出生产性服务业影响城市生产率的微观机制。对比以往文献“技术—结构—生产率”的思路，这里设定外生的结构差异，沿着“结构—技术—

生产率”思路，从而剥离出结构调整在促进城市生产率中的主动作用。模型推导出：第一，生产性服务业发展，促进中间投入的分工和专业化，从而提高制造业生产率，并对其投入密集型制造业生产率提升更强。第二，城市生产性服务业发展水平构成比较优势，决定制造业在不同城市的配置，生产性服务业发展促进对其投入密集度高（高生产率）的制造业集聚，从而影响加总的制造业生产率。第三，生产性服务业具有最优比重，偏离最优比重会影响城市生产率。随着城市规模增加，集聚更多生产性服务业投入密集型制造业，这些制造业通过后向关联增加生产性服务需求，从而具有更高的生产性服务业最优比重，偏离最优比重影响城市生产率。另外，本章放松了一些假定，对模型进行了拓展和讨论，补充和修正了模型中的结论。具体来看，模型主要得出以下结论：

第一，生产性服务业比重提高促进制造业生产率，并对生产性服务密集型制造业提升更大。生产性服务业比重提高，一方面增加了制造业中间投入种类，提高制造业产出水平，从而提高制造业的生产率；另一方面加剧了自身行业内的竞争，降低中间投入品价格。这两种效应共同作用，促进制造业生产率。并且，随着制造业对生产性服务业投入密集度增加，制造业从生产性服务业中获得的集聚经济越大，从而对其生产率的作用也增加。

第二，生产性服务业比重和城市规模增加，会提高生产性服务密集型制造业的专业化水平，降低劳动密集型制造业的专业化水平，并且随着城市规模的扩大，其作用逐渐增强。当制造业的生产性服务投入密度不同时，城市的生产性服务业比重和规模差异会形成比较优势，决定不同投入密度制造业在不同城市的配置。使生产性服务业比重高的大城市专业化于生产性服务密集型制造业，生产性服务业比重低的小城市专业化于劳动密集型制造业。此外，随着城市规模增加，生产性服务业比重提高带来的集聚经济和拥挤成本均增加，更有利于生产性服务密集型制造业，并挤出劳动密集型制造业。

第三，不同规模城市中，提高生产性服务业比重对城市生产率产生不同影响。生产性服务业比重增加，一方面，促进中间投入分工和专业化，并降低中间投入成本，产生中间投入的集聚经济，有利于提高制造业生产率；另一方面，增加了行业自身的竞争，降低生产性服务业自身生产率。平衡两种效应，城市存在最优生产性服务业比重，并随着城市规模扩大而增加。而现阶段，在大城市中，集聚生产性服务密集型的制造业，生产性服务业发展滞后于需求，使其对制造业的促进较弱，通过发展生产性服务业，有利于建立前后向关联，提升城市的生产率。小城市中，集聚劳动密集型制造业，对生产性服务需求不足，生产性服务业比重相对最优结构偏高，提高生产性服务业比重，反而导致资源过度向低效率的生产性服务业配置，降低城市生产率。

第四，城市生产率和城市规模呈倒 U 型倾向关系，城市存在最优规模。城市规模扩大提高了生产性服务总量，发展了城市集聚经济，有利于提高制造业生产率；而城市规模扩大产生的拥挤成本，却会提高要素价格，不利于城市生产率。当城市规模较低时，集聚经济超过拥挤成本，城市生产率随着城市规模扩大而增加；当城市规模超过一定值时，拥挤成本超过集聚经济，继续扩大城市规模反而降低城市生产率。城市生产率和城市规模呈倒 U 型倾向关系，城市存在最优规模。

第五，生产性服务业比重和城市规模对城市生产率的影响既有相同之处也有差异。生产性服务业的影响取决于其总量供给，即其比重和城市规模的共同作用，二者均增加了总量，产生集聚经济，但两者的作用具有差异。生产性服务业比重改变属于结构调整，改变了城市中产业结构，不会产生拥挤成本；而城市规模虽然改变生产性服务业供给，但同时也产生拥挤成本，当拥挤成本过高时，会对生产率产生负面影响。

第五章　生产性服务业影响城市生产率的机制：提升制造业生产率

第一节　引　言

多年来，我国城市经济结构中制造业比重较高，但生产率整体偏低，并带来大量资源的消耗和环境污染，限制了城市经济增长速度和质量。面对这种情况，社会各界一致认为，我国经济应该“调整产业结构，转变经济增长方式”。其关键是在城市中建立协调的产业结构，通过发展生产性服务业，以促进制造业企业的生产率。

经济发展过程中，存在这样的规律，随着经济的增长，产业结构会从第一产业向第二、第三产业转变，当经济发展到更高阶段时，产业结构会进一步从第二产业向第三产业转变。有人担心我国产业结构向第三产业转变会带来产业空心化，降低经济增长速度；也有人认为我国消费结构偏低，不适合大规模发展第三产业。事实上，第三产业内涵广泛，除了提供消费的消费性服务业外，还有生产性服务业，生产性服务业不仅不会带来产业空心化，反而会促进制造业生产率。通过为制造业提供中间投入服务，促进制造业分工，并为制造业提供诸如人力和知识资本，促进制造业的生产率。在我国经济转型期，可以通过发展生产性服务业，为经济再次注入动力，推动产业链向高端升级，提升制造业生产率。

然而，在空间维度，不同规模城市，生产性服务业对制造业生产率的影响存在差异。随着城市规模增加，通过上下游产业关联、劳动力共享和知识溢出等渠道，城市集聚经济增强，同时规模扩大也会产生拥挤成本，当这些城市中拥挤成本超过集聚经济时，继续增加城市规模反而会降低效率。对于规模过大的城市而言，通过产业结构的调整，提高生产性服务业在经济中的比重，发挥其对制造业的带动作用，是克服城市拥挤成本过高，继续提升制造业生产率的重要途径。对于小城市，由于仍处于集聚经济加速的阶段，生产性服务业带来效益较小，其比重过高反而会限制制造业的规模经济。可见，虽然其对制造业生产率具有促进作用，但这种作用在不同规模的城市存在差异。

此外，根据中间投入集聚经济机制，不同制造业从生产性服务业中获得的集聚经济也并不相同。由于生产的产品和工艺不同，制造业对生产性服务的需求会存在差异，这种差异决定了其从本地生产性服务中获得的集聚经济大小。生产性服务投入密度高的制造业，可以从中获得更高比例的集聚经济，从中获得更大的生产率提升；而劳动密集型制造业，由于生产性服务中间投入较低，从中获得的集聚经济也较低，生产率提升效应相对较小。

可见，生产性服务业对制造业生产率的作用，受到其所在城市规模的影响，并且在不同行业具有差异。以往关于生产性服务业对制造业生产率影响的文献，往往忽视了这种空间差异性，并且较少直接识别机制。为此，本章的研究在以下两方面有所贡献：第一，研究在各个规模的城市中，生产性服务业对制造业企业的生产率的影响，弥补以往实证研究空间维度的缺失；第二，通过构造制造业生产性服务投入密集度指标，直接识别生产性服务业的中间投入集聚经济机制。

第二节　文献回顾与理论假说

制造业在生产产品过程中，既需要投入劳动力、资本、原材料，也需要投入各种中间服务，比如，广告、法律、咨询、会计等，这些在制造业生产过程中作为中间投入的服务业称为生产性服务业（格鲁伯和沃克，1993）。根据顾乃华等（2006b）的描述，生产性服务业有以下特征：产出的是无形的服务，能软化产业结构；它所生产的产品是中间服务而不是最终服务，面向企业而不是消费者；把大量的人力与知识资本嵌入生产中，提升产业竞争力（刘志彪，2005）。因此，Riddle（1986）认为其是经济黏合剂，能够促进交易的进行。

格鲁伯和沃克（1993）从奥地利学派的生产迂回理论解释生产性服务业和制造业之间的关系，认为在制造业产品生产过程中，除了资本密集度可以提高企业的生产率外，生产过程的有效重组和迂回也能提高企业的生产率。因为更加迂回的生产过程需要更加专业和高技术的工人，要素的质量提高也会提高企业的生产率。此外，生产步骤的增加，拓展了中间投入的数量和种类。尽管对生产性服务业通过分工和专业化促进制造业生产率提升的讨论很多，但长期以来缺乏理论模型进行更严谨的分析，Dixit 和 Stiglitz（1977）建立数理模型讨论垄断竞争和最优产品差异化问题，模型中对效用函数采用不变替代弹性的设定，随着产品种类的增加，加总的效用水平也会提高，该模型在经济增长、国际贸易和产业组织领域得到了广泛采用。Ethier（1982）借鉴了该模型，将其应用到生产方面，认为中间产品投入数量和种类的增加可以提高总产出水平，由于采用的是 D-S 形式的模型，中间投入品规模的增加会完全体现在产品种类的增加上，在他的模型设定中，随着中间投入种类的增加，产出水平也会提高。Markusen（1989）在 Ethier 的基础上，利用该生产方面的模型研究生产性服务业的贸易问题，其模型中将其作为制造业的中间投入，通过分工从而能增加产出水平，提高企业的生产率。

实证中，国内外研究也对生产性服务业与制造业关系做了大量检验。Fernandes 和 Paunov（2012）考察生产性服务 FDI 对智利的制造业企业的生产率影响，发现这些外资的进入显著提升了制造业企业生产率，采用工具变量估计发现，生产性服务业 FDI 可以解释制造业 7%的生产率提升；同时发现生产性服务业 FDI 有助于企业创新。Arnold 等（2016）考察了印度服务业改革对制造业生产率的影响，发现 1993~2005 年印度的服务业改革对本地及外资制造业企业生产率均具有显著提升，其中对外资制造业的作用更大。Macpherson（1997）用纽约的制造业企业数据发现，专业化的生产技术服务能够促进制造业企业的创新。顾乃华等（2006a）研究发现，在转型期的特殊背景下，我国生产性服务业的发展，能够提升制造业企业的竞争力，并且这种效应在东部地区和金融业更为明显。江静等（2007）运用 1998~2004 年中国地区层面以及 1993~2003 年细分行业面板数据研究发现，生产性服务业扩张提高了制造业生产率，其中交通运输业和邮电通信业对劳动密集型制造业提升作用最大，金融业对资本密集型制造业提升作用较大。冯泰文（2009）通过中介变量模型，发现生产性服务业通过降低交易成本的方式，而不是通过生产成本的方式，促进了制造业生产率的提升。

这些研究均发现生产性服务业的发展对提升制造业生产率的正向作用，但却未考虑空间因素。在不同规模城市，生产性服务业的作用也会存在差异。Au 和 Henderson（2006）建立数理模型，城市中有制造业和生产性服务业两个行业，集聚经济来自生产性服务业。推导得出，随着城市中的生产性服务业比重的增加，城市净集聚经济增长，从而具有更大的最优规模。实证中，柯善咨和赵曜（2014）也发现随着城市规模扩大，生产性服务业对城市生产率的提升作用增强。第四章数理模型发现，随着城市的规模扩大，生产性服务业可以充分发挥其规模经济，进行更细的分工，制造业从中获得的规模经济也更大。为此，得到假说 1。

假说 1：生产性服务业的发展促进制造业生产率提升，并且随着城市规模扩大，促进作用更强。

从机制上看，生产性服务业通过自身的分工以及专业化服务，为制造业企业提供辅助性的中间服务，从而促进制造业的生产率。基于中间投入集聚经济机制，不同的制造业行业对其投入密度不同，从中获得的收益也并不相同。生产性服务业的作用，不仅受到其自身发展水平的影响，还取决于制造业对这种集聚经济的吸收能力。对于生产性服务密集型的制造业，中间投入中使用更高比重的生产性服务，从中获得的集聚经济更强，生产性服务业对其影响较强；而对于劳动密集型制造业，对生产性服务依赖程度较低，从中吸收的集聚经济较小，生产性服务业对其影响也相应较弱。

实证中，一些文献分析了制造业行业异质性。李美云（2007）计算各个制造业的生产性服务的需求，发现我国不同的制造业行业的需求存在差异。高传胜和李善同（2007）基于 1987~2002 年的投入产出表，发现技术水平不同的 4 个制造业行业，它们对生产性服务的需求差异并不是很大。陈健和史修松（2008）考察了我国制造业行业对本地生产性服务业发展的作用，发现对于关联性不同的制造业，其对生产性服务业的带动作用也存在差异。由于数据限制，实证中直接识别生产性服务业通过中间投入产生集聚经济机制的研究较少。为此，这里通过构造制造业的生产性服务投入密集度指标识别中间投入集聚经济机制。提出待验证的假说 2。

假说 2：生产性服务业通过中间投入的集聚经济机制，促进制造业生产率提升，并对其投入密集型制造业生产率提升更大。

第三节 实证模型

为实证生产性服务业对制造业生产率的影响以及机制，实证中首先通过制造业微观企业样本估计其对制造业企业生产率的具体影响，其次通过构造制造业生产性服务投入密集度指标，识别中间投入的集聚经济机制。

根据第四章数理模型分析，生产性服务业对制造业生产率的影响通过两个方面。一方面通过生产性服务业自身的专业化分工，为制造业提供中间服务，产生技术外部性。另一方面通过自身的竞争，降低中间投入品价格，从而提高制造业利润水平。第四章理论模型得出制造业生产率的公式为

$$y_M = Rq^{\frac{gs}{s-1}}(1-q)^{-g}N^{\frac{g}{s-1}}(1-tN)^{1+\frac{g}{s-1}} - \frac{g}{1-g}(1-tN)\frac{\bar{w}}{1-2tN} \tag{5-1}$$

式中，y_M 为制造业生产率，$\theta^{\frac{\gamma\sigma}{\sigma-1}}$ 表示生产性服务业比重提高通过增加中间投入，从而提高制造业生产率；$(1-\theta)^{-\gamma}$ 表示生产性服务业比重增加，增加了行业竞争，降低中间投入品价格，提高制造业利润水平。这两种效应均促进制造业生产率提升。此外，制造业生产率还受到城市规模、技术等影响，而均衡技术由城市的规模和生产性服务业比重内生决定，制造业生产率最终由城市规模和生产性服务业的比重决定。其中，生产性服务业比重和制造业生产率呈正向关系；城市规模方面，根据经

典文献，城市规模和生产率呈倒 U 形曲线关系（王小鲁和夏小林，1999；Au & Henderson，2006）。待检验的变量为城市规模 N 和生产性服务业比重 θ，想要得知制造业生产率和生产性服务业与城市规模的具体关系，为了得到模型可进行线性估计，对公式 1 进行对数泰勒展开，得到

$$\ln y_M = \ln S + \ln N + (\ln S)^2 + (\ln N)^2 + \ln S \cdot \ln N + \phi \tag{5-2}$$

式中，ϕ 代表展开后的余项。根据制造业生产率方面的研究文献，制造业生产率还受到城市和行业因素影响。加入相关控制变量，以及不可观测的随机扰动项，得到第一个回归方程

$$\ln y_{imt} = \beta_1 \ln S_{it} + \beta_2 \ln N_{it} + \beta_3 (\ln S_{it})^2 + \beta_4 (\ln N_{it})^2 + \beta_5 \ln S_{it} \cdot \ln N_{it} + \psi X_{imt} + \mu_i + v_m + w_t + \varepsilon_{imt} \tag{5-3}$$

式中，y_{imt}为城市 i 内制造业企业 m 在 t 年的生产率，X 表示一组控制变量，u、v、w 分别为城市、企业、时间个体效应，ε_{imt}为随机扰动项，令 $\varepsilon_{imt} \sim iidN\ (0,\ \sigma^2)$。

为了识别生产性服务业中间投入集聚经济机制，构造制造业生产性服务投入密集度指标。制造业由于生产产品和工艺差别，对生产性服务中间投入不同，生产性服务业对各个制造业的影响存在差异。生产性服务业投入密集度高的制造业从本地生产性服务业中获得的收益更大，相应的生产率提升应该更大，即生产性服务业投入密集度对该制造业企业生产率存在额外的边际影响，加入交叉项进行识别。同样，城市规模增加也对生产性服务业投入密集度高的制造业生产率提升有边际作用。加入生产性服务业投入密集度和生产性服务业比重以及城市规模交叉项后得到

$$\ln y_{ijmt} = \beta_1 \ln S_{it} + \beta_2 \ln N_{it} + \beta_3 (\ln S_{it})^2 + \beta_4 (\ln N_{it})^2 + \beta_5 \ln S_{it} \cdot \ln N_{it} + \beta_6 z_j \cdot \ln S_{it} + \beta_7 z_j \cdot \ln N_{it} + \psi X_{ijmt} + \mu_i + v_m + w_t + \varepsilon_{ijmt} \tag{5-4}$$

式中，j 代表行业，y_{ijmt} 为城市 i 内制造业行业 j 内企业 m 在 t 年的生产率，z_j 代表制造业企业所在 2 位数行业的生产性服务投入密集度。这里

通过 z*lnS 和 z*lnN 识别随着制造业对生产性服务投入密集度变化，制造业行业 j 内企业生产率的边际变化。控制变量包括行业和城市维度的变量，u、v、w 分别表示城市、行业、企业和时间个体效应。对于该模型的估计，由于包含城市、行业、企业和时间维度个体效应，首先需要去组均值，这样会消除城市维度和行业维度的变量 S 和 N，以及城市、企业和时间维度的个体效应，可以得到简化的回归方程。

$$\ln \tilde{y}_{ijmt} = \beta_6 \tilde{z}_j \cdot \ln\tilde{S}_{it} + \beta_7 \tilde{z}_j \cdot \ln\tilde{N}_{it} + \Psi\tilde{X}_{ijmt} + \tilde{\varepsilon}_{ijmt} \quad (5-5)$$

方程中各变量均为通过组内变换，去除城市、行业、企业和时间个体效应后的变量。关注交互项的回归系数，即生产性服务业投入密集度高的制造业企业是否具有相对更高的生产率，从而识别生产性服务业中间投入集聚经济机制。运用该交互项识别具有很多优点，其不仅使个体效应控制更为有效，更为重要的是，能有效识别影响的机制，即生产性服务业通过中间投入的方式，促进制造业生产率。Rajan 和 Zingales（1998）首次用该交互关系方法分析金融依赖对产业增长的影响，通过交换项去除很多个体效应，不仅使实证对异质个体效应的控制更为有效，更为重要的是，能够识别影响的机制①。

实证分析中，首先估计生产性服务业对制造业企业生产率的影响，检验假说 1；其次通过构造制造业的生产性服务投入密集度指标，识别其影响机制，检验假说 2。

① Nunn（2007）在契约保护构成比较优势，促进贸易的实证中，同样采用了该方法。即对关系特定资产中间投入高的产品在契约保护程度好的地区，更具比较优势，出口更多。

第四节　数据与指标设定

一、数据来源

（一）制造业企业数据来源与处理

城市制造业企业数据来源于 2003~2007 年《中国工业企业数据库》。之所以采用 2003~2007 年的数据，一方面是因为城市年鉴 2003 年以前的服务业行业划分和 2003 之后的划分不同，而《中国城市统计年鉴》只给出 1 位数行业的单位就业人数，为了指标时序上的可比性选择 2003 年之后的数据；另一方面是由于《中国工业企业数据库》2007 年之后的数据质量较差，缺少企业代码等指标，而企业代码缺失使得无法识别不同年份的企业是否相同，从而无法将数据进一步处理。之所以采用制造业数据，是由于制造业指标更容易度量，也更符合理论探讨的问题。

《中国工业企业数据库》的处理参考了聂辉华等（2012）的处理方法①。工业企业数据库统计的是国有及规模以上非国有企业，为了排除是否国有企业对结果的影响，只考虑规模以上的企业样本，所以剔除销售收益 500 万元以下的国有企业样本。另外，这里研究的是制造业，所以剔除采掘业、燃气和水的供应业，只保留制造业，即二位数行业代码在 13~43（不包括 38）的样本。考虑到存在样本匹配、指标异常、指标缺失等问题，可采取以下处理方法。

① 感谢广东省决策科学研究院郭惠武、中山大学岭南学院李威在工业企业数据库处理方面给予的帮助。

首先，将不同年份的企业数据匹配。由于各个年份企业数据有重复的现象，加总的时候会导致同一个企业的数据被重复计算，从而使得计算的数据较真实的数据偏大。为此，需要将不同年份的企业数据匹配，识别哪些企业是相同的，哪些企业是不同的。处理方法采用企业代码和企业名称两个指标，存在四种情况：企业代码和名称相同，代码相同名称不同，代码不同名称相同，代码和名称都不同。考虑到企业可能会更改名称和代码，因此认为前三种情况都为同一家企业，最后一种情况是不同企业。按照此方法，剔除重复的样本，重新为每一个相同的企业设定一个代码，这样就得到了企业代码和企业名称一一对应的数据。

其次，剔除异常样本。由于统计误差,《中国工业企业数据库》存在样本指标异常问题，考虑到无法得到异常指标的精确数据，对这些有异常指标的数据予以剔除。处理方法是剔除产品销售收入、职工人数、资产总计、固定资产年平均余额这些关键变量缺失或者不为正数的样本，再剔除资产总计小于流动资产年平均余额、资产总计小于固定资产年平均余额、累计折旧小于本年折旧的样本。考虑到企业生产率异常值，剔除人均销售收益和单位资本销售收益1%和99%分位数以外的数据。

最后，估算缺失的指标。数据中2004年缺乏关键指标工业增加值，需要估算该指标。根据会计准则，估算公式为工业增加值 = 产品销售额 - 期初存货 + 期末存货 - 工业中间投入 + 增值税。

经过以上步骤的处理后，剔除了约15%的样本，保留了85%的样本（见表5-1）。剔除后的数据更加可靠。

表5-1 中国工业企业数据处理前后样本量

年份	2003	2004	2005	2006	2007	总计
剔除前样本数	194507	277139	270110	300194	335076	1377026
剔除后样本数	159386	221924	231487	262084	293985	1168866
剩余样本比重（%）	0.82	0.80	0.86	0.87	0.88	0.85

（二）城市数据来源

城市数据来源于《中国城市统计年鉴》，并按照时间和城市代码和制造业数据匹配。由于部分数据缺失和异常，合并后剔除了异常和缺失数据。为了统计口径一致，所有数据均为市辖区数据。

（三）制造业企业数据和城市数据匹配方法

得到制造业企业数据后，根据企业省地代码匹配到区县层面，由于这里研究的是城市市辖区，所以剔除市辖县的样本，仅保留市辖区的企业样本。

具体识别方法是根据 2003~2007 年省地代码和工业企业数据库匹配，从而得到每个企业所在县或者区，将县的样本剔除，从而得到区的数据，再根据省地代码前 4 位识别是哪一个城市，将同一个城市各区的样本合并，得到城市市辖区的所有制造业企业数据。

二、指标设定

被解释变量为制造业企业的生产率。对于企业生产率的度量方法很多，有劳动生产率和全要素生产率。第四章数理模型中采用劳动单个要素，为了和数理模型一致，实证中主要采用劳动生产率度量企业生产率，出于稳健性，同时也采用全要素生产率。其中，劳动生产率用企业增加值除以企业年末总就业，全要素生产率采用三个方法度量：直接估计生产函数，OP 算法和 LP 算法。

生产性服务业比重 S，用其单位就业占市辖区单位就业比重度量。生产性服务业包括制造业直接消耗系数最高的 7 个服务业行业，具体计算方法见第三章。城市规模 N，选择城市市辖区年末总人口度量。

制造业的生产性服务投入密集度根据 2007 年《中国投入产出表》数

据，用生产性服务业中间投入产值占制造业增加值的比重度量[①]。投入产出表中列出了 2 位数制造业的各中间投入，7 个生产性服务业投入除以制造业增加值，等价于数理模型中的参数 $\gamma/(1-\gamma)$，其值越大表示该制造业的生产性服务投入越密集。投入产出表中列出了 2 位数制造业的各中间投入，7 个生产性服务业投入除以制造业增加值，等价于数理模型中的参数 $\gamma/(1-\gamma)$，其值越大表示该制造业的生产性服务投入越密集，如表 5-2 所示。

表 5-2　制造业 2 位数行业的生产性服务投入密集度

行业名称	行业代码	生产性服务业投入密集度
农副食品加工业	13	0.361
食品制造业	14	0.545
酒、饮料和精制茶制造业	15	0.447
烟草制品业	16	0.104
纺织业	17	0.289
纺织服装、服饰业	18	0.325
皮革、毛皮、羽毛及其制品和制鞋业	19	0.290
木材加工和木、竹、藤、棕、草制品业	20	0.357
家具制造业	21	0.323
造纸和纸制品业	22	0.341
印刷和记录媒介复制业	23	0.213
文教、工美、体育和娱乐用品制造业	24	0.378
石油加工、炼焦和核燃料加工业	25	0.334
化学原料和化学制品制造业	26	0.400
医药制造业	27	0.499
化学纤维制造业	28	0.326

① 投入产出表度量的是全国水平的投入产出数据，没有城市维度投入产出数据。虽然维度上不是城市，但制造业投入产出结构是确定的，这里认为用全国投入产出表可以替代城市投入产出表。

续表

行业名称	行业代码	生产性服务业投入密集度
橡胶和塑料制品业	29	0.321
非金属矿物制品业	30	0.363
黑色金属冶炼和压延加工业	31	0.326
有色金属冶炼和压延加工业	32	0.367
金属制品业	33	0.318
通用设备制造业	34	0.334
专用设备制造业	35	0.352
汽车制造业	36	0.429
铁路、船舶、航空航天和其他运输设备制造业	37	0.329
计算机、通信和其他电子设备制造业	39	0.522
仪器仪表制造业	40	0.341
其他制造业	41	0.311
废弃资源综合利用业	42	0.019
金属制品、机械和设备修理业	43	—

注：由于 2007 年投入产出表中的行业划分和制造业 2 位数行业划分不一致，这里采用的是 135 个细分行业的投入产出表。将这些行业加总为 2 位数的制造业行业，再用生产性服务业中间投入除以这些加总的 2 位数行业的增加值得到。其中，金属制品、机械和设备修理业在投入产出表中数据缺失。

具体计算公式为

$$\text{制造业生产性服务投入密集度} = \frac{\text{生产性服务业中间投入产值}}{\text{制造业增加值}} \tag{5-6}$$

投入产出表中列出了 2 位数制造业的各中间投入，7 个生产性服务业投入除以制造业增加值，等价于数理模型中的参数 $\gamma/(1-\gamma)$，其值越大表示该制造业的生产性服务投入越密集。

控制变量包括代表资本密集度的人均固定资产存量，代表城市人力资本水平的每万人大学生比重，和代表城市基础设施水平的人均道路面积及每万人公共汽车拥有量。人均固定资产存量用 2 位数制造业行业固定资产净值年平均余额除以行业总就业得到，其中，2 位数制造业行业固定资产净值年平均余额、行业就业均来自相应年份的《中国工业企业数据库》，按照行业和城市代码加总得到。每万人大学生比重用《中国城市统计年鉴》中市辖区普通高等学校在校学生数除以年末总人口得到；人均道路面积和每万人公共汽车拥有量直接来自《中国城市统计年鉴》。各变量均为市辖区维度数据，表 5-3 列出了全行业和分行业主要变量的描述性统计结果。

表 5-3　2003~2007 年我国城市制造业企业及城市数据描述性统计

变量名	含义	均值	标准差	最大值	最小值
lp	制造业企业劳动生产率	99.263	124.040	3.780	999.057
lk	制造业企业劳均固定资产	77.008	108.575	0.940	834.259
N	年末总人口（万人）	128.961	157.124	14.08	1526.020
S	生产性服务业比重	0.207	0.070	0.062	0.469
z	生产性服务业投入密集度	0.355	0.096	0.019	0.545
edu	每万人大学生人数（人）	346.62	321.949	0	2284.452
road	人均道路面积（平方米）	7.995	5.321	0.780	64
bus	每万人公共汽车拥有量（辆）	6.219	6.887	0	115

第五节　实证结果分析

一、生产性服务业对制造业生产率影响大小估计

首先对方程（5-3）进行回归，估计生产性服务业对制造业生产率的影响。对于面板数据，需要确定是否存在个体效应。进行个体效应是否显著的 F 检验，回归的 F 统计量均显著，说明样本存在显著的个体效应。对于面板数据个体效应的处理方法，可以采用固定效应或者随机效应模

型处理，随机效应相对固定效应可以得到更为有效的估计，但要求扰动项和自变量不相关。为此，进行 Hausman 检验，发现扰动项和自变量具有相关性，即个体效应具有内生性。故采用固定效应估计（见表 5–4）。

表 5–4　生产性服务业对城市生产率影响大小估计结果

	FE	FE	FE	FE
lnN	1.489*** (0.089)	1.401*** (0.089)	1.234*** (0.087)	1.201*** (0.087)
$(\ln N)^2$	−0.042*** (0.008)	−0.034*** (0.008)	−0.039*** (0.007)	−0.032*** (0.007)
lnS	0.779*** (0.121)	0.333*** (0.119)	0.783*** (0.118)	0.380*** (0.117)
$(\ln S)^2$	0.329*** (0.017)	0.169*** (0.017)	0.284*** (0.016)	0.150*** (0.016)
lnN × lnS	0.083*** (0.014)	0.078*** (0.014)	0.047*** (0.014)	0.050*** (0.014)
lnroad		0.043*** (0.005)		0.039*** (0.005)
lnedu		0.468*** (0.006)		0.402*** (0.006)
lnbus		0.252*** (0.006)		0.228*** (0.006)
lnlk			0.247*** (0.002)	0.223*** (0.002)
常数项	−1.768*** (0.309)	−5.215*** (0.309)	−1.538*** (0.301)	−4.636*** (0.303)
企业个体效应	控制	控制	控制	控制
时间个体效应	控制	控制	控制	控制
样本量	581741	574774	581741	574774
R^2 统计量	0.011	0.049	0.058	0.087
Hausman	2827.38	13971.29	1978.04	10868.05
F 统计量	814.0	2389	3909	3940

注：被解释变量为市辖区制造业企业劳动生产率对数，各列回归中均通过去组均值控制了制造业企业和时间个体效应。由于城市和行业在企业更高维度上，通过组内变换去除企业个体效应时也将城市、行业维度个体效应去除干净，时间个体效应通过加入虚拟变量控制。括号中为标准误，*、**、*** 分别表示在 10%、5%、1%的显著性水平上显著。

表 5-4 列出了固定效应模型估计结果，被解释变量为市辖区制造业企业劳动生产率。第 1 列为制造业劳动生产率对城市规模和生产性服务业比重的对数泰勒展开式的回归结果。城市规模的回归系数显著为正，城市规模产生的集聚经济有利于提高制造业劳动生产率，单位面积企业和劳动力的集聚通过上下游企业关联，专业化的劳动力市场和知识技术的溢出，提高了企业和劳动者的劳动生产率。城市规模一次项回归系数显著为正，而城市规模平方项的回归系数显著为负，表示城市规模和城市劳动生产率呈倒 U 型曲线关系，这和国内外研究结论一致（王小鲁和夏小林，1999；Au & Henderson，2006）。这是由于城市规模扩大城市集聚经济的同时，拥挤成本也会增加，按照王小鲁和夏小林（1999）的理论，城市规模扩大产生的边际集聚经济和边际拥挤成本均增加，但边际集聚经济的增速低于边际拥挤成本①，当城市规模较小时，城市规模扩大产生的集聚经济超过拥挤成本增速，城市规模的扩大有利于提高城市生产率；而当城市规模扩大超过一定值时，其产生的集聚经济低于拥挤成本，城市规模继续扩大反而会降低城市生产率，其估计得出我国城市最优规模为 100 万~400 万人。但城市最优规模随着不同发展阶段和产业结构而不同，不同研究使用数据和方法不同，估计得到的最优城市规模并不相同，但均发现我国城市存在最优规模，这里估计发现城市规模一次项和二次项分别为正数和负数，同样表明我国城市存在最优规模。

第 1 列生产性服务业比重的回归系数为 0.779，并在 1%水平上显著，生产性服务业比重提高有利于提高城市劳动生产率。随着生产性服务业比重增加，城市劳动生产率增加。这是生产性服务业通过分工专业化和竞争效应共同作用的结果，一方面，随着生产性服务业比重增加，城市

① 即集聚经济对城市规模的一阶导数大于拥挤成本对城市规模的一阶导数，但集聚经济对城市规模的二阶导数小于拥挤成本对城市规模的二阶导数。

内部生产性服务业规模增加，进行更细化的分工，提高多样化中间服务，从而提高制造业劳动生产率；另一方面，随着生产性服务业比重增加，城市内部生产性服务业行业竞争加剧，从而降低生产性服务产品价格，制造业中间投入成本降低，从而有利于提高制造业劳动生产率。城市规模和生产性服务业比重都有利于提高制造业劳动生产率，但二者的作用却具有差异，城市规模和制造业劳动生产率呈倒 U 型曲线关系，而生产性服务业比重和制造业劳动生产率为正向关系。这是由于城市规模增加，产生集聚经济有利于提升制造业劳动生产率，但同时城市规模扩大也增加了拥挤成本，正负效应共同作用从而产生倒 U 型曲线关系。而生产性服务业比重改变则不同，属于结构调整，其在通过分工专业化和竞争效应提高制造业生产率的同时却不会产生负向的拥挤效应，和制造业生产率呈正向关系。同时，也发现生产性服务业比重的平方项回归系数也为正数，说明生产性服务业的影响，随着其比重增加而提高，呈 U 型倾向关系，由于拐点位于负值区，即生产性服务业对提升企业生产率的作用随着其比重增加而提高。这反映了其具有的集聚经济作用，随着其比重提高，产生的中间投入的集聚经济也会增加。

第 1 列中城市规模和生产性服务业比重的交叉项回归系数显著为正，说明城市规模和生产性服务业比重之间也存在协同效应，随着城市规模增加，生产性服务业作用增加。这是由于其对制造业的作用取决于总量供给，当城市规模较大时，生产性服务业比重增加 1 单位所带来的总量增加更大，故具有额外的边际影响。可见，在大城市中，增加生产性服务业比重产生的影响更大，这与柯善咨和赵曜（2014）的研究结论类似，均发现了生产性服务业比重和城市规模的交互效应，不同之处在于这里分析的是对制造业劳动生产率的影响，而柯善咨和赵曜（2014）分析的是对城市生产率的影响，二者的作用机制不同。对制造业生产率的影响取决于其作为中间投入的作用，即通过分工和专业化增加中间投入种类，以及竞争效应降低中间投入成本，这两种效应影响制造业生产率；而对城市生产率的影响则取决于其本身的效率，需要考虑一个城市生产性服务业比重是否最优的问题，而这在后面几章中会进一步讨论生产性服务需求，以及其对城市生产率影响。

第 2 列加入相关控制变量，各控制变量的回归系数及显著性符合预期。代表城市人力资本水平的每万人大学生比重的回归系数显著为正，城市人力资本水平有利于提高制造业劳动生产率，具有高知识和技能的工人可以为企业提供更加有效的劳动，以及促进企业进行研发和创新等，通过多种渠道提高制造业劳动生产率。代表城市基础设施水平的人均道路面积和人均公共汽车拥有量的回归系数显著为正，基础设施有利于提高制造业劳动生产率。基础设施对产业的影响可以通过两个方面，一方面，基础设施改善直接降低了企业的运输成本，企业生产的产品可以运往更远的市场，扩大了市场规模；另一方面，城市基础设施改善降低了城市的拥挤成本，从而有利于更多企业和劳动力的集聚，产生更大的净集聚经济（集聚经济扣除拥挤成本）。采用人均公共汽车拥有量度量的基础设施，回归系数同样为正数，基础设施对制造业生产率的估计结果相对稳健，促进制造业生产率提升。

考虑到劳动生产率度量城市生产率，会忽视资本因素，在同样劳动投入下，增加资本投入会增加总产出水平。为此，第 3 列和第 4 列采用加入制造业企业劳均固定资产净值，以控制资本因素的影响。控制劳均固定资产后，回归方程相当于估计一个规模报酬不变的 C-D 生产函数，解释变量的回归系数实际上相当于其对全要素生产率的影响。从估计结果看，各变量的系数大小和方向没有太大变化。其中，资本密集度对数的回归系数显著为正数，制造业资本密集度增加有利于提高制造业劳动生产率，回归系数为 0.224，即对于制造业企业而言，资本的产出弹性为 0.224，和前人估计的结果接近（鲁晓东和连玉君，2012）。生产性服务业比重和城市规模的回归系数仍显著为正数，并且和采用劳动生产率的估计结果接近。不管是从劳动生产率还是从全要素生产率度量，生产性服务业均有助于制造业生产率提升。

二、生产性服务业对制造业生产率影响机制识别

理论和实证研究认为，生产性服务业发展有利于提高制造业生产率。然而对于这种影响机制的识别，仍停留在理论讨论中，认为生产性服务业通过中间投入的集聚经济机制，促进制造业生产率提升，鲜有实证研究识别该机制。为了识别生产性服务业中间投入集聚经济机制，本章构建了制造业的生产性服务投入密集度指标，通过制造业生产性服务投入密集度和本地生产性服务业发展水平识别该机制。其理由是，若生产性服务业通过中间投入的集聚经济促进制造业生产率提升，那么对生产性服务中间投入密集度高的制造业，应该从本地生产性服务业中获得更高的生产率提升。

据此，对方程（5-5）进行回归，回归中控制了制造业企业维度的个体效应和时间效应，通过城市组内变换也消除了城市和行业维度的变量，关注制造业生产性服务业投入密集度和生产性服务业比重及城市规模的交叉项的回归系数。表 5-5 列出了回归结果，制造业包括了 30 个 2 位数行业，利用投入产出表计算出各个 2 位数制造业行业对生产性服务业直接消耗系数，作为该制造业对生产性服务业中间投入密集度。考察该投入密集度和生产性服务业比重的交互效应，代表一种边际效应。如果该交叉项回归系数为正数，则代表随着制造业的生产性服务业中间投入增加，生产性服务业对制造业劳动生产率的影响增加，即对生产性服务业投入高的制造业从生产性服务业中获得的生产率提升更大，从而识别生产性服务业中间投入集聚经济机制。由于通过组内变换控制了城市、行业和时间个体效应，城市维度的变量被消除了，只留下交叉项。

表 5-5 生产性服务业对城市生产率影响机制估计结果

	FE	FE	FE	FE	FE	FE
z × lnS	0.811*** (0.029)		0.877*** (0.029)	0.438*** (0.027)		0.487*** (0.027)
z × lnN		0.264*** (0.010)	0.292*** (0.010)		0.201*** (0.010)	0.216*** (0.010)
lnlk				0.246*** (0.001)	0.246*** (0.001)	0.245*** (0.001)
常数项	−3.488*** (0.019)	−3.283*** (0.021)	−2.861*** (0.030)	−2.858*** (0.018)	−2.542*** (0.020)	−2.394*** (0.028)
样本量	561585	562499	561585	561585	562499	561585
R^2 统计量	0.035	0.034	0.036	0.133	0.133	0.133
F 统计量	4022	4005	3486	14296	14355	12332

注：被解释变量为 2 位数行业制造业企业的劳动生产率。回归中采用去组均值方法剔除了城市、行业、企业和时间个体效应，同时城市、行业的变量通过该种方法也被消除，回归中关注的是生产性服务业对其密集度不同的企业生产率的边际影响，即交叉项的回归系数。括号中为标准误，*、**、*** 分别表示在 10%、5%、1%的显著性水平上显著。

第 1 列列出了 2 位数制造业企业劳动生产率对生产性服务业投入密集度和生产性服务业比重对数的回归系数。生产性服务业投入密集度和生产性服务业比重对数的回归系数显著为正，其值为 0.811，该回归系数代表边际影响，即生产性服务业比重增加 1%，会带来对生产性服务业投入密集度高 0.1 单位的制造业企业劳动生产率额外提高 0.08%。可见，在同一城市，虽然生产性服务业对制造业生产率具有正向影响，但这种影响在行业间却存在差异，生产性服务业更加有利于对其投入密集度高的制造业行业的生产率提升。结合全行业回归结果，生产性服务业比重提高 1%提升制造业生产率 0.779%，但对于生产性服务业投入密集度高 0.1 单位的制造业，生产率会额外提升 0.08%。以纺织业和汽车制造业为例，纺织业对生产性服务业需求低，直接消耗系数仅为 0.289，汽车制造业对生产性服务业需求较高，直接消耗系数为 0.429，城市生产性服务业比重提高 1%，会带来汽车制造业比纺织业的劳动生产率额外提升 0.112%。

第 2 列是制造业企业劳动生产率对制造业生产性服务投入密集度和城市规模交叉项的回归结果。随着城市规模增加，生产性服务业投入密集型制造业具有更高的劳动生产率，城市规模每增加 1%，生产性服务业投入密集度高 0.1 单位的制造业劳动生产率比在小城市额外提高 0.026%，大城市更有利于生产性服务业投入密集型制造业劳动生产率。随着城市规模扩大，城市集聚经济增加，同时要素成本等拥挤成本也相应增加，对于生产性服务业投入密集型制造业，从本地生产性服务业中获得的集聚经济增加，而劳动密集型制造业从生产性服务业中获得的集聚经济相对较小。然而各制造业都需要承担相应的拥挤成本，并且劳动密集型制造业更容易受到城市规模扩大带来的要素成本增加的影响。因此，在大城市，生产性服务业投入密集型制造业相对于劳动密集型制造业具有相对更高的劳动生产率。由于城市集聚经济来自生产性服务业总量，将城市生产性服务业总量分解为生产性服务业比重和城市规模的乘积，即 $TS=S\times N$，可见，集聚经济不仅来自生产性服务业比重，也同样受到城市规模影响，二者产生的效应相同，但二者的区别在于城市规模增加会产生拥挤成本，但生产性服务业比重增加则不会，因此，从净集聚经济看，生产性服务业比重增加带来的效果大于城市规模扩大的影响。从实证中估计系数看，生产性服务业投入密集度和生产性服务业比重交叉项的回归系数 0.811 也大于生产性服务业投入密集度和城市规模的交叉项的回归系数 0.264，第 3 列同时加入这两个交叉项后，这种差异更加明显，生产性服务业投入密集度和生产性服务业比重交叉项回归系数为 0.877，超过生产性服务业投入密集度和城市规模交叉项的回归系数 0.292。

第 4~第 6 列是加入制造业企业劳均固定资产净值的回归结果，同样，在控制企业劳均固定资产后，回归方程相当于估计一个规模报酬不变的 C-D 生产函数，解释变量的回归系数实际上相当于其对全要素生产率的影响。估计结果中，资本产生弹性为 0.246，与之前的估计结果没有太大变化。第 4 列只加入制造业生产性服务业投入密集度和生产性服务业比重的交叉项，估计结果有所降低，但仍是十分显著的。生产性服务业比重对制造业企业劳动生产率的影响要高于全要素生产率的影响。第 5 列只加入制造业生产性服务投入密集度和城市规模交叉项，估计结果和采用劳动生产率的结果接近。第 6 列同时加入两个交叉项，回归系数仍都是显著的。

回归结果显示，虽然城市生产性服务业和城市规模扩大，均有利于提高制造业企业生产率，但这种影响存在行业差异。增加生产性服务业比重和城市规模扩大对生产性服务业投入密集型制造业具有相对更高的生产率提升，从而识别了生产性服务业中间投入的集聚经济机制。不同制造业行业天然在使用中间投入上具有差异，而生产性服务业通过增加中间投入种类，产生了集聚经济，使得对其使用的制造业生产率提升，随着对其使用密集度增加，这种提升效应越强。这也可以解释为何汽车、医药制造业等生产性服务业投入密集型制造业往往集聚在生产性服务业比重高的大城市，而纺织、食品、烟草等劳动密集型制造业往往集聚在生产性服务业比重低的小城市。正由于生产性服务业比重高的大城市可以为这些生产性服务业投入密集度高的制造业提供更多的中间投入，从而提高其生产率；而纺织、食品、烟草等劳动密集型制造业由于对生产性服务业需求较低，对生产率提升较小，留在大城市反而需要承担过高的要素成本。

三、稳健性检验

估计生产性服务业对制造业生产率的影响，制造业生产率和生产性服务业的度量至关重要。为此，接下来从制造业企业生产率度量和生产性服务业指标度量两个方面进行稳健性检验。

直接估计生产函数得到的全要素生产率，存在同时性偏差和样本选择性偏差，从而对生产率的估计不准确（Olley & Pakes，1996）。其中，同时性偏差是指实际生产过程中，企业的决策者能够知道自身的效率，并据此调整生产要素的投入组合，从而产生效率和投入同时相互决定的问题。如果用残差代表 TFP，会存在内生性问题，使生产函数的估计产生偏误。而样本选择性偏差则是由生产率冲击和企业退出市场选择之间存在相关性造成的。一般来说，资本存量较大的企业对未来收益有更高预期，在面对低生产率冲击时较不易退出市场，从而存在样本选择的问题。

为了处理同时性偏差与样本选择性偏差，Olley 和 Pakes（1996）提出了一个方法（简称 OP 法）估计企业的生产率水平。假定企业生产函数为 C-D 生产函数，有资本和劳动两种投入要素。即

$$Y_{it}=A_{it}L_{it}^{\alpha}K_{it}^{\beta} \tag{5-7}$$

式中，K、L 分别表示资本和劳动，两边取对数，并加入不可观测的随机部分，得到

$$\ln Y_{it}=\ln A_{it}+\alpha\ln L_{it}+\beta K_{it}+\mu_{it} \tag{5-8}$$

估计得到的 A 即为 TFP，但由于同时性偏误和选择性偏误的存在，TFP 的估计并不准确。为了克服以上问题，不妨将误差项分解为企业生产率 ω_{it} 与真正的随机成分 ε_{it}，同时假定资本服从 $K_{it+1}=(1-\delta)K_{it}+I_{it}$，其中投资决策受到企业生产率、资本存量的影响，则方程（5-8）变为

$$\ln Y_{it}=\alpha\ln L_{it}+\varphi(I_{it},\ K_{it})+\varepsilon_{it} \tag{5-9}$$

方程（5-9）为一个可估计的半参数模型，其克服了同时性问题。此外，为解决选择性问题，需要估计一个企业生存模型。一个企业最优决策，由以下 Bellman 方程决定

$$V_{it}(K_{it},\ age_{it},\ \omega_{it})=\mathrm{Max}\left\{\begin{matrix}\Phi,\ \sup_{I_{it}\geqslant 0}\pi_{it}(K_{it},\ age_{it},\ \omega_{it})-C(i_{it})+\\ \rho E[V_{it+1}(K_{it+1},\ age_{it+1},\ \omega_{it+1})|J_{it}]\end{matrix}\right\} \tag{5-10}$$

式中，π_{it}（·）表示企业利润函数，age_{it} 为企业年龄，C（·）为投资成本，ρ 为折现因子，E［·|J_{it}］表示 t 时期信息 J_{it} 对未来的预期因子。

Bellman 方程表明，当企业的经营回报低于自身的清算值 Φ 时将退出。也就是说，企业是否退出取决于某个临界值，只有当生产率高于该临界值时，企业才能够生存，可以用 Probit 模型来描述该机制：

$$P_{it}(\chi_{it}=1|J_{it-1})=P_{it}(\chi_{it}=1|\omega_{it-1},\ \underline{\omega}_{it-1}(K_{it-1},\ age_{it-1}))=\varphi(I_{it-1},\ K_{it-1},\ age_{it-1}) \tag{5-11}$$

即企业当期的生存概率可以用上一期的资本存量、企业年龄和投资额来估测。将 P_{it} 代入式（5-9），得到

$$\ln Y_{it}=\alpha\ln L_{it}+\varphi(I_{it},\ K_{it},\ P_{it})+\varepsilon_{it} \tag{5-12}$$

具体估计方法是，首先利用 Probit 模型估计式（5-11），得到 Pt；其次估计式（5-12），得到 α 和 β；最后，计算得到 TFP。

此外，为了结果的稳健性，还采用了 Levinsohn 和 Petrin（2003）（简称 LP 法）估计企业的 TFP。LP 法与 OP 法类似，只是改用中间品作为代理变量。

通过对企业数据的估计，可以得到 OP 法与 LP 法下资本和劳动的估计系数以及相应的企业生产率水平（见表 5-6）。用 OP 方法估计的资本和劳动的系数与鲁晓东和连玉君（2012）的估计结果相近，而采用 LP 法得到的二者弹性明显小于 OP 法，反映了 LP 法会放大 TFP 的绝对值。

表 5-6　OP 法与 LP 法资本和劳动产生弹性的估计系数

	OP 法	LP 法
lnK	0.242^{***} (0.003)	0.152^{***} (0.0005)
lnL	0.510^{***} (0.002)	0.173^{***} (0.001)
样本量	355859	461635

注：*** 表示在 1%的显著性水平上显著。

分别用 OP 法和 LP 法估计得到的制造业企业生产率指标作为因变量，对计量模型（5-3）进行回归。回归结果见表 5-7。第 1 和第 2 列为采用

OP 算法得到的全要素生产率作为被解释变量的回归结果，关键变量的系数大小、方向和显著性没有太大变化，城市规模和生产性服务业比重的估计系数比采用劳动生产率和估计生产函数得到的 TFP 进行估计的系数略大，说明采用劳动生产率估计得出的结果低估了生产性服务业对制造业企业生产率的作用，生产性服务业比重提高和城市规模增加更加有利于制造业企业全要素生产率提升。第 2 列加入其他控制变量后，关键变量的估计系数仍是显著的，其他控制变量的估计系数没有太大变化，符合预期。第 3 列和第 4 列为采用 LP 算法得到的全要素生产率作为被解释变量的回归结果，各个变量的估计系数和采用 OP 算法得到的全要素生产率估计系数差别不大，控制变量中除了人均道路面积的估计系数变得不再显著外，其他变量的估计系数没有太大变化，符合预期。

表 5–7　生产性服务业对城市生产率影响大小的估计结果（稳健性检验 1）

被解释变量	TFP_OP	TFP_OP	TFP_LP	TFP_LP
LnN	2.006*** (0.140)	1.606*** (0.142)	2.098*** (0.116)	1.639*** (0.119)
$(\ln N)^2$	−0.082*** (0.012)	−0.042*** (0.012)	−0.087*** (0.010)	−0.046*** (0.010)
lnS	1.113*** (0.189)	0.911*** (0.188)	1.210*** (0.158)	0.894*** (0.157)
$(\ln S)^2$	0.440*** (0.026)	0.349*** (0.026)	0.456*** (0.022)	0.333*** (0.022)
lnN × lnS	0.124*** (0.021)	0.126*** (0.021)	0.117*** (0.018)	0.111*** (0.018)
lnroad		0.030*** (0.007)		0.009 (0.006)
lnedu		0.290*** (0.008)		0.325*** (0.007)
lnbus		0.273*** (0.009)		0.280*** (0.008)
常数项	−2.425*** (0.492)	−3.863*** (0.497)	−0.426 (0.411)	−1.906*** (0.415)

续表

被解释变量	TFP_OP	TFP_OP	TFP_LP	TFP_LP
样本量	355234	352661	460816	457228
R^2统计量	0.011	0.033	0.011	0.033
Hausman	1487.07	4721.81	2242.27	6683.93
F 统计量	392.8	756.5	600.8	1162

注：被解释变量为采用 OP 和 LP 算法得到的市辖区制造业企业生产率对数，各列回归中均通过去组均值控制了制造业企业和时间个体效应。由于城市和行业在企业更高维度上，通过组内变换去除企业个体效应时也将城市、行业维度个体效应去除干净，时间个体效应通过加入虚拟变量控制。括号中为标准误，*、**、*** 分别表示在 10%、5%、1%的显著性水平上显著。

进一步地，通过 OP 法和 LP 法估计得到的制造业企业生产率指标作为因变量，对模型（5-5）进行回归，以检验生产性服务业中间投入集聚经济机制。表 5-8 列出了估计结果，第 1~3 列为采用 OP 算法得到的企业全要素生产率进行回归的结果。从估计结果看，采用全要素生产率估计结果中，制造业生产性服务投入密集度和城市生产性服务业比重交叉项的估计系数，低于采用劳动生产率的估计系数。这可能是由于企业的生

表 5-8　生产性服务业对城市生产率影响机制估计结果（稳健性检验 1）

被解释变量	TFP_OP	TFP_OP	TFP_OP	TFP_LP	TFP_LP	TFP_LP
z × lnS	0.435^{***} (0.036)		0.474^{***} (0.036)	0.355^{***} (0.038)		0.387^{***} (0.038)
z × lnN		0.194^{***} (0.013)	0.206^{***} (0.013)		0.166^{***} (0.014)	0.175^{***} (0.014)
常数项	-3.937^{***} (0.024)	-3.959^{***} (0.027)	-3.502^{***} (0.037)	-6.406^{***} (0.025)	-6.215^{***} (0.028)	-6.034^{***} (0.039)
样本量	354531	355110	354531	459978	460731	459978
R^2统计量	0.019	0.019	0.019	0.012	0.012	0.012
F 统计量	1692	1715	1401	1381	1399	1136

注：被解释变量为采用 OP 和 LP 算法得到的市辖区制造业企业生产率对数。回归中采用去组均值方法剔除了城市、行业、企业和时间 4 个维度的个体效应，同时城市、行业维度的变量通过该种方法也被消除，回归中关注的是生产性服务业比重和城市规模对制造业 2 位数行业的企业生产率的边际影响，即交叉项的回归系数。括号中为标准误，*、**、*** 分别表示在 10%、5%、1%的显著性水平上显著。

产性服务业投入密集度和资本密集度之间具有关联造成的，生产性服务业投入密集度高的行业往往也是资本密集型的，采用劳动生产率可能高估了生产性服务业对企业生产率的影响，因为其将一部分资本的贡献算入了生产性服务业的贡献。而采用全要素生产率估计结果中，制造业生产性服务投入密集度和城市规模的交叉项回归系数大小没有太大变化，符合理论预期。第 4~6 列为采用 LP 算法得到的企业全要素生产率进行回归的结果，估计结果和采用 OP 算法得到的全要素生产率的估计结果差别不大，交叉项估计系数略有降低。

在采用 OP 和 LP 算法克服制造业企业生产率估计中同时性偏误和选择性偏误后，实证估计结果仍是显著的，生产性服务业对制造业企业生产率影响，以及其中间投入的机制的实证结果是稳健的。

另一个可能影响估计结果的是生产性服务业的度量，前面回归中采用制造业对服务业的直接消耗系数来选择 7 个服务业行业作为生产性服务业代表，但实证研究中，往往对生产性服务业的界定不同，为了克服这种界定标准不同导致估计结果差异，这里采用一些较一致认同、争议较少的生产性服务业行业进行稳健性检验。包括：交通运输、仓储和邮政业，金融业，信息传输、计算机服务业和软件业，租赁和商业服务业，科学研究、技术服务和地质勘查业。

表 5-9 列出了采用新的生产性服务业指标，进行生产性服务业比重对制造业企业生产率估计的回归结果。城市规模及其平方项、生产性服务业比重及其平方项的回归结果符合预期，但城市规模和生产性服务业比重交叉项的回归系数变得不再显著。可见，剔除批发零售业和住宿餐饮业后，生产性服务业比重提高虽然有利于提高制造业企业生产率，但其对制造业企业生产率的影响并未随着城市规模扩大而增加。这可能是由于随着城市规模扩大，其对批发零售和住宿餐饮等需求增加，这些行业一方面作为制造业中间投入具有生产性服务性质，另一方面很大程度

上也属于生活性服务业，大城市中这些行业是不可或缺的。因此，缺乏这些行业，一定程度上会降低生产性服务业对制造业生产率的作用，尤其是在规模较大的城市。除此之外，其他控制变量的估计系数没有太大变化，符合预期。

表 5–9　生产性服务业对城市生产率影响大小估计结果（稳健性检验 2）

被解释变量	TFP_OP	TFP_OP	TFP_LP	TFP_LP
lnN	1.713*** (0.140)	1.399*** (0.143)	1.799*** (0.117)	1.420*** (0.119)
$(\ln N)^2$	−0.079*** (0.012)	−0.042*** (0.012)	−0.084*** (0.010)	−0.045*** (0.010)
lns	2.197*** (0.191)	1.831*** (0.191)	2.340*** (0.160)	1.863*** (0.160)
$(\ln s)^2$	0.555*** (0.026)	0.444*** (0.026)	0.579*** (0.022)	0.436*** (0.022)
lnN × lns	0.003 (0.021)	0.026 (0.021)	−0.005 (0.017)	0.010 (0.017)
lnroad		0.022*** (0.007)		0.003 (0.006)
lnedu		0.292*** (0.008)		0.326*** (0.007)
lnbus		0.271*** (0.009)		0.278*** (0.008)
常数项	−0.485 (0.501)	−2.320*** (0.507)	1.583*** (0.418)	−0.278 (0.423)
样本量	355287	352714	460897	457309
R^2统计量	0.012	0.033	0.012	0.033
Hausman	1446.29	4505.29	2076.51	6264.89
F 统计量	420.7	757.5	646.5	1170

注：被解释变量为采用 OP 和 LP 算法得到的市辖区制造业企业生产率对数，各列回归中均通过去组均值控制了制造业企业和时间个体效应。解释变量 s 为新的生产性服务业比重指标。由于城市和行业在企业更高维度上，通过组内变换去除企业个体效应时也将城市、行业维度个体效应去除干净，时间个体效应通过加入虚拟变量控制。括号中为标准误，*、**、*** 分别表示在 10%、5%、1%显著性水平上显著。

进一步地，采用新的生产性服务业指标，对模型（5-5）进行回归，以检验其中间投入的集聚经济机制的稳健性。表 5-10 列出了估计结果，第 1~3 列为采用 OP 算法得到的企业全要素生产率进行回归的结果，第 4~6 列为采用 LP 算法得到的企业全要素生产率进行回归的结果。制造业生产性服务投入密集度和生产性服务业比重，以及制造业生产性服务投入密集度和城市规模的交叉项的回归系数均显著为正，大小和采用 7 个生产性服务业行业进行估计的结果没有太大差异。可见，在采用替代的生产性服务业指标后，生产性服务业对制造业生产率的影响和其中间投入集聚经济机制的估计仍是显著的。因此，得到的实证结果是稳健的。

表 5-10 生产性服务业对城市生产率影响机制估计结果（稳健性检验 2）

被解释变量	TFP_OP	TFP_OP	TFP_OP	TFP_LP	TFP_LP	TFP_LP
z × lns	0.412*** (0.035)		0.450*** (0.035)	0.337*** (0.036)		0.368*** (0.036)
z × lnN		0.194*** (0.013)	0.205*** (0.013)		0.166*** (0.014)	0.175*** (0.014)
常数项	-3.939*** (0.024)	-3.959*** (0.027)	-3.505*** (0.037)	-6.406*** (0.026)	-6.215*** (0.028)	-6.033*** (0.039)
样本量	354584	355110	354584	460059	460731	460059
R^2 统计量	0.019	0.019	0.019	0.012	0.012	0.012
F 统计量	1692	1715	1401	1381	1399	1136

注：被解释变量为采用 OP 和 LP 算法得到的市辖区制造业企业生产率对数，解释变量 s 为新的生产性服务业就业比重指标。回归中采用去组均值方法剔除了城市、行业、企业和时间维度的个体效应，同时城市和行业维度的变量也別消除，回归中关注的是生产性服务业比重和城市规模对制造业 2 位数行业的企业生产率的边际影响，即交叉项的回归系数。括号中为标准误，*、**、*** 分别表示在 10%、5%、1%的显著性水平上显著。

四、内生性处理

生产性服务业发展促进制造业生产率提升，制造业生产率的提升也产生对生产性服务更高的需求，简单的 OLS 估计中发现制造业生产率和生产性服务业比重之间的正向关系可能是二者相互作用的结果，而并非完全的因果关系。为了克服互为因果的内生性问题，可以采用工具变量估计，寻找和生产性服务业发展具有强相关关系，并且外生于制造业生产率的工具变量。

采用采矿业就业比重（iv1）、科学技术支出占地方财政一般预算内支出比例（iv2）作为市辖区生产性服务业比重的工具变量。采用采矿业比重作为工具变量是由于，采矿业比重代表城市的自然资源丰富程度，自然资源丰富的城市往往将资本和劳动投入资源性行业和关联制造业，相应的生产性服务业发展滞后，其和城市的生产性服务业比重负相关；此外，采矿业比重和制造业生产率之间并不具有相关性，满足外生性条件，是一个可行的工具变量。另一个工具变量是科学技术支出占地方财政一般预算内支出的比例，政府的预算支出和制造业生产率并无太大关系，而政府对科学技术支出增加却有利于科学技术服务相关的生产性服务业的发展，因此，也是一个合适的工具变量。表 5-11 列出了工具变量估计第一阶段估计结果，iv1 的回归系数为-0.232，并在 1%的水平上显著，印证了理论分析，城市的采矿业比重越高，越倾向于发展制造业，相应的生产性服务业比重较低。科学技术支出比重的回归系数为 0.069，在

表 5-11　工具变量估计第一阶段结果

	第一阶段估计		
	回归系数	标准差	P 值
lniv1	-0.232***	0.003	0.000
lniv2	0.069***	0.002	0.000
lnroad	-0.011***	0.000	0.000
lnedu	0.003***	0.000	0.000
lnbus	-0.005***	0.000	0.000
常数项	0.191***	0.001	0.000
样本量：519280，R^2：0.078，F 统计量：5486.27			

注：被解释变量为生产性服务业比重对数，*、**、*** 分别表示在 10%、5%、1%的显著性水平上显著。

1%水平上显著，说明科学技术支出有利于生产性服务业的发展。此外，两个工具变量也通过了外生性检验，分析和检验均不能拒绝其作为工具变量的合理性。

表 5-12 列出了 IV 估计第二阶段的结果，为了和 OLS 估计对比，第 1 列也列出了 OLS 估计结果。对比 OLS 估计，第 2 列的 IV 估计中生产性服务业比重对数的回归系数有所降低，可见，如果不考虑生产性服务业和制造业之间的互动关系，OLS 估计可能高估了生产性服务业对制造业生产率的影响。即 OLS 估计中的系数中的一部分可能是制造业企业生产率提高带动生产性服务业发展引起的。生产性服务业比重对数的平方项的系数也有所降低，但是倒 U 型曲线的拐点和 OLS 估计接近。城市规模对数和生产性服务业比重对数交叉项的回归系数变化不大，仍在 1%的水平上显著。第 3 列和第 4 列分别是用 OP 和 LP 方法计算的全要素生产率对

表 5-12　工具变量估计第二阶段结果

	OLS（lp）	第二阶段估计结果		
		IV（lp）	IV（TFP_OP）	IV（TFP_LP）
lnN	1.489*** (0.089)	1.902*** (0.102)	1.845*** (0.140)	1.866*** (0.117)
$(\ln N)^2$	−0.042*** (0.008)	−0.070*** (0.009)	−0.049*** (0.012)	−0.051*** (0.010)
lnS	0.779*** (0.121)	0.402*** (0.045)	0.520*** (0.065)	0.693*** (0.056)
$(\ln S)^2$	0.329*** (0.017)	0.162*** (0.009)	0.222*** (0.013)	0.215*** (0.011)
lnN × lnS	0.083*** (0.014)	0.119*** (0.008)	0.196*** (0.011)	0.187*** (0.009)
控制变量	有	有	有	有
样本量	574774	519280	325905	422018

注：第 1 和第 2 列为被解释变量为制造业企业的劳动生产率对数，第 3 和第 4 列为被解释变量未采用 OP 和 LP 方法计算的制造业企业的全要素生产率对数。第 1 列为 OLS 估计，第 2~4 列为 IV 估计的第二阶段结果。*、**、*** 分别表示在 10%、5%、1%的显著性水平上显著。

数，作为被解释变量的回归结果。生产性服务业比重对数的回归系数较OLS估计也有所降低，其他变量的回归系数符合预期，IV估计的结果是相对稳健的。

工具变量回归结果表明，在处理了生产性服务业的内生性问题后，估计的生产性服务业对制造业企业生产率的作用有所降低。这说明生产性服务业和制造业之间存在一定的互动关系，但即使在控制了制造业对生产性服务业的反馈作用后，估计的生产性服务业提升制造业生产率的作用仍然是十分显著的。

第六节　本章小结

本章实证生产性服务业对制造业企业的生产率影响及其机制。作为生产过程中的中间服务投入，生产性服务业通过增加中间服务种类和降低中间品价格，促进制造业企业的生产率提升。实证中，用2003~2007年制造业企业的微观数据和城市数据匹配，首先，实证生产性服务业对制造业企业生产率的影响，发现其比重提高促进制造业企业的生产率，并且随着城市规模增加，其对制造业企业生产率的作用增加。其次，通过构造制造业的生产性服务投入密集度指标，实证中间投入的集聚经济机制，发现生产性服务业对其投入密集度高的制造业企业生产率作用更大，从而验证了生产性服务业的中间投入集聚经济机制。总结本章研究，主要有以下发现：

第一，生产性服务业的比重提高能促进制造业生产率，并且随着城市规模的扩大，其所带来的促进作用也增强。这主要通过集聚效应和竞争效应体现，作为制造业中间投入，其比重提高增加了中间服务投入的种类，从而产生总量上的集聚经济，促进制造业生产率提升。此外，市场需求一定，生产性服务业比重增加也加剧了自身行业竞争，降低中间投入价格，从而提高制造业企业利润。两种效应的共同作用，使其比重和制造业企业的生产率呈正向关系。

此外，生产性服务业对制造业生产率的影响，随着城市的规模扩大而递增。城市规模和生产性服务业的比重，均能够增加生产性服务的总量，从而促进制造业的生产率，并且二者之间存在交互效应。随着城市规模的扩大，生产性服务业比重提高所产生的中间投入总量增加更大，集聚经济增加更大，从而生产性服务业比重提高对制造业生产率的影响，会随城市的规模扩大而递增。

第二，制造业生产率和城市规模呈倒 U 型曲线关系。城市规模对制造业生产率的影响，由规模扩大产生的集聚经济和拥挤成本共同决定。集聚经济有利于提高制造业生产率，拥挤成本会降低制造业生产率。当城市规模较低时，集聚经济的正向作用超过拥挤成本的负向作用，制造业生产率随着城市规模扩大而增加；当城市规模超过一定值时，拥挤成本的负向作用开始超过集聚经济的正向作用，继续扩大城市规模反而会降低制造业生产率。因此，制造业生产率和城市规模呈倒 U 型曲线关系。

第三，生产性服务业通过中间投入的集聚经济机制，提高制造业的生产率，从而其比重和城市规模的影响，会随制造业的生产性服务密集度增加而递增。生产性服务业通过拓展中间投入种类，提高制造业的生产率，而不同制造业的生产性服务需求存在差异，从而对生产率的影响也会存在差异。随着生产性服务中间投入增加，生产性服务业对其作用变大。在城市中，提高生产性服务业比重和规模均产生类似的效果，均更加有利于生产性服务密集型制造业的生产率提升。

第四，生产性服务业比重和城市规模，二者的作用既存在共同点也存在差异。共同点是生产性服务总量，来自城市规模和生产性服务业比重的乘积，城市扩大规模和提高生产性服务业比重均可增加总量供给，从而增加集聚经济，促进制造业的生产率。不同点在于二者产生的机制和结果不同，生产性服务业比重改变属于结构调整，而城市规模扩大属于总量调整，生产性服务业比重改变仅改变总量中的中间投入比重，不产生拥挤成本，而城市规模扩大虽然增加了中间投入，但同时产生拥挤成本，实证估计也发现，制造业生产率和生产性服务业比重为正向关系，而制造业生产率和城市规模呈倒 U 型曲线关系。为此，为提高制造业的生产率，政策上不同规模城市需要考虑不同路径，规模较大的城市继续扩大城市规模，会产生过大的拥挤成本，产生负面影响，而通过调整生产性服务业比重的结构转型，可以继续为制造业提供发展动力。现阶段，各大城市也在积极发展生产性服务业，试图通过其带动制造业的发展。而规模较小的城市，增加生产性服务业比重的结构转型对制造业生产率的影响较小，这些城市仍处于集聚不足阶段，继续推动城市集聚更加有利于提高制造业生产率。

第六章　生产性服务业影响城市生产率的机制：促进制造业再配置

第一节　引　言

制造业生产率不仅来自生产性服务业的集聚经济，还受到其自身区位选择产生的配置效应的影响。不同生产率的制造业选择不同的城市区位，会影响城市加总的制造业生产率。

传统对生产性服务业和制造业生产率关系的研究，往往从中间投入集聚经济角度，研究生产性服务业对制造业生产率的促进作用，忽视了制造业“自选择”产生的再配置效应。本章认为制造业“自选择”产生的再配置效应，同样对加总的制造业生产率产生影响。识别该机制具有重要的理论和政策意义：理论上，若再配置效应存在，则以往关于生产性服务业对制造业生产率的估计是有偏的，由于再配置效应和集聚效应同方向，实证结果会高估了生产性服务业的作用。更为重要的是，这具有重要的政策含义。各城市大力发展生产性服务业的背景下，若再配置效应占主导，高生产率制造业向大城市集聚。这会导致大小城市生产率差距进一步拉大，而小城市发展生产性服务业的政策，由于难以吸引高生产率制造业，很可能是无效的，甚至导致资源和要素的低效配置。

“自选择”产生再配置效应的机制，建立在制造业异质性和城市空间差异的基础上。城市空间差异形成的比较优势，决定了异质制造业空间选址，从而产生制造业的再配置效应。前面章节研究发现，生产性服务业通过拓展中间投入，促进制造业生产率提升，并且对生产性服务密集型的制造业具有额外的边际影响。空间维度下，城市规模和产业结构具有差异，这些差异构成城市的比较优势，影响制造业在空间的再配置。城市的规模和生产性服务业比重提高，会提高生产性服务密集型制造业在城市中的专业化水平。由于中间投入的集聚经济，生产性服务密集型制造业往往生产率也更高，这种再配置效应会影响加总的制造业生产率，使生产性服务业比重高的大城市制造业生产率更高。

本章利用微观数据，识别该再配置机制，并分析该机制在不同城市、地区的差异。实证建立在前一章基础上的推进，利用 2003~2007 年城市数据和城市 2 位数制造业细分行业数据来验证该机制。

第二节　相关研究回顾

基于生产性服务业和制造业前后向关联，二者在区位选择上往往具有协同性。制造业靠近生产性服务业，可以更容易获得服务品投入，从而提升自身效益；同样，生产性服务业靠近制造业，也可以降低沟通成本和节约服务品的运输成本。因此，两个产业往往会在一个城市共同集聚。然而，制造业存在技术差异，从本地的生产性服务中获得的收益不同，生产性服务投入密集度高的制造业从中获益更多，更倾向集聚在生产性服务业周围；而劳动密集型制造业从中获益较少，则会被挤出到其他城市。国内外制造业和生产性服务业区位关系有广泛研究，接下来分别回顾二者共同集聚，以及生产性服务业对制造业专业化模式影响两方面研究。

一、生产性服务业与制造业共同集聚

随着经济发展和市场壁垒破除，市场规模扩大和交易成本的下降促进了制造业在空间上的集聚。与此同时，也带动了生产性服务业的集聚，并和制造业形成互动发展的格局。在新的经济地理空间中，制造业和生产性服务业共同集聚成为一个典型现象。然而，现有研究仍主要集中在单个产业集聚，对二者共同集聚的研究甚少。城市维度，二者的共同集聚模式有何特点，以及形成机制值得进行深入研究。

关于共同集聚的研究，国内外主要对制造业行业之间共同集聚水平和机制进行研究。Ellison 和 Glaeser（1997）最早建立了产业之间的共同集聚指数（E-G 指数），计算美国 4 位数制造业行业的共同集聚水平，发现具有上下游产业关联的制造业之间存在共同集聚现象。Barrios 等（2003）计算了爱尔兰 1983~1998 年制造业行业的共同集聚水平，发现在该期间，大部分制造业行业的共同集聚水平提高。路江涌和陶志刚（2006）计算了我国 1998~2003 年制造业共同集聚指数，发现我国制造业存在共同集聚现象，并且共同集聚水平逐年上升，但总体来看低于发达国家水平。对于制造业行业共同集聚形成机制，马歇尔（2012）分析了上下游关联、劳动力共享以及知识溢出对于产业集聚的作用，但其只强调了单个产业的集聚，Helsley 和 Strange（2014）指出，城市既不是某个产业的完全专业化，也不是所有产业完全多样化的，而是部分关联产业的共同集聚，他们从产业关联出发，建立理论模型分析了城市内产业共同集聚的机制。Venables（1996）从上下游关联的角度，分析上下游企业的共同集聚，其强调了不完全竞争和运输成本的重要性，当运输成本降低时，会引起上下游企业的共同集聚，而当运输成本很低时，上下游企业倾向于分散。Ellison 等（2010）考虑马歇尔三种外部性：共享产品、劳动力和思想，发现三种机制均得到了实证支持，其中投入产出关联至关重要。马国霞等（2007）计算了我国制造业的共同集聚程度，发现制造业之间的产业关联是共同集聚的主要原因。这些研究发现了国内外制造业共同集聚的证据，并对其形成的机制进行了分析。

而对制造业和生产性服务业的共同集聚，由于数据限制，国内外研究较少。沈飞等（2013）发现，长三角地区的房地产业和金融保险业，以及珠三角地区的交通物流和邮电通信业、金融和保险业与本地的制造业集聚存在显著的正相关关系。陈国亮和陈建军（2012）计算了我国省级层面 2 位数制造业和生产性服务业之间的共同集聚指数，发现二者之间存在较为普遍的共同集聚现象。Ke 等（2014）发现，制造业或者生产性服务业都倾向集聚在对方发达的地区，有利于从产业关联性中获益，并且从动态看，附近关联产业发展，也会影响企业的重新选址。这表明二者存在协同定位倾向。也有一些研究制造业和生产性服务业共同集聚对经济绩效的影响，杨仁发（2013b）研究，共同集聚对地区工资的影响，发现二者的共同集聚能够提升地区的工资，而制造业和消费性服务业共同集聚对地区工资水平无明显作用。程中华和于斌斌（2014）同样发现，二者共同集聚对地区工资水平有显著促进作用。

综合以上文献，现有文献多是对制造业本身集聚和共同集聚的计算和分析，而对生产性服务业和制造业之间的共同集聚的研究相对较少。虽然已有部分文献计算二者的共同集聚水平，但多是在省级维度，度量的共同集聚水平不准确[①]，并且对机制讨论较少。为此，有必要在城市维

① 衡量集聚应该选择尽可能低的区域层面，区域层面过高会稀释集聚的差异性，会导致度量的集聚水平不准确。例如，我国省份之间生产性服务业和制造业共同集聚水平差异不大，但城市之间差异很大，生产性服务业和制造业均高度集聚于部分沿海城市。

度，计算二者共同集聚水平，并从产业关联角度分析二者共同集聚的机制。

二、生产性服务业和制造业专业化

由于生产的产品和工艺的不同，制造业技术也相应具有差异，从而对生产性服务中间投入的密集度也不同。奥地利学派认为，更加复杂的生产过程不仅需要更加专业的劳动力和更多资本，而且生产步骤的增加也增加了中间投入的数量。可见，生产工艺复杂的制造业相应也需要更多的生产性服务业中间投入。在我国的行业划分中，大部分技术复杂的、人力资本投入密集的行业往往对生产性服务业投入密集度也高。这是由于知识具有专用性，而这些行业由于技术复杂，在生产过程中需要更为细化的分工和专业化，因此，将生产性服务业外包给外部企业，从而专注于具有核心竞争力的环节。一些实证文献根据投入产出表计算也发现，不同制造业行业对生产性服务业中间投入的需求不同（李美云，2007）。

李嘉图（2005）提出的比较优势理论，指的是若一个国家在生产一种产品的成本低于其他国家生产该种产品的成本，则其在该种产品上就有比较优势。这隐含着一国生产某产品生产率不需要比另一个国家高，只需要相对生产其他产品来说，生产这种产品的生产率相对较高就可以通过贸易获得收益。贸易的条件是相对的差别（而不是绝对的差别），国家应该专业化生产“比较优势”的产品，并进口“比较劣势”的产品，这种贸易方式有利于两个国家福利改善。对于比较优势的讨论，主要集中在资本和劳动两种生产要素上，然而，生产性服务业也可以构成城市的内生的比较优势（顾乃华，2008）。将比较优势理论应用到城市经济学当中，对于生产性服务业比重高的城市而言，虽然其在生产所有制造业商品上具有绝对优势，但生产性服务密度高的制造业生产率相对更高，从而构成了比较优势。即生产性服务业比重高的大城市在生产性服务业密集型制造业方面具有比较优势，生产性服务业比重低的小城市在劳动密集型制造业方面具有比较优势。

既然具有不同生产性服务业比重的城市对于不同制造业具有比较优势，那么这种比较优势是否会带来不同城市的专业化生产呢？对于生产性服务业带来制造业集聚方面，Venables（1996）构建理论模型考察服务业带来城市集聚机制，制造业需要生产性服务作为中间投入，中间厂商数目越多，制造业从生产性服务业规模经济中获得的效益越大，因此，共享中间投入的制造业厂商会向生产性服务业比重高的城市集聚。这些文献描述了生产性服务业带来制造业集聚的机制，但却没有考虑制造业技术差异，制造业技术差异会产生比较优势和不同制造业在不同城市的集聚[①]。在讨论国际贸易中的比较优势理论中，Dornbusch 等（1977）在其连续产品模型中预测了制造业技术差异带来制造业专业化分布，进而产生国际贸易，并讨论了运输成本对于专业化产业范围的影响。其模型分析了由于制造业在不同国家存在相对生产率差异，不同国家应该专业化于其具有比较优势的产业，并且这种专业化模式也会影响国家之间的相对福利水平。Dornbusch 等（1980）进一步讨论了要素禀赋差异所带来的比较优势形成。从理论上来说，只要城市之间运输成本足够低，比较优势可以弥补专业化分布带来的交易成本，制造业就会按照比较优势分布。

当制造业有技术差异，这种技术差异所产生的生产率差异会根据城市生产性服务业发展水平而不同，从而使得城市形成比较优势，并将制造业按照比较优势进行分布。即生产性服务业比重高的大城市会专业化于生产性服务密集型的制造业，而生产性服务业比重低的小城市则会专业化于劳动密集型的制造业。

---

① 新新经济地理学从异质性企业角度讨论了异质性企业的集聚问题（Baldwin & Okubo，2006；Ottaviano，2011），但其主要从市场规模角度分析企业是自选择效应还是集聚效应，和本章的角度有所差异。

第三节　生产性服务业与制造业共同集聚分析

制造业靠近生产性服务业，可以获得中间投入的集聚经济，从而提升自身的生产率；而同样，生产性服务业靠近制造业，可以降低沟通成本和节约服务品的运输成本。因此，二者往往倾向共同集聚。此外，制造业技术差异导致的其和生产性服务业关联性不同，也使其从中获得的效益不同，从而共同集聚水平存在差异。理论上，关联性强的制造业会和生产性服务业共同集聚水平更高。那么现阶段，我国制造业和生产性服务业共同集聚水平如何？共同集聚水平和产业关联性关系如何呢？下面采用共同集聚指数来进行计算和分析，以搞清这些关系。

一、共同集聚指数计算

共同集聚指的是两个或多个行业由于某些原因，在区位上倾向选择一致，从而形成产业间的共同集聚。对于单个行业的集聚水平，Ellison & Glaeser（1997）建立了一个集聚指数（E-G 指数）度量行业的集聚水平，以 s_1，s_2，…，s_M 表示行业在 M 个城市的就业份额，x_1，x_2，…，x_M 表示该城市就业占总就业的份额，则 $G=\sum_{i=1}^{M}(s_i-x_i)^2$ 表示行业的地理集聚指数，代表行业的地理分布，$H_j=\sum_{n=1}^{N}z_n^2$ 表示行业在企业水平的赫芬达尔指数，代表企业的规模分布。构造的 E-G 指数计算方法如下

$$\gamma_j = \frac{G - \left(1 - \sum_{i=1}^{M} x_i^2\right) H_j}{\left(1 - \sum_{i=1}^{M} x_i^2\right)(1 - H_j)} \tag{6-1}$$

E-G 集聚指数可以反映单个行业的集聚水平，并具有很好的特性[①]。然而，城市中往往并不是完全的专业化，也不是完全的多样化，各个城市只是某些关联产业的集聚（Helsley & Strange，2014）。不同行业由于上下游关联、劳动力共享、知识溢出等外部性会产生共同集聚，为此，他们建立了 E-G 共同集聚指数来度量一组产业的相对共同集聚水平，即

$$\gamma^c = \frac{\left[G/\left(1 - \sum_i x_i^2\right)\right] - H - \sum_{j=1}^{r} \hat{\gamma}_j \omega_j^2 (1 - H_j)}{1 - \sum_{j=1}^{r} \omega_j^2} \tag{6-2}$$

式中，ω_j 表示行业组 c 中的行业 j 占该组总就业比重，$H = \sum_j \omega_j^2 H_j$ 为按照行业就业比重平方加权的赫芬达尔指数。$0 \leqslant \gamma^c \leqslant 1$，该指数越大表示行业共同集聚程度越高。该共同集聚指数同样需要企业水平的数据计算赫芬达尔指数，由于生产性服务业行业缺乏企业水平数据，无法计算。Devereux 等（2004）认为 E-G 指数的计算过于繁琐，因此将指标改写为

$$C(r) = \frac{G_r - \sum_{j=1}^{r} \omega_j^2 G_j}{1 - \sum_{j=1}^{r} \omega_j^2} \tag{6-3}$$

---

① Ellison 和 Glaeser（1997）指出，E-G 指数具有 4 个特征：第一，该指标相对容易计算，在企业水平上，只需要企业的规模分布即可，而不需要企业的地理分布信息；第二，该指数可以和非集聚水平进行比较，当产业是随机分布而不存在集聚时，$E(\gamma) = 0$，当 $\gamma > 0$ 则代笔该行业集聚；第三，由于指标独立于企业数量和规模分布，即使在不同行业企业分布不同时，也可以跨行业比较；第四，即使不同行业就业数据的地理加总水平存在差异时，该指数也可以跨行业比较。

式中，r 为行业组中行业的数量，$\omega_j = L_j \Big/ \sum_{j=1}^{r} L_j$ 为权重指标，这里用行业单位就业份额表示，L_j 为行业单位就业。G_r 为行业组 r 的地理集中指数，G_j 为行业组 r 中行业 j 的地理集中指数①，用赫芬达尔指数表示。计算的 C（r）值越高，表示行业组 r 中的行业共同集聚水平越高。该指标仅利用行业数据，就可以计算行业组中行业的共同集聚指数，并且计算过程相对简洁，这里采用该方法进行计算。

二、生产性服务业与制造业共同集聚分析

由于 2003 年《城市统计年鉴》中行业划分标准发生变化，为了比较的一致性，选取 2003~2007 年 2 位数制造业和 7 个生产性服务业的配对作为研究对象。根据理论分析，每个 2 位数制造业行业既可以和某个生产性服务业共同集聚，也可以和多个生产性服务业共同集聚。为此，本章既计算制造业的 2 位数行业和生产性服务业整体的共同集聚，也考虑生产性服务业行业异质性，计算制造业 2 位数行业和各个生产性服务业的共同集聚。

（一）制造业和生产性服务业共同集聚——全行业

制造业 2 位数行业有 30 个，生产性服务业作为整体有 1 个，时间期从 2003~2007 年有 5 年，总的共同集聚配对数为 150 个（即 $5 \times C_{30}^{1} \cdot C_{1}^{1} = 150$），表 6-1 是 2007 年 30 个制造业 2 位数行业和生产性服务业的共同集聚指数，以及共同集聚指数在 2003~2007 年的增长率。计算结果与路江涌和陶志刚（2006）计算的制造业介于 2~3 位数共同集聚水平相比，制造业和生产性服务业共同集聚水平要高于制造业之间的共同集聚水平。

① 行业组中的行业既可以是 2 个行业，也可以有多个行业，本章考虑的是制造业 2 位数行业和生产性服务业的共同集聚水平，因此，计算的均为 2 个行业的共同集聚。

可见，由于制造业对生产性服务业中间投入的需求，制造业和生产性服务业的共同集聚水平已开始超过制造业之间的共同集聚水平。以2007年制造业和生产性服务业共同集聚指数为例，和生产性服务业共同集聚水平最高的是印刷和记录媒介复制业（0.032），家具制造业（0.026），仪器仪表制造业（0.024），通用设备制造业（0.022）等，这些制造业行业对生产性服务业需求较高，产业关联性强，在空间上接近可以降低中间投入成本，从而在空间区位选择上倾向共同集聚。和生产性服务业共同集聚水平最低的是化学纤维制造业（0.008），石油加工、炼焦和核燃料加工业（0.010），烟草制品业（0.010），金属制品业（0.011）和有色金属冶炼和压延加工业（0.012），这些行业和生产性服务业的共同集聚指数均低于0.012，这些制造业行业基本上都是资源型或原材料加工型行业，主要依赖资源投入，其区位受到自然资源禀赋的影响，倾向接近资源和原材料产地。如对于石油加工、炼焦和核燃料加工业，这些产业主要位于四川、青海和新疆的一些城市，这些地区城市依赖资源发展，对生产性服务业依赖程度较低，这些资源型产业也对生产性服务业中间投入需求较少，和生产性服务业表现出较低的共同集聚水平。

表6-1　2007年30个制造业2位数行业与生产性服务业的共同集聚指数及增长率

行业名称	行业代码	生产性服务业投入密集度	共同集聚指数	2003~2007年增长率（%）
农副食品加工业	13	0.361	0.013	−10.99
食品制造业	14	0.545	0.023	−6.30
酒、饮料和精制茶制造业	15	0.447	0.016	4.66
烟草制品业	16	0.104	0.010	−15.52
纺织业	17	0.289	0.012	−5.98
纺织服装、服饰业	18	0.325	0.022	−10.50
皮革、毛皮、羽毛及其制品和制鞋业	19	0.290	0.015	−12.35
木材加工和木、竹、藤、棕、草制品业	20	0.357	0.013	−27.28

续表

行业名称	行业代码	生产性服务业投入密集度	共同集聚指数	2003~2007 年增长率（%）
家具制造业	21	0.323	0.026	13.43
造纸和纸制品业	22	0.341	0.017	12.97
印刷和记录媒介复制业	23	0.213	0.032	5.55
文教、工美、体育和娱乐用品制造业	24	0.378	0.024	-7.03
石油加工、炼焦和核燃料加工业	25	0.334	0.010	-29.95
化学原料和化学制品制造业	26	0.400	0.015	-6.73
医药制造业	27	0.499	0.021	0.37
化学纤维制造业	28	0.326	0.008	-23.45
橡胶和塑料制品业	29	0.321	0.020	5.11
非金属矿物制品业	30	0.363	0.020	7.35
黑色金属冶炼和压延加工业	31	0.326	0.015	1.67
有色金属冶炼和压延加工业	32	0.367	0.012	-13.44
金属制品业	33	0.318	0.011	13.13
通用设备制造业	34	0.334	0.022	-1.49
专用设备制造业	35	0.352	0.019	0.55
汽车制造业	36	0.429	0.020	19.43
铁路、船舶、航空航天和其他运输设备制造业	37	0.329	0.020	3.28
计算机、通信和其他电子设备制造业	39	0.522	0.021	8.32
仪器仪表制造业	40	0.341	0.024	12.36
其他制造业	41	0.311	0.024	7.84
废弃资源综合利用业	42	0.019	0.017	20.56
金属制品、机械和设备修理业	43	—	0.012	-6.75

注：制造业 2 位数行业有 30 个，生产性服务业作为整体有 1 个，时间期间从 2003~2007 年有 5 年，总的共同集聚配对数为 150 个（即 $5 \times C_{30}^{1} \cdot C_{1}^{1} = 150$）。由于篇幅限制，文中只列出 2007 年数据。投入产出表中金属制品、机械和设备修理业无法和 2 位数行业匹配，该行业对生产性服务业投入密集度做缺失值处理。

从制造业和生产性服务业共同集聚水平的变化趋势看，30个制造业行业中，有的制造业和生产性服务业共同集聚水平上升，有的下降。增长率最高的是废弃资源综合利用业（20.56%），汽车制造业（19.43%）和家具制造业（13.43%）等。这些行业和生产性服务业具有较高的产业关联性，从而更倾向和生产性服务业共同集聚，在产业分工和专业化逐步深化的过程中，这些制造业产业对生产性服务业中间投入的需求越来越高，在区位选择上也会更加倾向和生产性服务业共同集聚。降低程度最高的是石油加工、炼焦和核燃料加工业（29.95%），木材加工和木、竹、藤、棕、草制品业（27.28%），化学纤维制造业（23.45%），烟草制品业（15.52%）和有色金属冶炼和压延加工业（13.44%）。这些行业主要是资源型行业，更加依赖地区的资源和原材料，区位选择上接近资源产地和原材料产地，对生产性服务业的需求相对较低，表现出和生产性服务业较低的共同集聚水平，并且在其他制造业和生产性服务业共同集聚过程中，这些资源型产业反而和生产性服务业共同集聚水平逐步降低。可见，在制造业空间再配置过程中，会存在这样的趋势，和生产性服务业关联性高的制造业会逐渐和生产性服务业共同集聚；而和生产性服务业关联性低的制造业则共同集聚水平降低，这种制造业的再配置模式和生产性服务业的作用有着密切关系，取决于其和生产性服务业的产业关联度。

制造业和生产性服务业共同集聚与其关联度有何关系，是否关联度高的制造业和生产性服务业更加倾向共同集聚呢？制造业需要生产性服务业的服务作为中间投入，而生产性服务业往往是本地化，服务于当地企业，制造业区位选择时会倾向选择生产性服务充裕的城市，从而和生产性服务业共同集聚。此外，不同制造业行业由于技术差异，对生产性服务业中间投入的需求不同，如生产工艺复杂的汽车制造业，通用设备制造业等往往更依赖金融、科研和技术服务等生产性服务中间投入，而石油加工、炼焦和核燃料加工业，金属冶炼和压延加工业则更加依赖资源和原材料，生产性服务投入相对较少，在区位选择时，为了节约运输成本，则更加倾向靠近原材料产地。可见，虽然关联产业的共同集聚有利于制造业企业效益，但不同的制造业对生产性服务业的需求程度存在差异，从而和其共同集聚水平也会存在差异。2003~2007 年 2 位数制造业和生产性服务业共同集聚水平与制造业和生产性服务业产业关联度的关系如图 6-1 所示，从图中可以看出，随着制造业和生产性服务业关联度的提高，其和生产性服务业共同集聚水平逐步提高。图中拟合线的斜率为 0.01，在 5%的水平上显著，拟合优度为 0.033。印刷和记录媒介复制业和生产性服务业共同集聚水平在各年均为最高，但由于生产性服务业统计可能存在的偏误，其对生产性服务业投入密集度可能被低估了①，若扣除印刷和记录，斜率系数、显著性和拟合优度都有所提高。可见，制

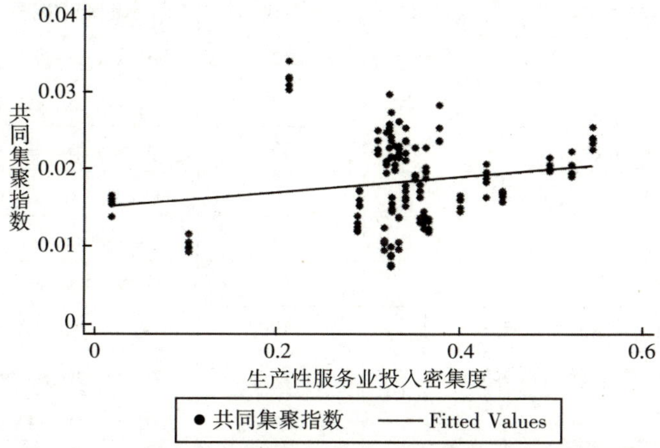

图 6-1　制造业共同集聚指数与生产性服务业投入密集度关系

注：纵轴为制造业和生产性服务业共同集聚指数，横轴为各制造业行业的生产性服务业投入密集度。图中共同集聚指数对生产性服务业投入密集度的回归系数为 0.01，在 5%水平上显著，拟合优度为 0.033。剔除印刷和记录媒介复制业后，斜率系数为 0.016，在 1%水平上显著，拟合优度为 0.111。

① 生产性服务业包括的行业中批发零售业和住宿餐饮业占比较高，而印刷和记录媒介复印业对这两个行业投入较低，而对其他生产性服务业行业投入较高，一些研究并未将批发零售业和住宿餐饮业作为生产性服务业（顾乃华等，2006a），对比这些研究，这里计算的那些对批发零售业和住宿餐饮业投入较低的制造业的生产性服务业投入密集度会偏低。

造业和生产性服务业共同集聚水平和二者之间产业关联具有紧密联系，生产性服务业投入密集度高的制造业更倾向和生产性服务业共同集聚。

（二）制造业和生产性服务业共同集聚——分行业

制造业和生产性服务业倾向共同集聚，但制造业对不同生产性服务业的需求不同，和不同生产性服务业的共同集聚水平也会存在差异。为了分析制造业和各个生产性服务业的共同集聚水平，对生产性服务业进行细分，分别测算制造业和各个生产性服务业的共同集聚水平。测算的制造业 2 位数行业有 30 个，生产性服务业行业有 7 个，时间期从 2003~2007 年共 5 年，总的共同集聚两两配对数位 1050 个（即 $5 \times C_{30}^{1} \cdot C_{7}^{1} = 1050$）。

表 6–2　2007 年制造业 2 位数行业与各生产性服务业共同集聚排序

行业名称	行业代码	共同集聚行业排序
农副食品加工业	13	zl，xx，kx，zs，jt，pf，jr
食品制造业	14	zl，kx，xx，zs，jt，pf，jr
酒、饮料和精制茶制造业	15	zl，xx，kx，zs，jt，pf，jr
烟草制品业	16	kx，pf，zs，jt，jr，xx，zl
纺织业	17	zl，zs，kx，jr，jt，xx，pf
纺织服装、服饰业	18	zl，zs，xx，kx，jt，pf，jr
皮革、毛皮、羽毛及其制品和制鞋业	19	zs，zl，jt，pf，xx，jr，kx
木材加工和木、竹、藤、棕、草制品业	20	zl，kx，jt，jr，zs，pf，xx
家具制造业	21	zl，zs，xx，kx，jt，pf，jr
造纸和纸制品业	22	zl，zs，jt，xx，kx，pf，jr
印刷和记录媒介复制业	23	zl，xx，zs，kx，jt，pf，jr
文教、工美、体育和娱乐用品制造业	24	zl，zs，jt，pf，xx，jr，kx
石油加工、炼焦和核燃料加工业	25	kx，zl，xx，jt，pf，zs，jr
化学原料和化学制品制造业	26	zl，kx，zs，jt，xx，pf，jr
医药制造业	27	zl，kx，xx，zs，jt，pf，jr
化学纤维制造业	28	zl，kx，zs，xx，jr，pf，jt

续表

行业名称	行业代码	共同集聚行业排序
橡胶和塑料制品业	29	zl，zs，jt，kx，pf，xx，jr
非金属矿物制品业	30	zl，zs，jt，pf，xx，jr，kx
黑色金属冶炼和压延加工业	31	zl，xx，zs，kx，jt，pf，jr
有色金属冶炼和压延加工业	32	zl，xx，kx，zs，jt，pf，jr
金属制品业	33	zl，kx，jr，jt，zs，pf，xx
通用设备制造业	34	zl，zs，kx，jt，xx，pf，jr
专用设备制造业	35	zl，kx，jt，zs，xx，jr，pf
汽车制造业	36	zl，kx，xx，zs，jt，pf，jr
铁路、船舶、航空航天和其他运输设备制造业	37	zl，kx，zs，jt，xx，pf，jr
计算机、通信和其他电子设备制造业	39	zl，zs，jt，xx，pf，jr，kx
仪器仪表制造业	40	zl，zs，xx，pf，jt，kx，jr
其他制造业	41	zl，zs，xx，kx，pf，jt，jr
废弃资源综合利用业	42	zl，zs，xx，jt，pf，kx，jr
金属制品、机械和设备修理业	43	zl，jr，jt，kx，zs，pf，xx

注：测算的制造业 2 位数行业有 30 个，生产性服务业行业有 7 个，时间期间从 2003~2007 年有 5 年，总的共同集聚两两配对数位 1050 个（即 $5\times C_{30}^{1}\cdot C_{7}^{1}=1050$），限于篇幅仅列出 2007 年结果。表中 zl，xx，kx，zs，jt，pf，jr 分别为对应行业前两个字母，即表示租赁和商业服务业，信息传输、计算机服务和软件业，科研技术服务和地质勘查业，住宿餐饮业，交通仓储和邮政业，批发零售业，金融业。

表 6-2 列出了 2007 年制造业 2 位数行业与各生产性服务业共同集聚的排序。从总体上看，租赁和商业服务业，科学研究、技术服务和地质勘查业和各个制造业共同集聚水平最高，平均共同集聚水平分别为 0.023 和 0.018，其中租赁和商业服务业在 30 个 2 位数制造业行业中的 27 个中共同集聚水平最高，科学研究、技术服务和地质勘查业在 30 个 2 位数制造业行业中的 2 个中共同集聚水平最高。说明在各个生产性服务业细分行业中，制造业对这两个行业的需求最高。而批发零售业和金融业表现出和制造业相对较低的共同集聚水平，平均共同集聚水平分别为 0.016 和 0.015。批发零售业主要和部分行业，如烟草制品业表现出较高的共同集

聚水平，烟草制品业和批发零售业具有较高的产业关联，其产品的销售大部分是通过批发零售进行，故表现出较高的共同集聚水平，而其他制造业和批发零售业的关联性相对较弱，共同集聚水平也较低。金融业之所以和大部分制造业表现出较低的共同集聚水平，一方面，由于金融业发达的地区，往往开始转型发展服务业，制造业比重较低，计算出的制造业和金融业的共同集聚水平较低；另一方面，由于统计问题，虽然很多制造业依赖金融业的支持，但从就业看，金融业发达的城市金融业就业比重反而较低，这是因为统计上金融业就业很多来自国有银行，这些银行就业在金融业不发达的地区反而就业比重较高。总的来看，制造业更倾向和知识技术密集型生产性服务业共同集聚，和劳动密集型生产性服务业共同集聚水平相对较低。

同时发现，不同制造业行业存在的异质性，和不同生产性服务业的共同集聚水平不同，如与皮革、毛皮、羽毛及其制品和制鞋业共同集聚水平最高的两个行业为住宿餐饮业，租赁和商业服务业。由于生产技术决定，这些行业属于劳动密集型行业，对住宿餐饮业等需求相对较高，倾向和这些生产性服务业行业共同集聚。而与汽车制造业共同集聚水平最高的两个为租赁和商业服务业，科研、技术服务和地质勘查业。这类行业属于资本密集性行业，对租赁和商业服务业，科研、技术服务和地质勘查业等需求相对较高，在区位选择上也倾向于这类产业发达的地区，表现出和这类生产性服务业较高的共同集聚水平。

从制造业和生产性服务业共同集聚的测算结果看，伴随着制造业和生产性服务业的集聚，制造业和生产性服务业也倾向共同集聚，并且生产性服务业关联性强的制造业和生产性服务业共同集聚水平更高。同时也发现，不同制造业倾向和不同的生产性服务业共同集聚。这种差异，本质上是制造业本身的产品和技术差异引起的，形成机制则是这种技术差异带来的其和生产性服务业的关联性差异。制造业企业由于利润最大化动机，会选择集聚在对其最有利的地区，即生产性服务业发达的地区，这些企业的集聚会带来拥挤成本，挤出其他从生产性服务业中获利较小的制造业，从而带来关联性强的制造业和其共同集聚水平高，而关联性弱的制造业和其共同集聚水平低。

第四节　生产性服务业对制造业专业化模式影响

根据第四章的理论分析，城市体系下，不同城市的规模和生产性服务业发展水平差异，以及生产性服务业对不同制造业生产率影响差异，构成城市比较优势，决定不同制造业在城市的专业化分布。即生产性服务业比重高的大城市专业化于生产性服务密集型制造业，生产性服务业比重低的小城市专业化于劳动密集型制造业。

本节利用 2003~2007 年制造业 2 位数行业和城市匹配的数据，构建制造业生产性服务业投入密集度指标，利用该投入密集度和城市规模及生产性服务业比重交叉项，实证生产性服务业对制造业专业化模式的影响。

一、实证方法与数据

（一）实证模型与方法

制造业的专业化模式受城市规模、生产性服务业比重和制造业其投入密集度影响。生产性服务业比重高的大城市是否专业化于对其投入密集型制造业，是一种边际效应，即在一定的生产性服务业比重和城市规模下，随着制造业对生产性服务投入密集度的增加，其专业化水平是否提高。通过建立制造业对生产性服务业投入密集度和生产性服务业比重的交叉项，以及制造业对生产性服务业投入密集度和城市规模的交叉项来考察该边际效应。此外，制造业企业选址具有动态持续性，企业选址于某个城市，已经投入了包括考察调研等沉没成本和固定资产投资等固定成本。此外，企业选址于某个城市也积累了自身的社会关系网络和固定的供应链关系，企业的选址具有历史持续性，当期的选址会依赖上一期的选址。为了防止遗漏变量的设定偏差，模型中加入专业化水平的滞后项。为此，建立计量模型 1

$$specl_{ijt}=\beta_0 specl_{ijt-1}+\beta_1 z_i+\beta_2 S_{jt}+\beta_3 z_i\cdot S_{ji}+\beta_4 N_{jt}+\beta_5 z_i\cdot N_{jt}+\gamma X_{ijt}+\varepsilon_{ijt}$$

其中，$\varepsilon_{ijt}=\mu_i+v_j+\sigma_{ijt}$ (6-4)

式中，$specl_{ijt}$ 是专业化指数，其中 i 表示行业，j 表示城市，t 表示年份。模型中，z 为制造业行业的生产性服务业投入密集度，S 为城市 j 在 t 年的 7 个生产性服务业占城市总就业比重；N 为城市 j 在 t 年的人口规模；X 为一组控制变量；扰动项 ε_{ijt} 包含了制造业和城市的个体效应及随机部分。模型中加入了生产性服务业投入密集度指标和生产性服务业比重交叉项 $z_i\cdot S_{jt}$，及生产性服务业投入密集度指标和城市规模交叉项 $z_i\cdot N_{jt}$，这两个是关系的指标。随着制造业的生产性服务业投入密集度增加，该制造业在生产性服务业比重高的城市专业化水平更高，该交叉项的回归系数 β_3 应该为正。同时，城市规模增加，也会带来同样结果，生产性服务业投入密集度和城市规模的交叉项系数 β_5 也应该为正。

由于模型 1 中包括了被解释变量 specl 的滞后项，直接对行业和城市同时去组均值虽然将个体效应去除比较干净，但会造成滞后项和扰动项相关，带来内生性问题。传统的解决方法是采用差分广义矩估计（DIF-GMM）和系统广义矩估计（SYS-GMM）方法，首先进行差分处理，再利用被解释变量和解释变量更高阶的滞后，作为被解释变量一阶差分的工具变量，得到各变量的一致估计。在实际使用中，差分广义矩估计在差分之后工具变量和内生变量的相关性较弱，产生弱工具变量问题，Blundell 和 Bond（1998）建议在差分方程基础上增加水平方程，解决弱工具变量问题。在实际应用中，系统广义矩估计比差分广义矩估计具有更好的特性。但不管采用差分 GMM 还是系统 GMM，都会存在两个问题：一是工具变量外生性问题，由于估计方法加入了过多的工具变量，会导致外生性检验难以通过；二是如果通过限制工具变量滞后阶数，或者限制工具变量个数来降低内生性问题，虽然往往可以通过外生性检验，但估计系数却很容易受到所选择工具变量的影响。对于该计量模型，由于包含行业、城市和时间三个维度，可以采取另一种处理方法，分别对城市和行业去除个体效应，具体处理方法是首先进行城市维度的去组均值处理，剔除城市个体效应；然后对去除城市个体效应的数据进行行业维度的去组均值，剔除行业个体效应。用公式表示为

$$specl_{ijt}=specl_{ijt}-\frac{1}{I}\sum_{i}specl_{ijt}-\frac{1}{J}\sum_{j}specl_{ijt} \tag{6-5}$$

$$z_i S_{ijt}=z_i \cdot S_{jt}-\frac{S_{jt}}{I}\sum_{i}z_i-\frac{z_i}{J}\sum_{j}\cdot S_{jt} \tag{6-6}$$

$$z_i N_{ijt}=z_i \cdot N_{jt}-\frac{N_{jt}}{I}\sum_{i}z_i-\frac{z_i}{J}\sum_{j}\cdot N_{jt} \tag{6-7}$$

$$\tilde{X}_{ijt}=X_{ijt}-\frac{1}{I}\sum_{i}X_{ijt}-\frac{1}{J}\sum_{j}X_{ijt} \tag{6-8}$$

由于这两次去组均值都是同一年份进行的，不会带来扰动项和滞后项的相关性。这种方式去除个体效应虽然没有同时去除城市和个体组均值干净[①]，但有效避免了内生性问题，故采用该方法。对于分行业的回归，该方法不再有效，则采用系统 GMM 估计。通过去组均值，消除所有个体效应和其他非主要关注的变量，只保留关心的变量，此时，计量模型 1 转变为模型 2

---

① 分别去除行业和城市组均值之所以没有同时去除行业和城市组均值干净体现在，当存在城市和行业个体效应的交互效应，如 f（u_i，v_j）的关系不确定时，则分别去行业和城市个体效应无法去除这种交互影响，而同时去组均值由于在时间维度进行，所以可以去除干净。

$$\text{specl}_{ijt} = \alpha_1 z_i S_{ijt} + \alpha_2 z_i N_{ijt} + \gamma \widetilde{X}_{ijt} + u_{ijt} \tag{6-9}$$

该计量模型可以检验第四章理论分析的结论，如果生产性服务业比重和城市规模扩大，更加有利于生产性服务业投入密集度高的制造业专业化水平提升，那么回归系数 α_1 和 α_2 应该显著为正。

（二）数据与指标

被解释变量为专业化指数。专业化指数采用区位熵表示①，即制造业行业 i 占城市 j 所有行业就业比重相对于全国所有城市该行业 i 占全国就业比重的大小，该指数可以反映某个城市特定行业的相对专业化水平，用公式表示为

$$\text{specl}_{ijt} = \frac{\dfrac{L_{ijt}}{\sum_i L_{ijt}}}{\dfrac{\sum_j L_{ijt}}{\sum_i \sum_j L_{ijt}}} \tag{6-10}$$

式中，L_{ijt} 表示城市 j 中行业 i 的就业，则 $\sum_i L_{ijt}$ 表示城市 j 各个行业的总就业，$\sum_i L_{ijt}$ 为行业 i 在全国的就业，$\sum_i \sum_j L_{ijt}$ 表示所有城市所有行业的总就业。分子表示城市 j 中行业 i 的就业比重，分母为全国行业 i 的就业比重。由于在总量上，各个行业的就业比重不同，因此，分子除以分母则剔除了行业差异，使得各个行业的专业化水平可比。比如，有两个地区，地区 1 的烟草制品业占 5%，汽车制造业占 10%，地区 2 的烟草制品业占 2%，汽车制造业占 20%，而烟草制品业和汽车制造业在全国就业比重分别为 2%和 15%，则地区 1 的烟草制品业的区位熵指数为 2.5，汽车制造业的区位熵指数为 0.67，地区 2 的烟草制品业区位熵指数为 1，汽车制造业的区位熵为 1.33，可见，虽然地区 1 的烟草制品业只占 5%，

① 关于区位熵指数的详细讨论可参见梁琦（2004）的论述。

但由于全国水平烟草制品业只占2%，5%的比重已经很高，可以说该地区专业化于烟草制造业，而汽车制造业虽然只占10%，但全国水平汽车制造业占15%，10%的比重反而相对较低。

关键解释变量为制造业的生产性服务投入密集度和生产性服务业比重的交叉项以及与城市规模的交叉项。其中，生产性服务密集度、生产性服务业比重的计算与第五章相同，在此不再赘述。该交叉项的回归系数代表一种边际影响，表示随着制造业的生产性服务密集度增加，生产性服务业对该制造业专业化程度的影响。如果该系数为正，则表示随着制造业的生产性服务密集度增加，生产性服务业比重提高了该行业的专业化水平。生产性服务业比重用其单位就业除以市辖区单位就业表示。城市规模选择市辖区年末总人口度量。

控制变量，包括生产性服务业投入密集度和市辖区资本存量的交叉项、行业研发投资和政府补贴，其他也会影响专业化水平的城市和行业变量，在回归中通过去组均值处理去除。考虑到生产性服务业对资本密集型制造业溢出效应更强（黄莉芳等，2011），生产性服务业投入比重高的制造业往往是资本密集型制造业，而生产性服务业比重高的城市也是资本密集型城市，因此，生产性服务业投入密集度和生产性服务业比重的交叉项（zS）与生产性服务业比重和城市资本存量的交叉项（zK）之间具有相关性，这样可能会导致实证的结果可能是资本密集型制造业集聚在资本密集型城市。行业研发投资也可能会影响行业专业化水平，研发投资能够提高企业的生产率和效益（吴延兵，2008；白俊红等，2009；毛德凤等，2013；何玮，2003），促使企业在城市扩大生产，提高该行业的相对规模，度量的专业化水平也会提高。相关产业政策也会影响企业收益和选址行为（杨本建和毛艳华，2014），政府补贴会提高企业收益和生产率水平（邵敏和包群，2012），并可以吸引该行业企业的进入[①]，从而提高城市内该行业专业化水平。因此，回归中控制这几项。进行分行业回归时，虽然通过差分控制了不随时变的个体效应，但随时变的城市特征尚未控制，为了尽可能减少遗漏变量带来的偏误，分行业回归中会控制城市维度变量，包括代表人力资本水平的市辖区大学生比重，代表基础设施水平的市辖区人均道路面积，代表外资水平的外资企业产值占比。这些变量都可能影响城市企业的生产率和专业化水平，因此加以控制。

对于被解释变量行业专业化水平，由于中国工业企业数据库统计为国有及规模以上非国有工业企业，表中部分城市 2 位数就业为 0，难以判断该行业无就业还是就业很小，为此，剔除了专业化水平为 0 的行业。其他数据来源和处理方法和第五章相同，市辖区资本存量的估算见第七章，这里不再赘述，各变量的描述性统计如表 6-3 所示。

表 6-3　2003~2007 年市辖区 2 位数行业相关变量的描述性统计

变量	含义	均值	标准差	最小值	最大值
specl	行业相对专业化水平	1.203	0.777	0.018	15.457
z	生产性服务投入密集度	0.340	0.103	0.019	0.545
S	市辖区生产性服务业比重	0.207	0.070	0.062	0.469
N	市辖区年末总人口（百万人）	1.290	1.571	0.141	15.260
K	市辖区资本存量（百亿元）	9.907	19.851	0.451	240.134
edu	市辖区大学生比重	0.039	0.034	0.000	0.228
road	市辖区人均道路面积（平方米）	8.543	5.535	0.780	64.000
wz	市辖区外资企业占比（万分之一）	2.122	7.225	0	94.857
rd	研发投资（亿元）	0.588	10.555	0	1366.930

① 梁琦等（2012）认为，政府补贴只会吸引低效率企业的进入，虽会缩小地区差距，但会加大地区生产率差异，而司传宁（2014）对补贴形式进行分类，认为固定补贴会吸引低效率企业进入，而和企业规模、利润成比例的补贴有利于生产率企业进入。这里缺乏补贴形式的数据，度量的补贴为总体水平上的补贴。

续表

变量	含义	均值	标准差	最小值	最大值
sub	政府补贴（亿元）	0.331	2.331	0	117.584
east	东部虚拟变量（是为 1，否为 0）	0.481	0.500	0	1
mid	中部虚拟变量（是为 1，否为 0）	0.365	0.481	0	1

二、实证结果分析

（一）总体样本回归结果

根据计量模型 2，表 6-4 列出了生产性服务业与制造业专业化水平的回归结果。回归中通过组内变换控制了城市、行业和时间 3 个维度的固定效应，该处理过程将大量城市、行业和时间维度的变量剔除，得到随着 3 个维度同时变化的变量。第 1 列是当年专业化水平对滞后期专业化水平、制造业的生产性服务投入密集度和城市生产性服务业比重的交叉项的回归结果，滞后期专业化水平的回归系数为 0.961，显著为正，说明上一期专业化水平会影响当期专业化水平。企业选址具有时间上的持续性，当一个企业上一期选择一个城市，投入了事前、事中和事后成本，包括已经投入了事前了解当地信息的各种调研分析等信息成本，这属于沉没成本，再选择其他地区无法收回；事中投入的固定资产等固定成本，如果选择其他地区，固定资产流动性受到约束，会带来一定程度的损失；事后也会承担一定的机会成本，企业会失去在当地已经积累的社会关系，和上下游企业之间的供应链关系，而迁移到新的城市需要重新积累这些关系。由于这些成本的存在，使得企业的选址往往具有动态持续性。回归结果中也发现，滞后期的专业化水平在各组回归中均显著为正，并且接近于 1，说明行业的专业化严重依赖上一期的专业化水平①。

① 当然，滞后效应受到时期影响，当时间变得很长时，相关选址机会成本降低，滞后效应也会降低。

表 6-4　生产性服务业与制造业专业化水平的回归结果（全样本）

被解释变量	specl			
L.specl	0.961*** (0.022)	0.961*** (0.023)	0.956*** (0.024)	0.937*** (0.018)
z×S	1.463*** (0.521)		1.220** (0.479)	1.643*** (0.355)
z×N		0.044*** (0.017)	0.031** (0.014)	0.077*** (0.015)
rd			0.000 (0.000)	0.000 (0.000)
sub			0.001** (0.001)	0.002*** (0.001)
z×K				−0.004*** (0.001)
常数项	0.073*** (0.024)	−0.016 (0.020)	0.065*** (0.025)	0.064*** (0.016)
城市固定效应	控制	控制	控制	控制
行业固定效应	控制	控制	控制	控制
时间固定效应	控制	控制	控制	控制
样本量	21022	21022	21022	17439
R^2 统计量	0.859	0.859	0.860	0.858
F 统计量	1255.818	5388.842	3948.016	4301.118

注：被解释变量为 2 位数制造业行业专业化水平。回归中控制了城市、行业和时间个体效应，由于采用时间维度去城市和行业组均值，并通过虚拟变量控制时间个体效应，滞后期专业化水平在回归中不存在内生性问题，可直接进行 FE 估计。括号中为回归系数的标准差，*、**、*** 分别表示解释变量在 10%、5%、1%水平上显著。

制造业的生产性服务业投入密集度和市辖区生产性服务业比重交叉项的回归系数显著为正，表示市辖区生产性服务业比重提高对于生产性服务业投入密集度高的制造业专业化水平提升更大。该交叉项是一种边际效应，当生产性服务业比重提高时，不管是提高还是降低城市内制造业专业化水平，都对生产性服务业投入密集度高的制造业有种额外的正向边际影响。回归系数为 1.463，表示当生产性服务业比重增加 0.1 时，该城市内对生产性服务业投入密集度高 0.1 的制造业，其专业化水平提高 0.015。可见，市辖区生产性服务业比重提高有利于提高生产性服务投入密集性高的制造业的专业化水平，即生产性服务投入密集度高的制造业更倾向集聚在生产性服务业发达的城市。由于制造业和生产性服务业之间的关联效应，制造业靠近生产性服务业可以获得更多的中间投入，从而提高制造业企业的生产率，并且对那些生产性服务业投入密集度高的制造业影响更大。同时，制造业集聚也带来拥挤成本，劳动密集型制造业从生产性服务业中获益较少，会被挤出，而对生产性服务业投入密集型制造业从生产性服务业中获益较多，会继续留在这些城市，从而这些制造业在生产性服务业比重高的城市专业化水平更高。

第 2 列是 2 位数制造业专业化水平对滞后期专业化水平、制造业的生产性服务业投入密集度和城市规模的交叉项的回归结果。滞后期的专业化水平回归系数方向、大小和显著性均没有太大变化。制造业的生产性服务业投入密集度和城市规模的交叉项的回归系数显著为正，同第 1 列的回归中制造业的生产性服务业投入密集度和市辖区生产性服务业比重的交叉项，该交叉项代表一种边际效应。当城市规模增加时，不管是提高还是降低城市内制造业专业化水平，都对生产性服务业投入密集度高的制造业有种额外的正向边际影响。回归系数为 0.044，当城市规模扩大 100 万人，对于生产性服务业投入密集度高 0.1 的制造业而言，该制造业的专业化水平会有 0.004 的提高。生产性服务业投入密集度高的制造业更倾向集聚在大城市，而生产性服务业投入密集度低的制造业更倾向集聚在小城市。这是由于大城市拥挤成本高，在空间均衡下，相应劳动力成本较高，在劳动密集型制造业方面具有比较劣势，会集聚生产性服务业投入密集型制造业，而小城市劳动力成本低，在劳动密集型制造业方面具有比较优势，会集聚劳动密集型制造业。

第 3 列同时加入制造业生产性服务业投入密集度和生产性服务业比

重、城市规模的交叉项，以及行业维度的控制变量。二者的回归系数有所降低，但仍然是显著的，系数略有降低可能是由于变量之间的相关性引起的。控制变量中研发投入的回归系数不显著，虽然研发投资有利于提升企业效率，但并没有提高行业的以就业度量的集聚水平。政府补贴的回归系数显著为正，说明政府对特定行业的补贴有利于提高该行业的专业化水平。政府补贴由于直接提高了企业的收益，对于利润最大化的企业而言，会倾向选址于该城市。考虑到生产性服务业对资本密集型制造业溢出效应更强（黄莉芳等，2011），生产性服务业比重高的制造业往往也是资本密集型制造业，生产性服务业比重高的城市也是资本密集型城市，因此，生产性服务业投入密集度和生产性服务业比重的交叉项（zS）与生产性服务业比重和城市资本存量的交叉项（zK）之间具有相关性，这样可能会导致实证的结果为资本密集型制造业集聚在资本密集型城市，而非生产性服务业投入密集型制造业集聚在生产性服务业比重高的城市。为此，第 4 列加入制造业生产性服务业投入密集度和城市资本存量的交叉项，该交叉项的回归系数显著为负，而制造业生产性服务业投入密集度和生产性服务业比重的交叉项回归系数略有增加，并且在 1% 水平上显著，从而排除了以上可能性。

（二）分行业回归结果

全样本回归通过组内变换剔除了城市、行业和时间维度的个体效应，并且避免滞后被解释变量的内生性问题，但无法剔除城市和行业交互的个体效应。分行业回归将行业效应固定，通过时间维度的差分可以剔除城市个体效应，相比全样本回归，个体效应剔除更加干净。为此，通过分行业回归，对全样本回归结果进行进一步检验。

分行业回归无法通过行业维度差分或去组均值剔除城市个体效应，只能通过时间维度差分剔除城市个体效应，而时间维度差分又会导致解释变量中的滞后被解释变量和扰动项相关，产生内生性问题。解决方法是采用更高阶滞后期的解释变量作为滞后被解释变量的工具变量，即动态面板方法。包括差分广义矩估计（DIF-GMM）和系统广义矩估计（SYS-GMM）方法。差分广义矩估计在差分后工具变量和内生变量的相关性较弱，容易产生弱工具变量问题，Blundell 和 Bond（1998）建议在差分方程基础上增加水平方程，解决弱工具变量问题。实际应用中，系统广义矩估计比差分广义矩估计具有更好的特性。为此，分行业回归中均采用系统广义矩估计（SYS-GMM）方法。为了尽可能避免遗漏变量带来的偏误，回归中进一步加入了城市维度的控制变量，包括代表人力资本水平的市辖区大学生比重，代表基础设施水平的人均道路面积，代表外资水平的外资企业产值占比。

制造业包括了 30 个行业，选取对生产性服务业投入密集度最高和最低的 10 个行业作为代表，进行分行业估计。生产性服务业投入密集度最高的 5 个行业分别为食品制造业，计算机通信和电子设备制造业，医药制造业，酒、饮料和精制茶制造业，汽车制造业。表 6-5 列出了这 5 个行业的回归结果。各列回归中扰动项自相关检验中，均不能拒绝 AR（2），说明扰动项不存在高阶自相关，可以采用 SYS-GMM 方法，Sargen 检验也通过，说明选择的工具变量具有外生性，模型设定是合理的，工具变量是合适的。专业化水平滞后项的回归系数均显著为正，专业化水平具有时间持续性，本期的专业化受到上期专业化水平的影响。但回归系数相对于全样本回归较低，可能是由于工具变量的选择虽然克服了内生性问题，但并不能完全代表专业化水平，在一定程度上较弱。5 个行业中生产性服务业比重的回归系数均显著为正，生产性服务业比重提高有利于提高这些行业的专业化水平，即这些对生产性服务业投入密集度高的行业在生产性服务业比重高的城市专业化水平更高。城市规模的回归系数除了医药制造业外，其他四个行业的回归系数均显著为正。说明随着城市规模增加，这些对生产性服务业投入密集度高的制造业的专业化水平更高。市辖区生产性服务业比重和城市规模的回归系数都为正数从而验证了理论，对生产性服务业投入密集度高的制造业集聚在生产性服务业比

表 6-5 生产性服务业与制造业专业化回归结果（高密集度行业）

	食品制造业	计算机通信电子设备制造业	医药制造业	酒、饮料和精制茶制造业	汽车制造业
L.specl	0.674*** (0.158)	0.571*** (0.092)	0.554*** (0.163)	0.536** (0.226)	0.598*** (0.073)
S	7.223** (3.272)	6.291*** (0.513)	6.136*** (0.581)	7.350*** (1.071)	5.683*** (0.581)
N	0.035* (0.021)	0.042** (0.021)	0.079 (0.051)	0.094* (0.056)	0.075*** (0.023)
edu	−1.907 (1.382)	0.872 (1.555)	10.329* (6.057)	−1.731 (1.761)	−0.495 (0.611)
road	−0.004 (0.005)	0.009 (0.023)	0.010* (0.005)	−0.011 (0.007)	0.016* (0.009)
wz	0.001 (0.006)	0.062** (0.030)	−0.027 (0.017)	−0.011* (0.006)	−0.003 (0.003)
rd	−0.003 (0.041)	−0.005** (0.002)	−0.010** (0.004)	−0.014 (0.036)	0.007* (0.004)
sub	−0.009*** (0.003)	−0.051 (0.037)	0.029 (0.026)	0.114 (0.086)	−0.089*** (0.032)
常数项	−0.802** (0.406)	−0.895*** (0.229)	−1.000*** (0.164)	−0.762*** (0.239)	−0.795*** (0.126)
时间效应	控制	控制	控制	控制	控制
Abond test for AR（1）	−4.15 [0.000]	−4.63 [0.000]	−2.72 [0.007]	−1.80 [0.072]	−5.25 [0.000]
Abond test for AR（1）	1.02 [0.307]	−0.39 [0.694]	−1.58 [0.114]	−1.45 [0.147]	−0.33 [0.740]
Sargen test	8.11 [0.150]	5.75 [0.218]	5.73 [0.220]	4.86 [0.562]	4.38 [0.357]
样本量	721	793	773	731	781

注：被解释变量为 2 位数制造业行业专业化水平，表中列出生产性服务业投入密集度最高的 5 个行业的回归结果。采用系统 GMM 方法回归，各列回归中扰动项自相关检验中，均不能拒绝 AR（2），说明扰动项不存在高阶自相关，可以采用 SYS-GMM 方法。Sargen 检验也通过，说明选择的工具变量具有外生性，模型设定是合理的，工具变量是合适的。圆括号中为回归系数的标准误，方括号内为 P 值，*、**、*** 分别表示解释变量在 10%、5%、1%水平上显著。

重高的大城市。

控制变量中，市辖区大学生比重的回归系数不显著，这些行业中，人力资本并不是行业集聚的主要原因。人均道路面积在医药制造业和汽车制造业中显著为正，而在其他行业中回归系数不显著，说明医药制造业和汽车制造业对基础设施依赖程度较高，这些行业的集聚受到本地基础设施的影响。外资水平在计算机通信电子设备制造业中回归系数显著为正，表明外资水平倾向进入计算机通信电子设备制造业，我国对外开放早期，大量电子行业外资进入内地（尤其是港澳台地区），造成计算机通信电子设备制造业的集聚。酒、饮料和精制茶制造业中外资水平的回归系数显著为负，在该行业中，外资水平并不倾向进入该行业集聚的地区。对于研发和政府补贴，大部分行业的回归系数不显著或显著为负，这些行业中，政府补贴和行业专业化水平并无显著关系，各地政府往往补贴这些对生产性服务业投入密集度高的行业，在这些行业集聚水平较低的地区，补贴反而更高。这反映了各地对生产性服务业投入密集度高的行业的竞争，集聚水平低的地区通过补贴来吸引这些行业。

生产性服务业投入密集度最低的 5 个行业分别为废弃资源综合利用业，烟草制品业，印刷和记录媒介复制业，纺织业，皮革、毛皮、羽毛及其制品和制鞋业。表 6-6 是这 5 个行业的回归结果，各列回归中扰动项自相关检验中，均不能拒绝 AR（2），说明扰动项不存在高阶自相关，可以采用 SYS-GMM 方法，Sargen 检验也通过，说明选择的工具变量具有外生性，模型设定是合理的，工具变量是合适的。回归中，滞后专业化水平的回归系数同样显著为正，行业的专业化模式具有时间持续性。生产性服务业比重在烟草制品业中显著为负，在废弃资源综合利用业，纺织业，皮革、毛皮、羽毛及其制品和制鞋业中不显著；而城市规模仅在印刷和记录媒介复制业中显著为负，在其他行业中不显著。总体上看，这些对生产性服务业投入密集度低的行业在生产性服务业比重高的大城市专业化水平较低，但实证出的该效应较弱。这反映出虽然生产性服务业比重高的大城市集聚对生产性服务业投入密集度高的制造业，但这些

表 6-6 生产性服务业与制造业专业化回归结果（低密集度行业）

	废弃资源综合利用业	烟草制品业	印刷和记录媒介复制业	纺织业	皮革、毛皮、羽毛及其制品和制鞋业
L.specl	0.594*** (0.135)	0.288** (0.131)	0.806*** (0.174)	0.771*** (0.198)	1.057*** (0.136)
S	−0.434 (1.197)	−4.388* (2.492)	2.596* (1.408)	0.158 (0.925)	−1.578 (0.982)
N	0.003 (0.009)	−0.024 (0.052)	−0.032* (0.017)	0.026 (0.028)	0.020 (0.015)
edu	0.949 (1.779)	3.125 (2.586)	−1.065 (0.686)	4.857 (5.910)	1.133** (0.487)
road	0.002 (0.002)	0.007 (0.051)	−0.003 (0.002)	−0.034 (0.021)	−0.004 (0.004)
wz	−0.004* (0.003)	−0.040** (0.019)	0.001 (0.004)	0.001 (0.015)	−0.004 (0.005)
rd	0.010 (0.014)	0.320*** (0.096)	0.001 (0.016)	0.004 (0.009)	0.278 (0.237)
sub	0.047*** (0.010)	0.139* (0.073)	0.001 (0.020)	0.081 (0.111)	−0.043 (0.120)
常数项	0.124 (0.161)	1.589** (0.780)	−0.263 (0.181)	0.218 (0.185)	0.181 (0.134)
时间效应	控制	控制	控制	控制	控制
Abond test for AR（1）	−4.84 [0.000]	−3.37 [0.001]	−3.50 [0.000]	−6.84 [0.000]	−3.53 [0.000]
Abond test for AR（1）	1.43 [0.152]	1.07 [0.286]	−0.28 [0.780]	1.56 [0.119]	0.50 [0.621]
Sargen test	6.33 [0.275]	15.76 [0.202]	5.50 [0.239]	4.99 [0.173]	5.37 [0.717]
样本量	517	205	703	783	466

注：被解释变量为 2 位数制造业行业专业化水平，表中列出生产性服务业投入密集度最低的 5 个行业的回归结果。采用系统 GMM 方法回归，各列回归中扰动项自相关检验中，均不能拒绝 AR（2），说明扰动项不存在高阶自相关，可以采用 SYS-GMM 方法。Sargen 检验也通过，说明选择的工具变量具有外生性，模型设定是合理的，工具变量是合适的。圆括号中为回归系数的标准误，方括号内为 P 值，*、**、*** 分别表示解释变量在 10%、5%、1%水平上显著。

城市往往也集聚了过多的生产性服务业投入密集度低的制造业，大城市往往承担了过多的功能，相对更加拥挤（Duranton，2015）。

控制变量的回归系数中，除了皮革、毛皮、羽毛及其制品和制鞋业外，市辖区大学生比重和人均道路面积回归系数均不显著，这些行业中，人力资本和基础设施并不是行业集聚的主要原因；外资水平的回归系数在废弃资源综合利用业和烟草制品业中回归系数为负，在印刷和记录媒介复制业，纺织业，皮革、毛皮、羽毛及其制品和制鞋业中回归系数不显著，说明外资在废弃资源综合利用业和烟草制品业中的相对进入水平降低，主要是由于烟草制品业中对行业准入有限制，主要是国有企业，外资很难进入。研发投资仅在烟草制品业中显著为正，在其他行业中不显著，研发投资并不是行业集聚的重要原因。政府补贴在废弃资源综合利用业和烟草制品业中显著为正，在这些行业集聚的城市，地方政府倾向补贴这两个行业。

分行业回归通过不同的方法，补充和验证了全行业回归的结论。生产性服务业促进制造业的“自选择”，在空间中配置于不同城市。生产性服务投入密集型制造业倾向集聚在生产性服务业比重高的大城市，劳动密集型制造业集聚在生产性服务业比重低的小城市。此外，分行业回归发现，前一种效应较强，而后一种效应较弱，反映了大城市往往集聚了过多种类的制造业，承担过多的功能，造成大城市拥挤成本过高。

（三）分城市规模回归结果

制造业专业化模式和城市规模有关，城市外部规模经济不同，所集聚的制造业也存在差异。前面的理论分析了制造业再配置的微观机制，大城市集聚生产性服务业密集型制造业，小城市集聚劳动密集型制造业。但我国城市体系中，很多小城市由于规模太小，制造业从中获得的外部性太小，甚至难以集聚任何制造业；而部分规模超大的城市则转型发展金融、咨询等高端生产性服务业，制造业比重很低。为了对前面的理论进行补充和修正，进行分城市规模回归。

2014 年国务院印发新的城市划分标准《关于调整城市规模划分标准的通知》，明确将城市按规模划分 5 类：城区常住人口低于 50 万的为小城市，50 万~100 万的为中等城市，100 万~500 万的为大城市，500 万~1000 万的为特大城市，超过 1000 万的为超大城市。

表 6-7　生产性服务业与制造业专业化回归结果（分城市规模）

	小城市	中等城市	大城市	特大城市	超大城市
L.specl	0.934*** (0.059)	0.925*** (0.027)	0.943*** (0.015)	0.926*** (0.024)	1.073*** (0.022)
z×S	−0.776 (1.258)	1.935*** (0.382)	2.157*** (0.417)	5.350*** (1.527)	0.249 (0.533)
z×K	0.008 (0.012)	0.000 (0.004)	−0.002 (0.001)	0.004 (0.003)	−0.001* (0.001)
rd	0.002 (0.001)	0.002*** (0.001)	−0.000** (0.000)	0.000 (0.000)	0.000 (0.000)
sub	0.011* (0.006)	0.003 (0.004)	0.002*** (0.001)	0.002** (0.001)	0.000 (0.000)
常数项	−0.084 (0.070)	0.056** (0.024)	0.078*** (0.023)	0.296*** (0.095)	0.123*** (0.031)
城市固定效应	控制	控制	控制	控制	控制
行业固定效应	控制	控制	控制	控制	控制
时间固定效应	控制	控制	控制	控制	控制
样本量	1903	6320	8249	621	346
R^2统计量	0.781	0.836	0.881	0.986	0.988
F统计量	797.479	663.897	1627.682	2555.042	2161.870

注：被解释变量为 2 位数制造业行业专业化水平。回归中采用组内变换控制了城市、行业个体效应，并通过加入时间虚拟变量控制时间个体效应。括号中为回归系数的标准误，*、**、*** 分别表示解释变量在 10%、5%、1%水平上显著。

根据该标准，表 6-7 列出了不同规模城市的回归结果。与全样本回归结果类似，滞后期专业化水平的回归系数显著为正，制造业的专业化模式具有时间持续性。制造业生产性服务业投入密集度和生产性服务业比重交叉项回归系数在小城市和超大城市中不显著，而在中等城市、大城市和特大城市中显著为正，并且回归系数随着城市规模等级提升呈梯度增加。小城市和超大城市中并不存在理论中制造业的分布模式。小于50万人口规模的小城市规模过小，制造业从这些城市中获得的规模经济非常有限，不管是生产性服务业密集型还是劳动密集型制造业都难以集聚，这些城市往往是为本地居民提供生活服务的服务型城市（Glaeser et al.，2001），制造业在这种城市的分布更接近于随机的区选择。而规模超过1000万人的超大城市，土地和劳动力成本过高，制造业比重很低，制造业的分布模式在这些城市不显著。这些城市开始转型发展金融、咨询、法律等高端服务业，并通过自身规模经济为周边城市提供生产性服务业，产生生产性服务业的“本地市场效应”。规模介于50万~1000万人的城市，制造业的再配置模式则非常显著，并且随着城市规模区间等级提升，影响效应递增。生产性服务业比重提升有利于这些城市集聚生产性服务业投入密集型制造业，该效应在特大城市中最为明显，回归系数5.35远高于全样本回归中的系数1.643。可见，对生产性服务业投入密集型制造业往往更倾向集聚在特大城市，而不是超大城市；而规模过小的城市规模经济较低，发展生产性服务业对生产性服务业密集型制造业带动较弱，制造业再配置效应较弱。

控制变量的回归系数中，生产性服务业投入密集度和市辖区资本存量的回归系数在各组回归中均不显著或显著为负。这排除了制造业生产性服务业投入密集度和生产性服务业比重交叉项zS，代表资本密集型制造业集聚在资本充裕的城市的可能性。研发投资的回归系数不显著，政府补贴的回归系数在小城市、大城市和特大城市中显著为正，说明政府补贴有利于制造业集聚。政府补贴直接提高了企业从本地获得的收益，从而有利于制造业集聚，但政府补贴在超大城市回归系数并不显著，超大城市并不倾向补贴制造业，即使补贴也对制造业集聚作用不明显。

（四）分地区回归结果

我国东中西部地区的经济结构有差异并且产业发展也具有梯度。东部地区由于地理位置和政策优势，集聚了高端制造业，这些制造业对生产性服务业也产生高的需求。并且东部城市由于地理位置邻近，产业梯度转移往往也发生在东部城市之间。中部地区在地理位置上靠近东部，虽然产业发展落后于东部地区，但在东部地区产业向外转移过程中，也获得了部分优势。西部城市在产业发展方面落后于东部和中部地区，对生产性服务业的需求也会低于东部地区。为此，通过分地区回归，识别出不同地区生产性服务业对制造业专业化模式的影响。

表 6-8 列出了分地区回归的结果，各列回归中均通过组内变换和加虚拟变量方式控制了城市、行业和时间个体效应。各列中滞后期专业化水平的回归系数显著为正，专业化模式具有时间持续性。制造业生产性服务业投入密集型和生产性服务业比重的交叉项在东部城市和中部城市中显著为正，并且东部城市的回归系数高于中部地区，而在西部城市中并不显著。可见，生产性服务业对制造业再配置的影响仅存在于东部和中部城市，这是因为我国不同地区发展阶段存在差异，东中部地区制造业发达，市场一体化程度较高，不同制造业会在东部和中部地区按照各自的比较优势进行配置，不同城市之间运输成本也较低，可以生产不同产品，并进行交易，生产性服务业对制造业再配置的作用明显，并且东部高于中部（回归系数 2.138 > 1.794）。而西部地区发展阶段落后于东中部地区，并且运输成本较高，西部规模较大的城市产业很全，既集聚了生产性服务业投入密集型制造业，也集聚了劳动密集型制造业，这些城市中生产性服务业的作用不显著。制造业的生产性服务密集度和城市规模的交叉项的回归系数在东中西部均显著为正，城市规模对制造业再配置的作用在东中西部均存在，并且中部高于东西部地区。在不同地区，城市规模对制造业再配置的作用均是显著的，这是由于城市规模扩大提

高了集聚经济，可以集聚更多的制造业，而随着城市规模扩大产生的拥挤成本则会挤出劳动密集型制造业。

表 6-8　生产性服务业与制造业专业化回归结果（分地区）

	东部城市	中部城市	西部城市
L.specl	0.932*** (0.011)	0.928*** (0.025)	0.953*** (0.054)
z × S	2.138*** (0.239)	1.794*** (0.492)	0.340 (1.548)
z × N	0.070*** (0.016)	0.203*** (0.048)	0.074** (0.035)
z × K	−0.003*** (0.001)	−0.020*** (0.005)	(0.005) (0.009)
rd	0.000 (0.000)	0.001** (0.000)	0.000 (0.001)
sub	0.001*** (0.000)	0.002 (0.002)	0.008*** (0.003)
常数项	0.110*** (0.015)	0.048* (0.026)	−0.011 (0.075)
城市固定效应	控制	控制	控制
行业固定效应	控制	控制	控制
时间固定效应	控制	控制	控制
样本量	9192	5993	2254
R^2 统计量	0.911	0.842	0.811
F 统计量	4444.370	1135.783	479.101

注：被解释变量为 2 位数制造业行业专业化水平。回归中采用组内变换控制了城市、行业个体效应，并通过加入时间虚拟变量控制时间个体效应。制造业 2 位数层面上，东部城市制造业种类相对中西部城市较全，从而东部城市样本量超过中西部城市。括号中为回归系数的标准误，*、**、*** 分别表示解释变量在 10%、5%、1%水平上显著。

控制变量中，生产性服务业投入密集度和市辖区资本存量的回归系数在各组回归中均不显著或显著为负，排除了制造业生产性服务业投入密集度和生产性服务业比重交叉项 z × S，代表资本密集型制造业集聚在资本充裕的城市的可能性。研发投资的回归系数仅在中部城市显著，中部地区行业研发有利于行业的集聚。政府补贴的回归系数在东部和西部城市中显著为正，说明政府补贴有利于制造业集聚。政府补贴直接提高了企业从本地获得的收益，从而有利于制造业集聚，但政府补贴在中部城市回归系数并不显著，中部城市补贴也对制造业集聚作用不明显。

第五节　本章小结

本章实证了生产性服务业影响城市生产率的第 2 个机制，即对制造业再配置的影响。在城市中，生产性服务业通过中间投入集聚经济，促进制造业生产率提升，并对其投入密集型制造业生产率提升更强。在空间下，城市规模和生产性服务业发展水平差异构成城市比较优势，促进制造业按比较优势在城市间进行配置。这种配置模式会改变城市加总的制造业的生产率。本章主要有以下发现：

第一，制造业和生产性服务业倾向共同集聚，并且共同集聚水平随着产业关联性增加而提高。基于 2003~2007 年制造业 2 位数行业数据和相同年份的城市数据，计算了制造业和生产性服务业共同集聚指数（修正的 E-G 指数）。结果发现：生产性服务业和制造业倾向共同集聚，并且共同集聚水平随着产业关联性增加而提高。这是通过二者之间产业关联导致的，制造业企业在生产性服务业的周围可以获得多样化的中间服务；与此同时，制造业的集聚也会产生对本地生产性服务的需求，通过后向关联促进生产性服务业集聚。然而，制造业从本地的生产性服务中获得的收益并不均等，生产性服务密集型制造业从中获得的收益更高，从而更倾向和生产性服务业共同集聚，而劳动密集型制造业从中获得收益较低，会被挤出，从而共同集聚水平较低。

第二，生产性服务业比重提高增加生产性服务密集型制造业专业化水平，降低劳动密集型制造业专业化水平，并且这种效应随着城市规模扩大而增加。生产性服务业对制造业生产率的促进作用差异，以及不同城市生产性服务业水平差异，构成城市比较优势形成条件。本地生产性服务业发展，增加生产性服务密集型制造业专业化水平，降低劳动密集型制造业专业化水平。利用全样本和分样本 GMM 估计显示，生产性服务业比重提高增加生产性服务密集型制造业专业化水平，降低劳动密集型制造业专业化水平。

利用中国城市数据，也发现规模和地区差异，这种配置效应主要存在于规模介于 50 万~1000 万人的城市和东中部城市。分规模看，规模小于 5 万人的城市，集聚经济较弱，制造业更接近随机区位选择。而规模超过 1000 万人的城市，制造业比重很低，开始转型发展高端服务业，并通过服务业的“本地市场效应”向其他城市出口生产性服务。再配置效应在这两类城市中效应不显著。而在规模介于 50 万~1000 万人的城市，随着城市规模增加，生产性服务业对制造业再配置作用增强。即在大城市中，生产性服务业发展更有利于提高生产性服务密集型制造业专业化水平，而在中小城市中，该效应相对较弱。分区域看，东中部地区市场一体化程度较高，再配置效应主要在东中部区域内部，在西部城市中较弱。

第七章　生产性服务业影响城市生产率的机制：平衡供需结构

第一节　引　言

城市生产率不仅取决于制造业的生产率，还取决于生产性服务业的生产率。通过二者之间的产业关联，建立互动协调的产业结构，方能促进城市整体生产率提升。作为中间投入，生产性服务业取决于最终产品制造业对其需求。一个城市内，生产性服务业产品的供给应和需求相平衡。供给超过需求，会导致产业内竞争加剧，降低生产性服务业自身的生产率；供给不足，会导致生产性服务业对制造业的带动不足，降低制造业的生产率。可见，城市中存在最优的产业结构，偏离最优结构会导致资源低效配置，降低城市生产率。

制造业的空间互动和配置，使各城市对生产性服务的需求不同。前面章节的理论和实证均表明，制造业在空间中存在特定的分布。城市体系下，生产性服务密集型的制造业主要集聚在生产性服务业比重高的大城市，而劳动密集型的制造业主要集聚在生产性服务业比重低的小城市。

这种制造业的空间再配置效应在改变加总制造业生产率的同时，也通过后向关联效应，对各城市的需求产生影响。大城市生产性服务业密集型制造业，通过后向关联增加了对生产性服务的需求；小城市中劳动密集型制造业，对生产性服务需求不足。可见，大小城市中对生产性服务的需求不同。

我国城市生产性服务业由于历史和政策因素，在城市中配置偏离最优结构。现阶段，我国的大小城市具有相当的生产性服务业比重，势必导致不同规模的城市中，生产性服务业对城市生产率的影响存在差异。2012 年我国城市市辖区人均 GDP 对数和城市规模之间的关系如图 7-1 所示，图中可以看出，大城市和小城市中，生产性服务业和城市生产率呈相反关系。在大城市中，生产性服务业促进城市生产率；而在小城市，生产性服务业反而会降低城市生产率。这正反映出了城市资源和要素的低效配置。这种低效配置，可以通过调整产业结构，促进生产性服务业在不同规模城市合理配置，提高城市生产率。

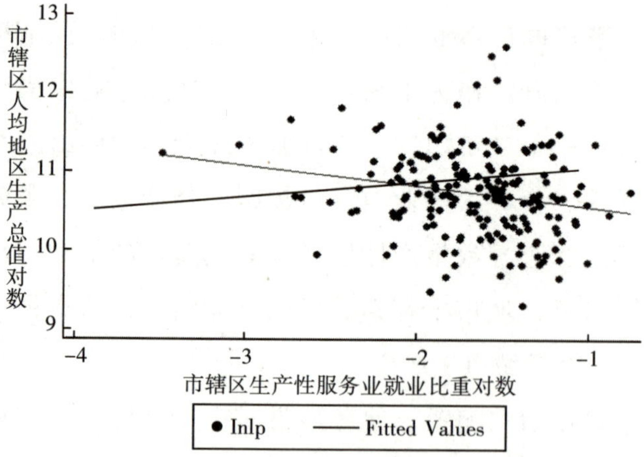

(a) 小城市

图 7-1　2012 年生产性服务业比重与城市生产率

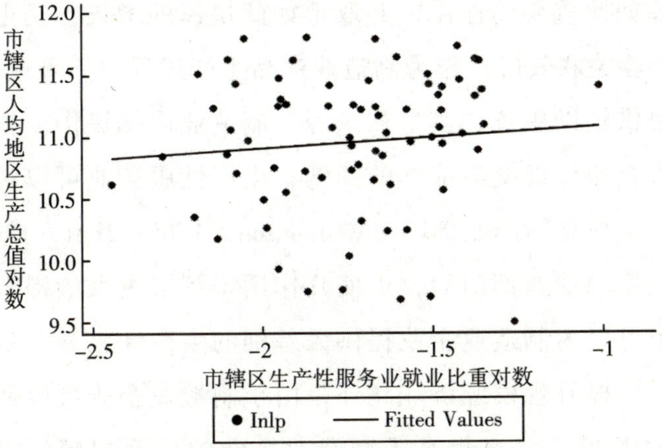

（b）大城市

图 7–1　2012 年生产性服务业比重与城市生产率（续图）

注：图中大城市和小城市的划分是相对指标，选择市辖区年末总人口均值 140 万作为临界点，高于 140 万的为大城市，低于 140 万为小城市。出于稳健性，分别选择了 100 万、150 万 和 200 万作为临界点，基本结果不变。

资料来源：《中国城市统计年鉴》(2013)。

为了定量研究各城市生产性服务业对城市生产率作用，为我国城市产业结构调整提供理论基础，本章用 2003~2012 年中国城市面板数据，采用门槛面板模型，估计生产性服务业对城市生产率影响的门槛城市规模，以及在各个规模区间中的具体影响。

第二节　相关研究回顾

城市经济转型过程中，最典型的现象是制造业比重相对下降和服务业比重的相对上升（Harrington，1995）。随着经济的发展，生产性服务业和其他部门之间的关联性增强，在深化分工的同时，促进了生产率和收入水平的提升，从而促进城市的发展（Hanson，1996）。生产性服务业之所以能够发挥如此重要的作用，并取得如此快速的增长，是由于其和制造业之间的产业关联效应。作为制造业产品生产过程中不可或缺的服务，为制造过程提供辅助服务，其最初来源于制造业内部提供。根据交易费用理论，随着企业外部交易成本的降低，生产性服务业可以转向外部提供，发展成一个独立的产业部门（Williamson，1985；Hart，1995）。生产性服务业独立于制造业部门后，也使其作用得到了更大的提升。作为独立部门，由于可以为制造业企业提供无差别的生产性服务，从而可以进行大规模生产，提升规模经济。此外，由于制造业企业可以使用更多种类的生产性服务投入，也提高了制造业企业的外部规模经济。Abdel-Rahman 和 Fujita（1990）建立的数理模型认为，制造业部门需要生产性服务中间投入，随着生产性服务业发展和分工的深化，制造业从中所能获得的集聚经济增加，从而生产率提升。因此，共享生产性服务中间投入的制造业会集聚；而制造业集聚也为生产性服务业提供了大的市场，产生后向关联效应，带来生产性服务业的集聚。这种前后向关联会推动两个产业共同集聚。也有大量文献建立理论模型，将二者的产业关联效应纳入城市模型中，认为生产性服务业具有集聚经济，其通过中间投入和制造业形成产业关联，从而构成了城市集聚经济的微观基础。Ciccone 和 Hall（1996）建立理论模型，将其作为中间投入，并具有集聚经济，制造业对其需求决定了城市的集聚经济。Au 和 Henderson（2006）建立了更为细致的模型分析了城市规模和生产性服务业如何影响城市规模经济，随着城市产业结构从制造业向生产性服务业转变，城市规模经济增加，最优城市规模也相应增大。

既然生产性服务业具有外部规模经济，并通过制造业和其关联效应，提高制造业的生产率，那么是否各个城市都应该大力发展生产性服务业呢？从国际国内城市的发展经验看，并非如此。制造业和生产性服务业相互影响，制造业需要生产性服务业作为中间投入，生产性服务业的发展也需要制造业提供需求市场。当制造业和生产性服务业结构不匹配时，就会带来资源配置的低效率，从而限制整体生产率的提高。黄永春等（2013）从制造业和生产性服务业相互关系角度，分析了美国“再工业化”和中国“去工业化”问题，认为中国服务业，尤其是生产性服务业发展滞后于工业化进程，使得生产性服务业对工业经济的带动较弱，限制了经济的发展；而美国之所以“再工业化”，是因为美国过度发展服务业，制造业发展相对滞后，限制了制造业对生产性服务业的拉动作用。可见，作为中间投入产业的生产性服务业，其在国民经济中的比重需结合市场需求，其具有最优结构。

城市中生产性服务业最优水平和城市规模有着紧密的联系。由于制造业的空间再配置效应，在改变加总的制造业生产率的同时，也通过后向关联效应，对各城市的生产性服务需求产生影响。大城市生产性服务业密集型制造业，通过后向关联效应扩大了生产性服务业的市场，对生产性服务业产生更大的需求；而小城市中劳动密集型制造业，对生产性服务业需求不足。由于历史和政策原因，我国生产性服务业在各城市偏离最优需求结构，限制了各城市的生产率。大城市生产性服务业比重偏低，提高其比重，通过和制造业前后向关联，促进城市生产率提升。而小城市生产性服务业比重过高，而市场对其需求不足会降低其效率，资源过度配置于低效率的生产性服务业。降低生产性服务业比重，有助于扭转资源的低效配置，提升城市生产率。

生产性服务业和城市生产率的研究，有以下文献和本章研究类似。Au 和 Henderson（2006）在研究中国城市最优规模问题时，建立了一个制造业和生产性服务业两部门的理论模型，得出城市最优规模取决于城市产业结构，服务业比重越高，城市最优规模越大，并使用中国城市数据实证了其理论分析；实证发现我国大部分城市规模偏小、集聚不足，也有少部分城市规模偏大，其认为中国的人口流动受到限制是导致中国城市集聚不足的原因。李筱乐（2014）认为，生产性服务业对经济增长的影响受到政府规模的影响，政府规模过大不利于生产性服务业的作用发挥，并用 2004~2011 年城市数据，利用固定效应和门槛效应模型进行实证，发现政府规模较低时，生产性服务业促进经济增长，当政府规模跨越较高门槛值时，生产性服务业对经济增长的作用减弱。柯善咨和赵曜（2014）分析了城市产业结构和规模对中国城市劳动生产率的交互影响，发现城市需要达到一定的临界规模才能从上下游产业关联中获得效益，城市规模增大的边际收益随产业结构向服务业转变而增加。这些文献本质上都是基于单个城市，未考虑城市之间的产业互动和空间配置。此外，柯善咨和赵曜（2014）实证了生产性服务业对城市生产率的提升存在门槛效应，并计算出门槛规模，但只是采用简单 OLS 方法通过交叉项识别，这种方法提前预设了函数形式，并且交叉项也往往和各指标具有较高相关性，会带来估计上的偏误。

相对于以往研究，本章基于城市产业结构平衡角度，分析生产性服务业对城市生产率的影响，具有理论创新性。实证上，利用 2003~2012 年我国城市数据进行门槛面板模型估计，方法更为科学严谨。

第三节　实证模型、方法与数据

一、模型设定

各个规模城市，制造业空间再配置对生产性服务业需求差异，生产性服务业对城市生产率的影响取决于城市规模，呈非线性关系，在不同的规模区间具有差异。对于大城市，生产性服务业促进城市生产率；对于小城市，生产性服务业反而降低城市生产率。有些研究采用在 OLS 回归中加入生产性服务业比重和城市规模的交叉项识别该效应（柯善咨和赵曜，2014），但这种方法人为确定了变量之间的函数关系，并且变量和交叉项之间可能会存在较高的共线性，对计量结果产生偏误。为了避免函数关系的预先人为设定，准确识别城市规模的区间范围，这里采用 Hansen（1999）的门槛面板模型。根据数据驱动以内生划分规模区间，研究不同城市规模区间的生产性服务业对城市生产率的影响。

根据第四章的数理模型，只有在劳动单要素投入情况下，城市生产率才取决于生产性服务业比重和城市规模。即

$$y=\frac{Y}{N}=Rq^{\frac{gs}{s-1}}(1-q)^{1-g}N^{\frac{g}{s-1}}(1-tN)^{1+\frac{g}{s-1}} \tag{7-1}$$

式中，R 为一系列参数构成的常数；θ 为城市生产性服务业比重；N 为城市规模；γ 为城市的技术参数，取决于城市生产性服务业比重和城市规模；σ 为生产性服务业价格弹性。城市生产率最终取决于生产性服务业比重和城市规模。为了估计相关变量对城市生产率的影响，首先，对式（7-1）取对数，得到

$$\ln y=\ln R+\left[\frac{gs}{s-1}\ln q+(1-g)\ln(1-g)\right]+\frac{g}{s-1}\ln N+\left(1+\frac{g}{s-1}\right)\ln(1-tN) \tag{7-2}$$

式（7-2）中，等号右边第 1 项为常数，第 2 项代表生产性服务业对城市生产率的作用。该影响取决于制造业技术参数 γ 和生产性服务业产品替代弹性 σ，产品替代弹性假设为常数不考虑。根据第四章的分析，技术参数 γ 取决于城市规模和生产性服务业比重，因此，该项代表了二者对城市生产率的协同影响。大城市相对小城市，生产性服务业具有更高的最优比重，而我国现阶段，大城市生产性服务业比重偏低，滞后于制造业需求，提高生产性服务业比重促进城市生产率提升；小城市中，生

产性服务业比重偏高，资源过度配置于低效率的服务业，不利于城市的生产率。也就是说，在我国的城市中，生产性服务业对城市生产率的影响存在门槛效应，取决于城市规模。为了识别该效应，设定门槛值 q，当城市规模 $N<q$ 时，生产性服务业对城市生产率的影响系数为 γ_1，当城市规模 $N>q$ 时，生产性服务业对城市生产率的影响系数 γ_2，预期 $\gamma_1<0$，$\gamma_2>0$。

等号右边第 3 项和第 4 项表示城市规模对城市生产率的影响，第 3 项 lnN 随着城市规模扩大而递增，代表规模扩大产生的集聚经济。由于城市的规模扩大，也增加了城市内生产性服务业的企业数量，为制造业提供更多差异化的生产性服务，提高了城市集聚经济。第 4 项ln（1－tN）随着城市规模扩大而降低，代表城市规模扩大带来的拥挤成本。随着城市规模扩大，城市拥挤成本也递增，当城市规模超过特定值时，拥挤成本超过集聚经济。因此，城市生产率和城市规模呈倒 U 型曲线关系，在曲线最低点，城市拥有最优规模。由于通勤成本 t 未知，为了得到城市规模对城市生产率的影响，估计城市最优规模，对第 3 项和第 4 项进行变换，用城市规模对数的一次项和二次项（lnN 和（lnN）^2）表示城市规模和生产率之间的倒 U 型关系。

经过处理后，式（7-2）变为可以估计的计量模型

$$\ln y_{it}=g_1 S_{it} I(N\leqslant q)+g_2 S_{it} I(N>q)+b_1 \ln N_{it}+b_2(\ln N_{it})^2+X_{it} y+m_i+e_{it} \tag{7-3}$$

式中，I 为指示函数，当括号中的条件得到满足时，其取值为 1，否则为 0。因此，城市生产性服务业对生产率的影响表现为区间效应，在不同的区间，有不同的回归系数。当 N 小于门槛值 q 时，城市生产性服务业对生产率的影响为 γ_1，当 N 大于门槛值 q 时，城市生产性服务业对生产率的影响为 γ_2。X 为一组控制变量，包括城市维度随时变的影响城市生产率的变量。μ_i 为不随时变的城市个体效应，ε_{it} 为扰动项，且 ε_{it}~iidN

$(0, \sigma^2)$。对于单一门槛模型，通过门槛值 q 识别城市规模的区间效应。考虑到生产性服务业对城市生产率的影响还可能存在多个门槛，可以类似设定多门槛模型

$$\ln y_{it} = g_1 S_{it} I(N \leqslant q_1) + g_2 S_{it} I(q_1 < N \leqslant q_2) + \cdots g_n S_{it} I(q_{n-1} < N \leqslant q_n) + b_1 \ln k_{it} + b_2 \ln N_{it} + b_3 (\ln N_{it})^2 + X_{it} y + m_i + e_{it} \tag{7-4}$$

对于模型（7-4）就是一个多门槛的模型，在不同的城市规模区间生产性服务业对城市生产率的影响可以不同。通过这种多门槛模型，可以识别具体的城市规模区间和每个区间内生产性服务业对城市生产率的各自影响。

二、估计方法

模型（7-4）回归采用 Hansen（1999）提出的方法[①]，该方法需要去除个体效应，并将数据处理为平衡面板。由于采用的是 2003~2012 年的城市面板数据，首先，通过去组均值方法对模型中变量去除个体效应 μ_i，即

$$x_{it}^* = x_{it} - \sum_{T}^{1} x_{it} \tag{7-5}$$

式中，x_{it} 为模型中的各个变量，时间共有 T 期，x_{it}^* 为去组均值后的变量。为了解释方便，将模型写成矩阵的形式

$$Y^* = X^*(q)\gamma + e^* \tag{7-6}$$

给定门槛值 q，方程中的回归系数 γ 可以通过 OLS 方法估计，即

$$\hat{\gamma} = (x^*(q)' \ x^*(q)) \ x^*(q)' Y^* \tag{7-7}$$

相应的残差平方和为

$$S(q) = Y^{*\prime}[1 - x^*(q)(x^*(q)' \ x^*(q)) \ x^*(q)' Y^*] Y^* \tag{7-8}$$

对于门槛值 q 的估计，可以采用 OLS 方法，通过残差平方和最小化，

① 同时参考了连玉君和程建（2006）对该方法的介绍。

最简单估计出门槛值，即

$$\hat{q}=\arg_q\min(S(q)) \tag{7-9}$$

当得到门槛值的估计值后，就可以得到回归斜率和扰动项方差的估计值

$$\hat{\gamma}=(x^*(\hat{q})'\,x^*(\hat{q}))\,x^*(\hat{q})'\,Y^* \tag{7-10}$$

$$\hat{\sigma}^2=(N(T-1))^{-1}Y^{*\prime}[1-x^*(\hat{q})(x^*(\hat{q})'\,x^*(\hat{q}))\,x^*(\hat{q})'\,Y^*]\,Y^* \tag{7-11}$$

得到了各个参数的估计值后，要进行两个检验。第一，门槛效应显著性；第二，门槛估计值的真实性。第一个检验原假设 $H_0:\gamma_1=\gamma_2$，对应的备择假设是 $H_0:\gamma_1\neq\gamma_2$，检验似然比统计量为

$$F=\frac{S_0-S(\hat{q})}{\hat{\sigma}^2} \tag{7-12}$$

式中，S_0 是零假设下得到的残差平方和。在零假设下，门槛值并没有得到估计，因此该统计量的分布是非标准的①。对于该统计量，可以采用“自抽样”得到渐近分布②，从而构造 p 值，根据该方法得到的 p 值是有效的。对于第二个假设，Hansen（2000）证明门槛值的估计是一致的，但渐近分布是非标准的，最好的方法是采用似然比检验。第二个检验的原假设是 $H_0:\hat{q}=q$，相应的似然比检验统计量为

$$LR(q)=\frac{S(q)-S(\hat{q})}{\hat{\sigma}^2} \tag{7-13}$$

该分布同样也是非标准的，可以通过公式得到非拒绝域，当 $LR(q)=\leqslant c(\alpha)$ 时不能拒绝原假设。其中 $c(\alpha)=-2\ln(1-\sqrt{1-\alpha})$，α 表示显著性水平。

---

① 这被称为“Davies”问题，具体见 Davies（1987）、Andrews 和 Ploberger（1994）、Hansen（1996），以及 Anatolyev（2004）和 Elliott 等（2015）最近的讨论。

② 采用 Hansen（1999）建议的“自抽样”方法，详细操作方法见其论文。

以上是单门槛模型的估计方法的介绍，对于多门槛模型，方法类似。差别在于，在得到第 1 个门槛后，需要第 2 个门槛的搜索。Bai（1997）指出，虽然得到的第二个门槛值是有效的，但此时第一个门槛值却不再是有效的。这里处理方法是，固定第二个门槛值，再重复对第一个门槛值进行搜索。对于更多门槛，也是类似的处理方法。

三、指标和数据

被解释变量为城市市辖区人均地区生产总值的对数，用该指标代表劳动生产率。该指标代表劳动生产率的前提是各个城市所有人口全部就业，第四章模型部分，假设了城市中每人提供 1 单位劳动，在此用人均地区生产总值即代表了城市市辖区劳动生产率。其中，地区生产总值通过全国的 GDP 平减指数折算为 2000 年为基期的实际值[①]。人口为市辖区年末总人口。城市统计年鉴中没有常住人口，年末总人口实际上是户籍人口的统计指标，虽然该指标和常住人口数据有差异[②]，但相对是比较接近真实数据的指标。这是由于：一方面，由于城市中有流动人口，一般城市常住人口高于户籍人口，尤其是对规模较大的城市和东部城市，因此，使用户籍人口可能低估了城市规模；另一方面，我国城市户籍人口中也有部分非农业人口，这部分非农业人口不应计入城市就业，因此，户籍人口也会高估城市规模。总的来看，城市年末总人口应该是比较接近真实城市规模的指标。

---

① 李郇等（2005）在折算时的做法是按照省份 GDP 缩减指数折算，但考虑到省份 GDP 缩减指数并不能代表城市，相同省份城市的产业结构相差很大，按照省份产品计算的指数并不代表城市。另外，这里关注的是城市的 GDP 相对于全国的水平，并不是 GDP 的实际购买力，所以仍采用全国水平的 GDP 缩减指数计算。

② 在数据处理中发现，城市中户籍人口往往高于常住人口，尤其是大城市和沿海发达城市，这些城市中外来人口较多，但这些外来人口往往没有获得本地户籍，所以在大城市中，该指标的偏误可能会大于小城市。

市辖区生产性服务业比重，用市辖区生产性服务业单位就业人数除以城市单位就业人数得到。其中的生产性服务业的计算方法和第四章相同，即根据 2007 年《中国投入产出表》从服务业部门中选取了制造业对各个服务业行业直接消耗系数最高的 7 个服务业行业作为代表。

资本密集度用市辖区资本存量除以年末总人口表示。资本存量的估算，根据张军等（2004）的永续盘存法计算，即 $K_t = I_t + (1 - \delta) K_{t-1}$。该方法需要确定初始年份的资本存量，城市统计年鉴中可以获得年份最早、数据较全的是 1990 年，为了尽可能获得更多的城市样本和数据的可得性，初始年份选择 1990 年，将初始年份固定资产投资总额除以 10%作为该年的资本存量[①]，其他年份的固定资产投资按照全国固定资产投资价格指数折算为 2000 年为基期的实际值，折旧率 δ 选择参考 Young（2003）以及 Hall 和 Jones（1999）的分析，选择 6%。

其他控制变量包括代表人力资本的每百人大学生人数，代表基础设施水平的人均道路面积、每万人公共汽车数量和每万人出租车数量，代表城市生活条件的人均绿地面积，代表外资水平的外资企业产值比，代表城市竞争的平均工业企业规模。新增长理论认为人力资本和研发投资促进经济增长（Romer，1986；Lucas，1988；Grossman & Helpman，1991），大量研究也发现，教育和人力资本促进地区经济增长和生产率提升（姚先国和张海峰，2008；李建民，1999）。因此，加入代表人力资本的城市在校大学生比重度量城市人力资本对于城市生产率的影响。在校大学生比重用城市在校大学生人数除以年末总人口得到。基础设施有利于降低城市拥挤成本，促进城市增长（Duranton & Turner，2012），实证中，很多研究也发现基础设施会提升经济增长和城市生产率（李妍等，2015；

① 参考了 Young（2003）和张军等（2004）的方法，选择 10%是一个相对主观的数字，但由于采用的数据和初始年份 1990 年相差较远，初始年份的估算对越远资本存量的估算影响越小，因此初始年份的估算对 2003 年及以后各年的资本存量估算影响很小。

刘修岩，2010）。因此，加入代表城市基础设施水平的人均道路面积，控制城市的基础设施差异对城市生产率的影响。城市的生活舒适性（包括自然环境、社会环境等）会成为人口流动的重要原因，城市经济学理论也强调城市内部的舒适性（Amenity）对于城市增长的作用（Duranton，2015），加入人均绿地面积作为舒适性的代理变量。外商直接投资通过带来先进的技术、管理经验和对劳动力市场的影响促进本地企业生产率，国内研究对外资在我国经济中的作用研究很广泛，外资作用的实证结论也存在差异（江小涓和李蕊，2002），为了控制外资对城市生产率的影响，加入外资工业企业产值占工业总产值的比重代表城市的外资比重。Porter（1990）强调了竞争对于地区产业竞争力的作用，Glaeser 等（1992）用平均企业规模度量竞争，认为小企业集聚的城市竞争更大，这里采用同样的方法，以市辖区平均企业规模度量城市的竞争水平。

本章中的数据来自 2003~2012 年《中国城市统计年鉴》和 1990~2012 年《中国统计年鉴》。其中，GDP 缩减指数和固定资产投资价格指数来自相应年份的《中国统计年鉴》。城市地区生产总值、年末总人口、全社会固定资产投资总额、在校大学生人数、人均道路面积等数据来自相应年份的《中国城市统计年鉴》，表 7–1 列出了相关变量的描述性统计结果。

表 7–1　2003~2012 年城市市辖区相关指标的描述性统计

变量	含义	均值	标准差	最大值	最小值
pgdp	市辖区人均地区生产总值（万元/人）	2.750	2.487	0.237	27.290
pk	市辖区人均资本存量（万元/人）	9.468	7.305	0.751	55.642
N	市辖区年末总人口（万人）	132.367	164.568	14.080	1779.100
S	生产性服务业比重	0.210	0.071	0.048	0.516
edu	市辖区每百人大学生数（人）	0.041	0.037	0.000	0.231
road	市辖区人均城市道路面积（平方米）	9.331	6.332	0.310	85.200
bus	市辖区每万人公共汽车数（辆）	6.805	6.704	0.320	115.000
czc	市辖区每万人出租车数量（辆）	21.907	16.908	1.337	132.472

续表

变量	含义	均值	标准差	最大值	最小值
ld	市辖区人均绿地面积（万平方米）	0.003	0.006	0.000	0.118
wz	市辖区外资企业产值比（%）	2.740	9.228	0.000	128.662
gm	市辖区平均工业企业规模（万人/个）	0.039	0.033	0.005	0.380

第四节　实证结果分析

一、全样本回归结果

门槛面板模型，首先需要确定门槛的数量，以确定模型的形式。这里假定门槛值是不随时变的。根据前面介绍的方法，先对模型设定单一门槛、双重门槛和三重门槛的形式分别进行回归，并进行“自抽样”得到F值和P值（见表7-2）。发现单一门槛和双重门槛的F统计量分别在1%和5%的水平上是显著的，而三重门槛的F值不显著。说明采用双重门槛设定时，对于模型可以得到更小的残差平方和，而对于三重门槛设定，并不能对降低残差平方和产生显著作用，为了估计的有效性，采用双重门槛模型。

表7-2　门槛效应检验及门槛估计值

模型	F值	P值	1%	5%	10%
单一门槛	17.786***	0.010	18.171	11.619	8.236
双重门槛	16.101**	0.037	21.803	13.91	9.33
三重门槛	8.142	0.012	18.411	12.204	9.455

注：抽样次数为300，***、**、*分别代表在1%、5%和10%的显著性水平上显著。

采用双重门槛模型得到两个门槛估计值。第 1 个门槛的估计值为 50.96 万人，第 2 个门槛估计值为 261.20 万人。因此，城市规模可以划分为 3 个区间，0~50.96 万人，50.96 万~261.20 万人，261.20 万人以上，这 3 个城市规模区间生产性服务业比重对城市生产率影响存在显著的差别。

表 7-3 为不同年份各个规模区间城市数量，大部分城市处于第二区间，2003~2012 年我国处于第一区间的城市减少，从 2003 年的 62 个减少到 2012 年的 43 个，处于第二区间和第三区间的城市数量增加，其中处于第三区间的城市由 2003 年的 20 个增加到 2012 年的 29 个。这反映了我国城市规模在 2003~2012 年普遍扩大，更多地城市进入第三区间。

表 7-3　2003~2012 年不同区间城市数量

城市规模 \ 年份	2003	2004	2005	2006	2007	2008	2009	2010	2011	2012
50.96 万人以下	62	59	55	55	49	48	47	43	42	43
50.96 万~261.20 万人	175	178	179	179	185	185	186	189	187	185
261.20 万人以上	20	20	23	23	23	24	24	25	28	29
总数	260	260	260	260	260	260	260	260	260	260

为了更清楚地理解门槛估计值和其置信区间的构造过程，计算出似然比函数 LR，并分别绘出第一个门槛值和第二个门槛值的似然比函数（见图 7-2）。门槛参数的估计值是计算出的似然比函数 LR=0 的门槛值 q。在双重门槛模型中，第一个门槛估计值为 51.02，第二个门槛估计值为 261.20。各个门槛估计值的 95%置信区间是统计量 LR 的值小于 5%显著性水平下的值 7.35（对应于图中的虚线）的门槛值 q 所构成的区间，即虚线以下的部分对应的门槛值区间。

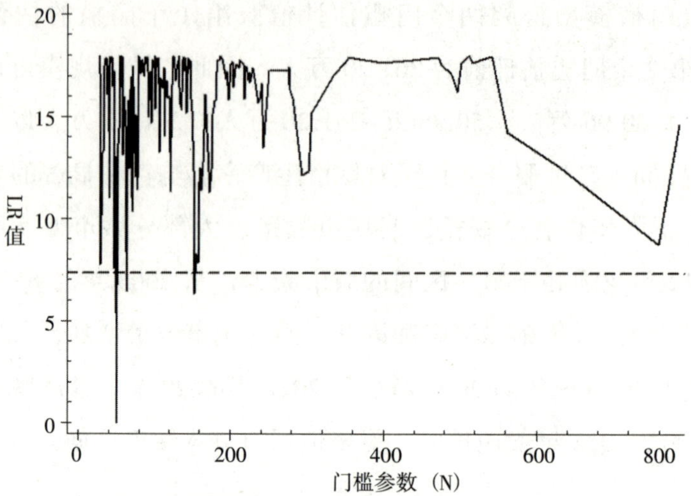

（a）第一个门槛估计值和置信区间

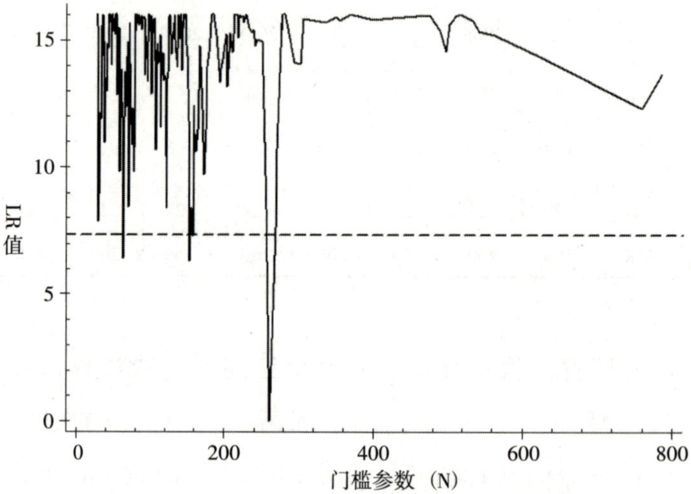

（b）第二个门槛估计值和置信区间

图 7-2　双重门槛模型下各门槛值和置信区间

得到城市规模的门槛区间后，估计各个区间生产性服务业对城市生产率的影响[①]。表 7-4 是门槛面板模型的回归结果，表中 S_1、S_2、S_3

① 在实证估计时，由于控制了人均资本存量，实际上相当于估计一个规模报酬不变的 C-D 生产函数，自变量的回归系数为各变量对全要素生产率的影响。实证中，也考虑不加入人均资本存量，估计结果差别不大，为此，仅报告加入人均资本存量的估计结果。

分别为城市规模小于 50.96 万人、50.96 万~261.20 万人、261.20 万人以上区间，生产性服务业对城市生产力的影响系数。从回归结果可以看出，回归系数 S_1 显著为负数，说明对于城市规模小于 50.96 万人的城市，生产性服务业降低城市生产率，生产性服务业比重每提高 1%，城市生产率降低 0.374。这些小城市规模较小，在制造业方面集聚的往往是劳动密集型的，对生产性服务业的需求比较低，需求不足导致服务业效率较低，而在现阶段，这些城市现有的生产性服务业比重往往是过高的，资源过度集中于低效率的服务业，导致城市生产率偏低。表 7-5 是不同规模区间生产性服务业比重的均值，从中可以看出，城市规模小于 50.96 万人的

表 7-4　模型参数估计结果

变量	估计系数	标准差	P 值
lnpk	0.524***	0.010	0.000
lnN	1.134***	0.192	0.000
$(\ln N)^2$	−0.127***	0.020	0.000
edu	0.112	0.271	0.679
road	0.003**	0.001	0.033
bus	0.001	0.001	0.608
czc	0.001*	0.000	0.074
ld	−0.051	0.541	0.926
wz	0.006***	0.001	0.000
gm	−1.226***	0.200	0.000
S_1	−0.374***	0.143	0.009
S_2	0.046	0.106	0.662
S_3	0.530***	0.162	0.001
常数项	−2.619	0.461	0.000
样本量=1434；R^2=0.790；F 统计量=643.59			

注：被解释变量为市辖区人均地区生产总值的对数，回归中通过组内变换控制了城市个体效应。S_1、S_2、S_3 分别为生产性服务业对城市规模小于 50.96 万人、50.96 万~261.20 万人、261.20 万人以上的影响系数，***、**、* 分别代表在 1%、5%和 10%的显著性水平上显著。

城市生产性服务业比重为0.230，反而高于城市规模在50.96万~261.20万人的城市，这些城市的生产性服务业比重相对于其自身的需求是过高的，所以提高生产性服务业比重导致需求结构和现有产业结构的不匹配，资源配置缺乏效率，降低城市的生产率。

表7–5 各个规模区间生产性服务业比重及影响系数（全行业）

门槛值（万人）	城市规模区间（万人）	生产性服务业比重均值	回归系数
第一门槛值：50.96 第二门槛值：261.20	0~50.96	0.230	−0.374***
	50.96~261.20	0.203	0.046
	261.20以上	0.262	0.530***

注：回归系数来自表7–4，生产性服务业比重均值为对应规模区间内城市生产性服务业比重的算术均值，***、**、*分别代表在1%、5%和10%的显著性水平上显著。

S_2的回归系数为0.046，但不显著，市辖区人口规模介于50.96人~261.20万人的城市，生产性服务业对城市生产率并没有显著的影响。在这个规模区间的城市，相对于规模小于50.96万人的城市而言，集聚了更多更有竞争力的制造业，这些制造业也对生产性服务业产生需求，但相对于规模超过261.20万人的城市而言，其集聚的制造业对生产性服务业的需求相对较低，这些制造业对生产性服务的带动也有限，集聚的生产性服务业比重也相对较低。这部分城市的生产性服务业比重均值为0.203，低于城市规模超过261.20万人的城市，但却也低于城市规模小于50.96万人的城市，这些城市相对于规模小于50.96万人的城市而言，生产性服务业的比重处于一个更加合理的水平。从回归系数看，该区间的城市生产性服务业对城市生产率的影响系数不显著，这些城市的生产性服务业比重相对比较合理，即更加接近理论模型中的最优生产性服务业比重。这部分城市在城市体系中处于中间规模城市，相对于小城市在生产性服务业投入密集度高的制造业方面更具竞争力，相对于大城市在劳动密集型制造业方面更具有优势，应根据自身规模和制造业产业结构，适度发展生产性服务业。

S_3 的回归系数显著为正，城市规模大于 261.20 万人的城市，生产性服务业促进城市生产率。回归系数为 0.530，生产性服务业比重提高 1%，会带来城市生产率提升 0.53%。这部分城市在我国城市体系中占少数，和规模小于 50.96 万人的城市相反，城市规模大于 261.96 万人的城市，生产性服务业比重提高促进城市生产率。反映了这部分城市的生产性服务业比重相对于最优比重偏低，生产性服务业发展滞后于制造业发展。这部分城市规模在城市体系中处于最大的区间，集聚了生产性服务业密集度高的制造业，这些制造业也通过后向关联扩大生产性服务业市场，带动其发展。从表 7-5 中看，城市规模大于 261.96 万人的城市生产性服务业比重的均值为 0.261，高于城市规模小于 261.96 万人的城市，这部分城市具有相对其他城市较高的生产性服务业比重。而回归系数为正数，表明这些城市的生产性服务业比重偏低，通过前向关联对制造业促进作用不足，继续提高生产性服务业有利于发挥生产性服务业的规模经济，提升城市的生产率。这些城市生产性服务业具有很大潜力，继续提高生产性服务业在产业结构中的比重，通过生产性服务业的发展带动制造业的发展，提高城市整体生产率。

控制变量中资本密集度的回归系数符合预期显著为正，回归系数为 0.524，表示市辖区资本密集度增加 1%，城市的生产率增加 0.524%。城市规模对城市生产率的影响，回归中市辖区年末总人口对数的回归系数显著为正，年末总人口对数的平方项回归系数显著为负，这两项代表城市规模扩大所带来的集聚经济和拥挤成本对城市生产率的影响。城市经济学理论认为，随着城市规模扩大，城市的集聚经济扩大，同时城市规模扩大也带来城市拥挤成本的增加（Henderson，1974）。并且当城市规模较小时，城市集聚经济的增加快于拥挤成本的增加；而当城市规模进一步扩大时，城市的拥挤成本的增速高于集聚经济的增速，当边际集聚经济等于边际拥挤成本时，城市存在最优规模（Au & Henderson，2006；王小鲁和夏小林，1999）。实证中，通常采用城市规模或其对数的一次项和二次项来识别城市最优规模①。在这里的回归结果中，城市规模对数的一次项系数为 1.134，二次项系数为-0.127，说明城市生产率和城市规模呈现倒 U 型曲线关系，市辖区生产率随着城市规模先增加后下降。

代表人力资本水平的每百人大学生比重的回归系数为正数，但不显著，说明城市的人力资本提高对城市生产率的提升虽然可能有正向作用，但并不十分显著。这也可能是由于使用的指标并不合适的原因，高等教育水平人才的流动性较高，在本地接受教育的大学生未必在本地就业，用每百人大学生比重可能会高估了那些高校比较多的城市的人力资本水平。由于代表人力资本水平的指标难以获得，人力资本对于城市生产率的作用，还需要更合适的指标研究。代表基础设施水平的三个指标：人均道路面积、每万人公共汽车拥有量和每万人出租车拥有量，其中人均道路面积和每万人出租车拥有量的回归系数显著为正，而每万人公共汽车拥有量的回归系数虽然为正数，但不显著，这可能是由于代表基础设施水平的各个变量之间存在共线性引起的。总体来看，城市的基础设施水平改善有利于城市生产率的提高，这和国内的一些研究结论一致（倪鹏飞，2002；刘生龙和胡鞍钢，2010）。城市基础设施改善降低了城市的拥挤成本，对人口的集聚和企业都具有优势，通勤成本的降低提高了本地企业的市场竞争力，从而提升城市生产率。代表城市舒适性的人均绿地面积的回归系数不显著，说明目前城市集聚的主要动因仍是经济方面的因素，城市生活舒适性对城市的影响较弱。代表外资水平的外资企业比重的回归系数显著为正，外资对我国城市生产率的提高具有正向作用，外资进入通过先进的技术对本地企业产生技术溢出、带来先进的管理经验和对劳动力市场的需求推动本地技术提升和经济增长。代表城市竞争

① 见徐清和陈旭（2013）、张应武（2009）、王小鲁和夏小林（1999）等的研究。

情况的平均企业规模的回归系数显著为负，企业规模增加代表城市的竞争水平降低，回归系数为-1.226，说明竞争有利于城市生产率的提高，这支持了 Porter（1990）的观点，本地大量小企业的集聚，加剧了本地企业的竞争，促使这些企业不断创新，提升生产技术，从而有利于地区竞争力的提高。国内外一些实证研究也支持了 Porter 的观点，通过企业规模度量的竞争强度提升会提高本地生产率和经济增长（Glaeser et al.，1992；吴三忙和李善同，2011）。

利用门槛面板模型实证生产性服务业对城市生产率的影响，识别了生产性服务业影响城市生产率的门槛城市规模。两个门槛值分别为 50.96 万人和 261.20 万人。从而将城市按照年末总人口门槛值划分为 3 个区间，当城市年末总人口小于 50.96 万人时，生产性服务业降低城市生产率；当年末总人口介于 50.96 万~261.20 万人时，生产性服务业对城市生产率无显著影响；当年末总人口高于 261.20 万人时，生产性服务业促进城市生产率。这反映历史和政策原因，我国生产性服务业在城市中分布，偏离了最优结构。大城市生产性服务业发展滞后，对制造业促进作用不足，限制了城市生产率提升；而小城市生产性服务业需求不足，资源过度配置于低效率的服务业，同样降低城市生产率。通过调整产业结构，选择和自身规模匹配的生产性服务业比重，有利于提升城市生产率。

从时间趋势上看，我国城市规模在 2003~2012 年普遍有所增加，从表 7-3 可以看出，城市规模低于 50.96 万人的城市由 62 个减少到 2012 年的 43 个，而城市规模超过 261.20 的城市由 2003 年的 20 个增加到 2012 年的 29 个。更多城市进入规模超过 261.20 的区间，对生产性服务业的需求增加。随着制造业产业升级，分工和专业化深化，需要更多的专业化生产性服务业中间投入，总体上看，我国城市对生产性服务的依赖程度越来越高。

二、分地区回归

我国东、中、西部地区的经济结构有差异并且产业发展具有梯度，生产性服务业对各地区城市生产率影响也会不同。东部地区由于地理位置和政策优势，集聚了高生产率的制造业，这些制造业也扩大生产性服务业的市场规模。此外，东部城市地理位置邻近，产业梯度转移往往也发生在东部城市之间。而中部和西部城市在产业发展方面落后于东部地区，受发展阶段限制，集聚的制造业对生产性服务业的需求低于东部地区。为此，通过分地区回归，识别出生产性服务业对城市生产率影响的地区差异性。

表 7-6 各个规模区间生产性服务业比重及影响系数（分地区）

行业	门槛值	规模区间（万人）	生产性服务业就业比重均值	回归系数
东部城市	第一门槛值：51.87 第二门槛值：106.25 第三门槛值：265.43	0~51.87	0.231	-1.321***
		51.87~106.25	0.209	-0.543***
		106.25~265.43	0.197	0.197
		265.43 以上	0.260	0.781***
中部城市	第一门槛值：121.20 第二门槛值：153.37	0~121.20	0.203	0.054
		121.20~153.37	0.212	0.836***
		153.37 以上	0.231	-0.017
西部城市	无门槛效应		0.221	0.027

注：被解释变量为市辖区人均 GDP 对数。东中部城市均检验出显著的门槛效应，而西部城市经检验无门槛效应，采用固定效应估计，Hausman 检验值为 35.52，在 1%显著性水平上拒绝解释变量和个体效应不相关的假定，因此，采用固定效应模型来控制城市的个体效应，从而保证参数的一致性。***、**、* 分别表示在 1%、5%和 10%的显著性水平上显著。

表 7-6 是各个规模区间生产性服务业比重及影响系数（分地区）[①]，

① 按照国家统计局最新划分标准，东部地区包括北京、天津、河北、辽宁、上海、江苏、浙江、福建、山东、广东、广西、海南 12 个省（自治区、进辖市）；中部地区包括山西、内蒙古、吉林、黑龙江、安徽、江西、河南、湖北、湖南 9 个省区；西部地区包括重庆、四川、贵州、云南、西藏、陕西、甘肃、宁夏、青海、新疆 10 个省（自治区、进辖市）。

控制变量的回归系数和显著性与全样本回归结果没有太大差异，这里没有列出，只列出核心变量生产性服务业的回归系数。对于东部城市，门槛值的 F 检验识别出了 3 重门槛，分别为 51.87 万人、106.25 万人和 265.43 万人，将城市划分为 4 个区间。从表 7-6 中可以看出，当城市规模小于 106.25 万人时，生产性服务业对城市生产率的作用为负数，在 0~51.87 万人，生产性服务业比重提高 1%，城市生产率降低 1.321，在 51.87~106.25 万人，生产性服务业比重提高 1%，城市生产率降低 0.543%。这反映了对于东部中小城市，生产性服务业比重偏高，资源过度配置于低效率的服务业，生产性服务业比重提高会降低城市生产率。结合对应区间的生产性服务业就业比重均值，规模小于 51.87 万人的城市生产性服务业就业比重均值为 0.231，反而比 51.87 万~106.25 万人的城市生产性服务业比重更高，资源错配更为严重，故回归系数也高于 51.87 万~106.25 万人的城市。规模在 106.25 万~265.43 万人的城市生产性服务业比重的回归系数为 0.197，但不显著，和全样本回归结果类似，该区间 0.197 的生产性服务业比重和当地的需求结构匹配，生产性服务业对城市生产率无显著作用。当城市规模超过 265.43 万人时，生产性服务业比重的回归系数为 0.781，在 1%的水平上显著。规模超过 265.43 万人的城市，生产性服务业促进城市生产率提高，这些城市 0.260 的生产性服务业比重相对其需求偏低，对制造业促进作用不足，增加其比重可以提升中间投入的规模经济，提高城市生产率。

中部地区城市识别出来两个门槛值为 121.20 万人和 153.37 万人，将城市规模划分为三个区间。当城市规模小于 121.20 万人时，生产性服务业比重的回归系数不显著。可能是由于这些城市规模较小，劳动密集型制造业集聚，生产性服务业对其促进作用有限。规模介于 121.20 万~153.37 万人的城市，生产性服务业的回归系数为正，生产性服务业促进城市生产率，但只是少部分城市。而当规模超过 153.37 万人时，生产性服务业的回归系数不显著，中部城市中，这些规模较大的城市生产性服务业对城市生产率无显著影响。这可能是由于中部城市的制造业和东部城市相对竞争力相对较弱，集聚的制造业对生产性服务业需求不足，生产性服务业对制造业生产率促进作用有限。

西部地区没有识别出门槛效应检验，生产性服务业对城市生产率的影响不随城市规模改变。为此采用普通面板模型估计。检验面板模型是否存在个体效应的F统计量值为112.71，在1%水平上显著，说明模型存在个体效应。对于个体效应的处理，可以采用固定效应或者随机效应模型估计。随机效应可以获得更有效的估计，但需要扰动项和解释变量不相关。Hausman检验统计量为35.52，在1%的显著性水平上拒绝解释变量和个体效应不相关的假定，故采用固定效应模型来控制城市的个体效应，从而保证参数估计的一致性。回归结果中生产性服务业的回归系数为0.027，并不显著。总体来看，西部城市的生产性服务业对城市生产率的影响不大，这是由于西部城市相对东部城市竞争力较弱，劳动密集型制造业比重较高，从而生产性服务业的促进作用较弱。

从分地区回归结果来看，生产性服务业对不同规模城市生产率影响差异，主要存在于东部地区。东部城市市场一体化程度较高，制造业主要在东部区域内部配置，生产性服务业对城市生产率的影响差异在区域内部体现。中西部城市竞争力较弱，集聚劳动密集型制造业，生产性服务业对制造业的带动作用较弱，从而和城市生产率关系不显著。

三、分行业回归

全行业回归中将生产性服务业作为大类，估计生产性服务业对城市生产率影响的门槛城市规模，以及在不同规模区间的具体影响方向和大小。然而，生产性服务业的划分并没有一个统一的标准，有些行业既服务于消费者，也服务于生产者，是否该划分为生产性服务业值得商榷。

基于中间投入特性，文中对生产性服务业的划分是按照制造业对该行业的投入强度划分，其中包括批发零售业和住宿餐饮业，这些行业在一些研究中并未划分为生产性服务业。考虑到划分标准的差异，以及不同生产性服务业的异质性，对其分行业回归。

7 个生产性服务业的分行业回归结果如表 7–7 所示，控制变量和全行业回归相同，限于篇幅并未报告控制变量的回归系数。主要关注生产性服务业对城市生产率的影响。用估计得到的门槛值将城市划分为不同区间，并列出各个规模区间该行业的回归系数。从分行业的结果看，不同行业回归得到的门槛值，以及不同规模区间该行业的回归系数有差异，但总体上是符合理论的。其中，交通仓储及邮政业存在两个门槛值，和全行业回归的门槛值接近，但不同规模区间的回归系数不同，在 0~77.89 万人，回归系数不显著，77.89 万~261.20 万人，回归系数显著为负，只有当年末总人口超过 261.20 万人时，生产性服务业对城市生产率才具有正向的促进作用。这可能是由于大城市中制造业更依赖交通运输、仓储和邮政业，而这些产业在大城市中发展相对滞后（均值为 0.026），限制了制造业生产率提升，提高交通运输、仓储和邮政业在产业结构中的比重，有利于促进其对制造业的带动作用，提升城市生产率。而中等城市中制造业对交通运输、仓储和邮政业的需求较低，本地市场供给超过需求，造成该产业竞争加剧，生产率降低，从而限制了城市生产率提升。

信息传输、计算机及软件业存在两个门槛值。年末总人口小于 30.05 万人的城市，提高该行业比重降低城市生产率；年末总人口处于 30.05 万~59.45 万人的城市，促进城市生产率；年末总人口超过 59.45 万人时，影响变得不再显著。信息传输、计算机及软件业作为新兴产业，需要更大的需求市场和研发环境，主要集中在规模较大的城市。规模小于 30.05 万人的城市，对这些行业难以构成大的市场，本地信息服务、计算机和软件业效率较低，小城市将资源和要素集中于这些低效率行业，降低了城市整体生产率。规模介于 30.05 万~59.45 万人的城市，信息服务、计算机和软件业占总就业比重为 0.031，难以满足制造业的投入需求，限制其对制造业产业升级和效率提升的带动作用，这些城市发展信息服务、计算机和软件业，有助于通过前向关联带动制造业生产率提升。

金融业存在两个门槛值。年末总人口小于 38.75 万人的城市，规模过小，其往往是满足当地居民需求的服务型城市，金融业在这些城市更倾向于生活性服务而非生产性服务，本地的金融业和城市生产率并无显著关系。年末总人口在 38.75 万~48 万人的城市，金融业比重提高会降低城市生产率，反映这些城市 0.02 的金融业比重偏高，制造业对金融业需求不足、效率降低，限制城市生产率。年末总人口超过 48 万人的城市，金融业发展促进城市生产率，随着城市规模增加，制造业投融资等金融服务需求增加，而金融业在城市中发展滞后、比重偏低（均值 0.019），限制金融业对制造业的促进作用，发展金融业有利于发挥金融业对经济的带动作用，促进城市生产率提升。

表 7–7　各个规模区间生产性服务业比重及影响系数（分行业）

行业	门槛值	规模区间（万人）	行业就业比重均值	回归系数
交通运输、仓储及邮政业	第一门槛值：77.89 第二门槛值：261.2	0~77.89	0.048	0.185
		77.89~261.20	0.030	−0.717***
		261.20 以上	0.026	0.778*
信息传输、计算机服务及软件业	第一门槛值：30.05 第二门槛值：59.45	0~30.05	0.050	−9.323***
		30.05~59.45	0.031	3.100***
		59.45 以上	0.026	−0.723
金融业	第一门槛值：38.75 第二门槛值：48	0~38.75	0.023	0.685
		38.75~48	0.020	−1.518***
		48 以上	0.019	0.732**
租赁和商业服务业	第一门槛值：108.4 第二门槛值：136.58	0~108.4	0.020	1.088***
		108.4~136.58	0.026	5.670***
		136.58 以上	0.023	−0.337

续表

行业	门槛值	规模区间（万人）	行业就业比重均值	回归系数
科学研究、技术服务和地质勘查业	第一门槛值：261.2	0~261.2	0.020	0.486
		261.2 以上	0.031	3.778***
批发零售业	第一门槛值：49.89 第二门槛值：65.87	0~49.89	0.032	-1.179***
		49.89~65.87	0.046	0.789**
		65.87 以上	0.026	-0.301
住宿和餐饮业	第一门槛值：50.96 第二门槛值：261.2	0~50.96	0.025	-3.260***
		50.96~261.2	0.021	-0.747
		261.2 以上	0.011	3.103**

注：被解释变量为市辖区人均地区生产总值的对数。回归中通过组内变换控制了固定效应，由于数据在某些区间差异较大，部分回归中三重门槛的 F 检验也在一定程度上显著，这里仍采用双重门槛回归，回归结果差异不大。***、**、* 分别表示在 1%、5%和 10%的显著性水平上显著。

租赁和商业服务业，年末总人口小于 136.85 万人的城市，租赁和商业服务业促进城市生产率，并且随着城市规模增加，促进作用更强。而对于年末总人口超过 136.85 万人的城市，租赁和商业服务业的作用不显著。反映规模小于 136.85 万人的城市，对租赁和商业服务业需求更强，本地服务业供给难以满足制造业需求。而对于规模超过 136.85 万人的城市，制造业对租赁和商业服务业需求较低，该行业对制造业的带动作用较弱。

科学研究、技术服务和地质勘查业存在单一门槛值 261.2 万人。城市按规模划分为小于 261.2 万人和 261.2 万人以上。年末总人口小于 261.2 万人的城市，回归系数不显著，这部分城市科学研究、技术服务和地质勘查业对城市生产率无显著影响；当年末总人口超过 261.2 万人时，回归系数变为 3.778，在 1%的水平上显著，这部分城市生产性服务业对城市生产率有显著的正向促进作用。科学研究、技术服务和地质勘查业属于高端生产性服务，主要服务于高端制造业。规模小于 261.2 万人的城市，制造业对这些行业投入较低，科研技术服务对其带动作用有限，资源应向制造业和其他生产性服务业配置。而对于规模大于 261.2 万人的城市，制造业对其投入密度高，这些城市科研投入不足，会限制制造业生产率提升。

批发零售业存在两个门槛值，当年末总人口小于 49.89 万人时，该行业比重提高对城市生产率的影响显著为负，年末总人口处于 49.89 万~65.87 万人时，该行业比重提高对城市生产率的影响显著为正，当年末总人口超过 65.87 万人时，该行业比重提高对城市生产率的影响不显著。结合各个规模区间批发零售业就业均值看，年末总人口小于 49.89 万人的城市，0.032 的行业就业是偏高的，这些城市发展了过多的批发零售业，超过了本地市场对该行业的需求，应该降低该行业比重。年末总人口处于 49.89 万~65.87 万人的城市，0.046 的就业比重则是偏低的，提高该行业在就业中的比重有利于提升城市生产率。而规模超过 65.87 万人的城市，批发零售业的作用不显著，这些城市中批发零售业对经济带动作用不显著。

住宿和餐饮业也存在两个门槛值，两个门槛值和全行业回归的结果相同。按照年末总人口划分为三个期间。当年末总人口小于 50.96 万人时，该行业的回归系数为-3.260，显著为负数。这部分城市中，提高住宿和餐饮业对城市生产率的影响为负数；对于年末总人口介于 50.96 万~261.2 万人的城市，该行业的回归系数不显著，在这部分城市中，住宿和餐饮业对城市生产率的影响无显著的影响；当城市规模超过 261.2 万人时，该行业的回归系数为正，并且在 5%的水平上显著，在这部分城市，提高住宿和餐饮业就业比重有利于提升城市生产率。结合各个规模区间城市的住宿和餐饮业就业比重，年末总人口小于 50.96 万人的城市，资源过度配置于低效率的生产性服务业（均值为 0.025），降低了城市生产率。年末总人口介于 50.96 万~261.2 万人的城市，0.021 的就业比重则是和城市的需求结构相匹配的产业比重，对城市生产率总体上影响不显著。而年末总人口超过 261.2 万人的城市，0.011 的就业比重滞后于产业需求，对制造业促进作用有限，限制了城市生产率的提升。

总体上看，分行业回归的结果和全行业一致，同时也具有行业异质性。反映了不同生产性服务业行业，制造业对其投入密集度有差异，产生的需求结构也具有差异。特定生产性服务业在城市生产率中作用取决于是否建立互动协调，最优的产业结构。因此，在调整产业结构，提升城市生产率过程中，需要结合城市规模和具体行业进行。

第五节　本章小结

城市体系下，生产性服务业和制造业互动演进和空间配置，决定生产性服务业最优结构，偏离最优结构，会降低城市生产率。本章基于各城市生产性服务业供需平衡视角，实证其对城市生产率的影响。用门槛模型识别生产性服务业对城市生产率的规模门槛效应，以及在各个规模区间，生产性服务业影响城市生产率的具体方向和大小。总结本章，有以下主要发现：

第一，生产性服务业比重对城市生产率影响存在显著的门槛效应，在不同规模区间，影响存在差异。城市规模小于 50.96 万人时，生产性服务业会降低城市生产率；城市规模处于 50.96 万~261.2 万人时，生产性服务业对城市生产率无显著影响；城市规模超过 261.2 万人时，生产性服务业促进城市生产率。这是由于，规模小于 50.96 万人的城市，劳动密集型制造业集聚，对生产性服务投入密集度较低，本地生产性服务业比重过高，加剧其行业内竞争，降低了服务业生产率。这部分城市降低生产性服务业比重，促进资源向制造业配置，有助于提升城市生产率。规模介于 50.96 万~261.2 万人的城市，制造业和生产性服务业处于互动，产业结构相对平衡，提高生产性服务业比重对城市生产率影响不显著。规模超过 261.2 万人的城市，生产性服务业密集型制造业集聚，产生对生产性服务的更高需求，本地生产性服务业发展滞后，限制了其对制造业的带动作用。这部分城市提高生产性服务业比重，有助于促进其对制造业的带动作用，促进城市生产率。

第二，生产性服务业比重对城市生产率影响存在地区和行业差异。规模门槛效应存在地区差异，主要存在于东部地区，西部地区规模门槛效应不显著。东部地区规模小于 106.25 万人的城市，提高生产性服务业比重降低城市生产率，并且随着规模增加，负向作用减弱；只有当规模超过 265.43 万人时，生产性服务业才能促进城市生产率。中部地区只有规模在 121.20 万~153.37 万人的少部分城市，生产性服务业促进城市生产率，其他规模区间均不显著。西部地区生产性服务业对城市生产率的影响不存在规模门槛效应，并且影响不显著。

各生产性服务业有不同的规模门槛值，并且在各规模区间，生产性服务业对城市生产率的影响不同。由于不同的制造业对各个生产性服务业的中间投入密度不同，因此，各个生产性服务业对其作用也存在差异。对于城市而言，不同的生产性服务业发展水平应符合当地需求，方能促进资源的合理配置，提高城市生产率。制造业对其投入密度较高的服务业，提高这些行业的比重，发挥其对制造业的带动作用，促进制造业生产率提升；制造业对其投入密度较低的服务业，其比重过高反而增加行业竞争，降低服务业生产率，资源和要素配置于这些行业，会降低城市整体生产率。

第三，城市生产率和城市规模本身呈倒 U 型曲线关系。模型估计城市规模的 1 次项为正数，2 次项为负数，表明城市生产率和城市规模呈倒 U 型曲线关系。城市规模扩大，增加了生产性服务业总量供给，促进中间投入的分工和专业化，制造业从多样化中间投入中获得规模经济，提高制造业生产率。同时，城市规模扩大，也产生规模不经济因素，带来本地通勤成本增加，提高了劳动力成本，并降低有效工作时间，从而降低了制造业生产率。规模经济和规模不经济的平衡，决定城市生产率最优值。当城市规模较小时，规模经济超过规模不经济，扩大城市规模促进城市生产率提升；当规模继续扩大超过某个特定值时，规模不经济超过规模经济，继续扩大城市规模反而降低城市生产率。使得城市生产率和城市规模本身呈倒 U 型曲线关系。

为此，政策上，大小城市应根据自身规模，调整产业结构。城市体系下，各城市具有不同的规模，各个规模的城市对应不同的产业结构，当规模和结构相匹配时，城市是有效率的。然而，由于历史和政策原因，我国各个城市产业同构化严重，大小城市拥有相当的服务业比重。大城市生产性服务业比重偏低，对制造业带动不足；小城市制造业集聚不足，资源和要素过度配置于低效率的服务业，这带来整体城市体系效率偏低。通过理论和实证研究，大城市通过发展生产性服务业，提高其在就业和产值中的比重，以带动制造业效率提升和促进转型升级。建立二者互动发展的格局，促进城市生产率提升。小城市继续推动制造业集聚，将资源和要素从低效率的服务业中转移出来，进入制造业当中，提升城市的集聚经济，推动城市生产率提升。

第八章　生产性服务业影响城市生产率的国内外经验

第一节　引　言

随着经济的发展，一国或一个城市的产业结构会发生变化，会呈现出从农业和工业向服务业的转变。这种转变不仅是经济发展的结果，同时会对经济绩效产生重要影响。从服务业发展对城市生产率的提升作用来看，生产性服务业尤为重要。理论和实证研究均表明，生产性服务业作为制造业的中间投入产业，其效率的提升直接提高了本地制造业的生产率。城市内生产性服务业发展水平作为一种禀赋条件，也有利于吸引高生产率制造业的进入，优化资源配置促进产业升级；此外，也要考虑生产性服务业与本地制造业需求的匹配，拥有适合本地制造业需求的生产性服务业比重，才能提升城市整体的生产率水平。

为了进一步对这些理论和实证结论进行验证，同时也是对理论分析的进一步补充。本章从国际和国内城市发展经验来讨论城市发展过程中生产性服务业的发展，以及生产性服务业发展对制造业和城市生产率的影响。这可以为生产性服务业与城市生产率关系提供更多的细节，有助于对现有理论的补充和修正。

第二节 生产性服务业影响城市生产率的国内经验

一、北京

（一）北京生产性服务业发展情况

北京是中国的首都，是全国的政治中心、教育中心和文化中心，也是世界著名的国际化大城市。北京市土地面积16410.54平方千米，全市共辖16个区。2018年末全市常住人口2154.2万，实现地区生产总值30320亿元。2018年全市完成一般公共预算收入5785.9亿元，年末金融机构（含外资）本外币存款余额157092.2亿元，地区进出口总值27182.5亿元，吸收合同外资418.8亿美元。

1978年改革开放以来，北京市的产业结构发生了巨大变化（见图8-1）。1978年，北京以第二产业为主，第三产业仅占23.9%。这主要和中国采取的经济发展战略有关，改革开放以前中国实行的是“赶超战略”，集中资源发展第二产业，尤其是重工业，压制第三产业的发展，导致了第三产业在整个国民经济中的比重一直很低。1978年以后，我国的经济体制由计划经济向市场经济转轨，资源和要素可以跨产业自由流动，这带来了服务业的繁荣。1993年，北京的第三产业比重已经开始超过第二产业。截至2018年，北京的服务业比重高达81%，已经远远超过第二产业，成为北京市经济增长的主要动力。

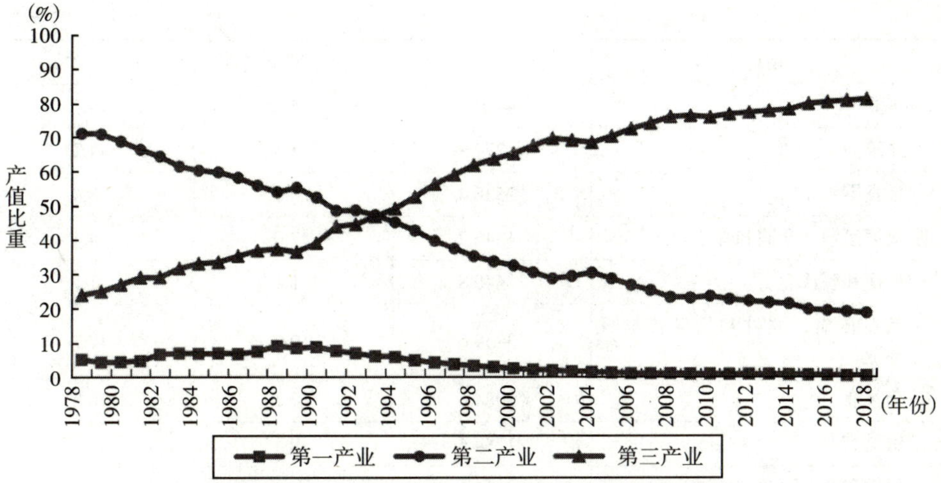

图 8-1　1978~2018 年北京市三次产业产值比重

资料来源：《北京市统计年鉴》(2019)。

进一步从第三产业的细分行业来看，主要是以信息传输、软件和信息技术服务业，金融业，租赁和商业服务业等生产性服务业为主，根据前文定义的生产性服务业范围，生产性服务业比重高达 61%。比重最高的几个行业中，金融业占地区生产总值比重高达 16.8，信息传输、软件和信息技术服务业比重为 12.7，科学研究和技术服务业比重为 10.6。这些都是典型的生产性服务业，主要是为其他行业（尤其是高端制造业）提供中间投入服务（见表 8-1）。

表 8-1　2018 年北京市地区生产总值

指标	绝对数（亿元）	比上年增长（%）	比重（%）
地区生产总值	30320.0	6.6	100.0
按照产业分			
第一产业	118.7	-2.3	0.4
第二产业	5647.7	4.4	18.6
第三产业	24553.6	7.3	81.0
按行业分			
农、林、牧、渔业	121.1	-2.3	0.4

续表

指标	绝对数（亿元）	比上年增长（%）	比重（%）
工业	4464.6	4.5	14.7
建筑业	1274.9	3.3	4.2
批发零售业	2530.4	0.6	8.4
交通运输、仓储和邮政业	1346.2	7.0	4.4
住宿和餐饮业	440.8	1.6	1.5
信息传输、软件和信息技术服务业	3859.0	19.0	12.7
金融业	5084.6	7.2	16.8
房地产业	1784.6	–0.4	5.8
租赁和商业服务业	2016.6	1.9	6.7
科学研究和技术服务业	3223.9	10.4	10.6
水利、环境和公共设施管理业	235.1	3.7	0.8
居民服务、修理和其他服务业	183.3	4.1	0.6
教育	1432.1	6.7	4.7
卫生和社会工作	760.5	8.7	2.5
文化、体育和娱乐业	645.9	5.7	2.1
公共管理、社会保障和社会组织	952.7	5.8	3.1

资料来源：《北京市 2018 年国民经济和社会发展统计公报》。

（二）北京生产性服务业发展对城市生产率的影响

北京生产性服务业发展通过多种渠道提升了城市的生产率。首先，生产性服务业发展为制造业提供了更多的高端中间投入，提高了中间投入的质量，有利于制造业生产率提升。

为了考察北京市生产性服务业作为中间投入对制造业的作用，遵循现有研究的做法，利用 2012 年北京《投入产出表》计算制造业对生产性服务业的使用密集度，即直接消耗系数。当制造业中更密集使用生产性服务时，那么理论上生产性服务业的发展通过为制造业提供更高质量和低价格的中间投入，对制造业的生产率更有利。

首先从直接消耗系数看，大部分制造业中生产性服务业的投入占总产值的比重介于10%~20%。其中，食品和烟草、通用设备、专用设备、电气机械和器材、仪器仪表等行业中投入的生产性服务比重更高，而金属冶炼和压延加工业、废品废料等行业中投入的生产性服务比重较低。可见，高端制造业更需要生产性服务。因此，当北京市生产性服务业发展后，就可以为这些制造业提供更好的中间投入服务，从而带来制造业生产率提升（见图8-2）。

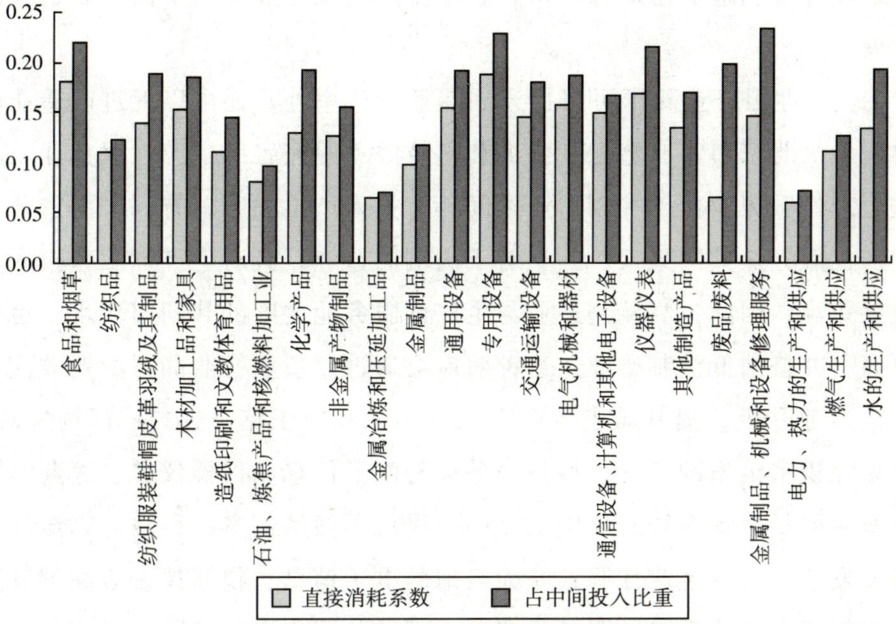

图8-2　北京市制造业对生产性服务业的消耗比重

资料来源：笔者根据2012年北京市《投入产出表》计算。

考虑到直接消耗系数计算的是中间投入占总产出的比重，对于增加值比重不同的行业而言，缺乏可比性。因此，进一步计算了各个制造业行业中生产性服务投入占中间投入的比重，以避免不同行业增加值比重不同导致的行业间不可比问题。计算得到的结论与采用直接消耗系数的结论类似，高端制造业对生产性服务业的需求更高。

实证研究中，李杨和程斌琪（2017）研究了北京生产性服务业发展对高端制造业的作用。其将服务业中的交通运输、仓储和邮政业，信息传输、计算机服务和软件业，批发零售业，金融业，租赁和商业服务业，科学研究和技术服务业6个服务业门类定为生产性服务业，研究生产性服务业对医药制造、通用设备制造业、专用设备制造业、交通运输设备制造业、电气机械和器材制造业、通信设备、计算机及其他电子设备、仪器仪表等高端制造业的影响。计量实证发现，生产性服务业发展有利于这些高端制造业总产值的增长，即生产性服务业有利于高端制造业的发展。

生产性服务业除了可以提升制造业生产率外，还可以促进制造业的再配置。北京市具有金融、咨询和科技服务等完善的生产性服务业，这些生产性服务业由于和制造业之间具有投入产出关系，有利于制造业与生产性服务业共同集聚。并且对于高端制造业，其对生产性服务投入密集度更高，因此，高端制造业与生产性服务业之间的共同集聚水平也会更高，并挤出低端制造业。这种效应会通过制造业行业的再配置效应促进制造业升级，提升城市生产率。冯鹏飞和申玉铭（2017）研究发现，北京知识密集型的信息、科技服务业与电子信息、仪器仪表、医药等制造业共同集聚程度较高。例如，中关村科学城的信息、科技与物流产业高度发达，这些生产性服务业为当地的电子信息、仪器仪表等高端制造业提供了丰富的生产性服务，产业之间是共同集聚的。同时，当地的高地价和劳动力成本也使得其他低端制造业退出。而天竺地区则依靠空港经济优势，物流与通用设备、金属制品、印刷、医药等行业共同集聚。

北京的生产性服务业与当地的制造业是匹配的。高端制造业与先进的生产性服务业共同集聚，既有助于制造业生产率提高，也有助于生产性服务业发展。彼此之间形成良性互动，共同推动城市生产率的提升。

二、重庆

（一）重庆生产性服务业发展情况

重庆位于中国内陆西南部、长江上游地区。面积 8.24 万平方千米，辖 38 个区县，常住人口 3102 万。地貌以丘陵和山地为主，其中山地占 76%，有“山城”之称。中华人民共和国成立初期，重庆为中央直辖市，是中共中央西南局、西南军政委员会驻地和西南地区政治、经济、文化中心。1954 年，西南大区撤销后改为四川省辖市。1983 年，成为全国第一个经济体制综合改革试点城市，实行计划单列。为带动西部地区及长江上游地区经济社会发展、统一规划实施百万三峡移民，1997 年 3 月第八届全国人大五次会议批准设立重庆直辖市。

直辖以来重庆发展取得显著成就。围绕国家重要中心城市、长江上游地区经济中心、西南地区综合交通枢纽和内陆开放高地等国家赋予的定位，充分发挥区位优势、生态优势、产业优势，谋划和推动经济社会发展。经济结构加快转型升级，形成全球最大电子信息产业集群和国内最大汽车产业集群。2018 年，实现地区生产总值 2.04 万亿元、人均地区生产总值近 1 万美元，固定资产投资增长 7%，社会消费品零售总额增长 8.7%，进出口总值增长 15.9%，城乡居民收入分别增长 8.4%和 9%。

尽管近年来，重庆经济发展较快，GDP 增速排在全国 31 个省（自治区、直辖市）的前列，但也不能忽视其中存在的问题。作为老工业基地，粗放的发展方式尚未根本改变，面临传统产业后劲不足，创新能力不强，而高端制造业和新兴产业发展滞后的困境。这种粗放增长模式，将重庆的产业锁定在价值链的低端环节，限制了产业竞争力的提升。解决这一问题的关键，最终要落到产业升级上。通过生产性服务业与制造业的融合，来重新整合技术和资源，推动价值链向高端延伸，以提升产业竞争力，促进城市经济发展。

图 8-3 为 1985~2018 年重庆市三次产业产值比重的变化趋势。可以看到重庆市第二产业比重一直维持在 45%左右，但服务业比重在 1985 年以来快速增长，从 1985 年的不到 23%增加到 2018 年的 52%。服务业的发展不仅为重庆提供了大量的就业岗位和产值，对其他产业发展也有很大的带动作用。

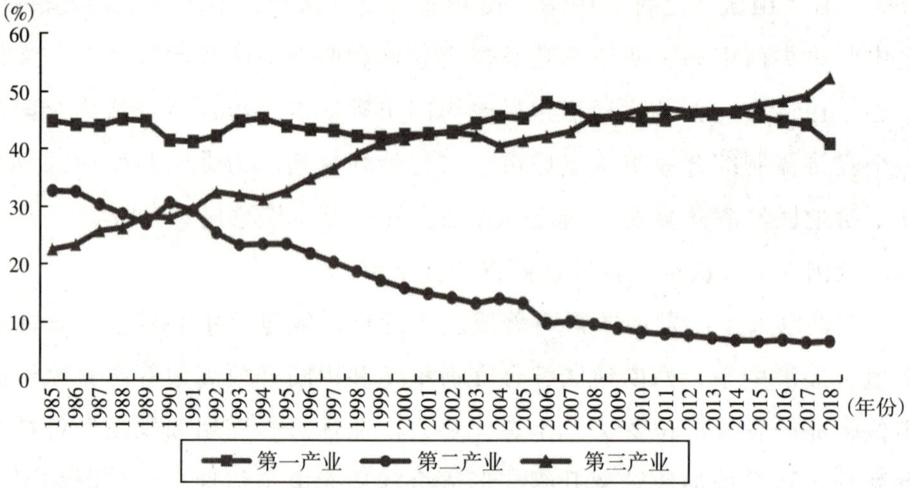

图 8-3 1985~2018 年重庆市三次产业产值比重

尤其是服务业中生产性服务业的发展，为制造业提供了高质量的中间生产性投入服务，促进制造业效率提升，推动产业的升级和城市生产率的提高。图 8-4 是 2018 年重庆第三产业中各主要服务业的产值比重，交通运输、仓储及邮政业，金融业等典型的生产性服务业比重达到了 27%。这些生产性服务业为重庆的制造业提供了交通运输、出口和融资服务。此外，从产业关联性上看，批发零售业，住宿和餐饮业也在制造业生产中占比很高，也可以认为是生产性服务业，这些行业在重庆市的比重也有了很大提高。

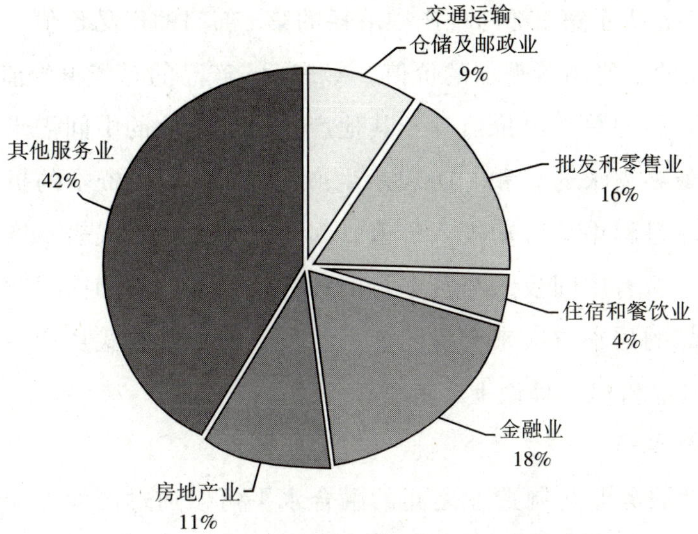

图 8-4　2018 年重庆第三产业中各行业产值比重

（二）重庆生产性服务业与制造业融合情况

随着生产性服务业与制造业的发展，生产性服务业与制造业之间越来越体现为融合关系，产业边界变得模糊。现有文献中对生产性服务业与制造业融合的测算，主要是根据投入产出表。通过两个产业之间投入产出关系衡量它们之间的融合水平和融合均衡度。借鉴贺正楚等（2013）的方法，首先定义投入产出关系

$$\sum_{j=1}^{n} x_{ij} + Y_i = X_i$$

$$\sum_{i=1}^{n} x_{ij} + D_j + N_j = X_j \tag{8-1}$$

$$\sum_{j=1}^{n} x_{ij} + Y_i = X_j$$

$$\sum_{i=1}^{n} x_{ij} + D_j + N_j = X_j \tag{8-2}$$

式中，x_{ij} 表示第 j 部门生产中消耗的第 i 部门的产品价值，Y_i 表示社会对 i 产品的最终消费需求的价值，X_i 表示 i 产品的总产出价值。第一个等式表示产品的总产出价值等于其他产业对该产业的中间需求和社会对该产业的最终需求的总和。D_j 表示生产产品 j 过程中资本的折旧，N_j 表示生产产品过程中的劳动投入价值，因此，第二个等式表示产品的总产出价值等于所有中间投入与资本折旧和劳动投入的总和。因此，第一个等式从产品的需求方向来衡量的产品价值，第二个等式从产品的投入方向来衡量产品价值，理论上二者是相等的。

1. 融合水平

生产性服务业与制造业之间的融合水平可以通过产业之间的中间投入和中间需求来测算。从投入角度看，一个产业的中间投入对另一个产业的需求越高，意味着这两个产业之间的融合水平越高；从需求角度看，一个产业作为另一个产业的中间需求占其总产出比重越高，意味着这两个产业之间的融合水平越高。具体来看，可以用以下两个指标来测算：

中间投入率。j 产业中间投入率等于该产业生产过程中的中间投入占总投入之比。

$$f_j = \frac{\sum_{i=1}^{n} x_{ij}}{\sum_{i=1}^{n} x_{ij} + D_j + N_j} \tag{8-3}$$

该指标越大，意味着 j 产业中其他产业部门作为中间投入占其比重越高。这有两方面的含义：一方面，该产业的发展增加了对其他中间投入产业的需求，从而对其他产业的发展具有更强的拉动能力；另一方面，其他产业作为该产业的中间投入，其发展也会对该产业的发展产生影响。因此，该指标可以度量两个产业之间相互影响的融合关系。

根据研究需求，也可以针对生产性服务业或者制造业中更细分的行业进行计算，即某一个行业对另一个行业的中间投入率。

$$f_{i-j}=\frac{x_{ij}}{\sum_{i=1}^{n}x_{ij}+D_j+N_j} \tag{8-4}$$

该指标越大，意味着 i 与 j 产业之间的融合水平越高。

中间需求率。i 产业的中间需求率等于其他产业对 i 产业的需求占该产业总产出的比重。

$$g_i=\frac{\sum_{j=1}^{n}x_{ij}}{\sum_{j=1}^{n}x_{ij}+Y_i} \tag{8-5}$$

该指标越大，代表 i 产业的总产出中其他产业对 i 产业的中间需求占比越高。这同样有两方面含义：一方面，该产业中其他产业的需求占其总产出比重越高，意味着其他产业对该产业的拉动作用越强；另一方面，该产业中作为其他产业的中间需求比重越高，意味着该产业对其他产业的影响也越大。因此，中间需求率也可以度量两个产业之间相互依赖的融合关系。

同样，根据研究需要，也可以针对生产性服务业或者制造业中更细分的行业进行计算，即某一个行业对另一个行业的中间需求率。

$$g_{i-j}=\frac{x_{ij}}{\sum_{j=1}^{n}x_{ij}+Y_i} \tag{8-6}$$

中间投入率和中间需求率都只是从某一方面反映融合情况，为了综合测算融合水平，参考王成东等（2015）的方法，用生产性服务业和制造业中间投入率和中间需求率的平均来表示融合水平，即

$$C_{ij}=\frac{1}{4}\times(f_{i-j}+f_{j-i}+g_{i-j}+g_{j-i}) \tag{8-7}$$

2. 融合均衡度

融合均衡度指的是两个产业之间融合的均衡程度，从中间投入或者

中间需求的角度上，度量生产性服务业与制造业之间一方对另一方的融合水平更高，还是基本相等。可以从中间投入和中间需求角度测算。

投入融合均衡度。两个产业间投入融合均衡度等于这两个产业之间中间投入率比值，即

$$F_{ij} = \frac{f_{i-j}}{f_{j-i}} \tag{8-8}$$

该指标越接近 1，代表两个产业之间投入融合越均衡，否则就意味着一个产业作为中间投入对另一个产业的影响超过另一个产业对其的影响。

需求融合均衡度。两个产业间的需求融合均衡度等于这两个产业间中间需求率比值，即

$$G_{ij} = \frac{g_{i-j}}{g_{j-i}} \tag{8-9}$$

该指标越接近 1，代表两个产业之间融合越均衡，否则就意味着一个产业作为中间需求对另一方产业的影响超过了另一个产业对其的影响。

融合均衡度。综合投入融合均衡度和需求融合均衡度，定义融合均衡度为

$$D_{ij} = \frac{1}{2} \times (F_{ij} + G_{ij}) \tag{8-10}$$

现有的行业往往根据所生产产品的特征和工艺进行划分，对生产性服务业定义不同，其划分也不同。目前，国内外文献和国家统计部门对生产服务业所包含行业的划分并不相同。考虑到这里研究的是生产性服务业与制造业融合关系，以及中国投入产出表数据的可得性。以 2012 年重庆投入产出表分类为例，将生产性服务业界定为包括交通运输、仓储和邮政，信息传输、软件和信息技术服务，金融，租赁和商业服务，科学研究和技术服务五个行业。计算融合水平和融合均衡度的数据来自 2002 年、2007 年、2012 年《重庆市投入产出表》和《全国投入产出表》，计算全国的融合与重庆市的进行对比。

首先，计算生产性服务业与制造业融合水平。利用 2012 年重庆和全国的投入产出表，计算生产性服务业和制造业的融合水平，计算结果如表 8-2 所示。

表 8-2 2012 年重庆市生产性服务业与制造业的融合水平

	制造业中间投入率	生产性服务业中间投入率	制造业中间需求率	生产性服务业中间需求率	融合水平
重庆	0.047	0.151	0.034	0.207	0.110
全国	0.066	0.223	0.056	0.265	0.153

对于重庆和全国而言，相对于生产性服务业，制造业的中间投入率和中间需求率都要低于生产性服务业的中间投入率和中间需求率。制造业中间投入率低于生产性服务业中间投入率，意味着生产性服务业作为中间投入，投入到制造业中的比重要低于制造业作为中间投入，投入到生产性服务业中的比重。即生产性服务业更依赖于制造业作为其中间投入，而制造业对生产性服务业的依赖程度相对较低，更多依赖其他制造业中间投入，而非生产性服务业。这同时也代表生产性服务业作为中间投入对制造业的贡献较弱。中间需求率得出的结果和中间投入率得出的结果也类似，从需求角度看，制造业作为生产性服务业的中间需求比重要低于生产性服务业作为制造业中间需求比重。综合中间投入率和中间需求率，得出综合的融合水平为 0.110。

其次，计算生产性服务业与制造业融合均衡度。融合均衡度从两个产业相互之间投入或需求的均衡角度考察融合情况，表 8-3 计算了重庆和全国投入融合均衡度、需求融合均衡度以及总的融合均衡度。对于重庆市而言，从投入角度看，生产性服务业对制造业的投入要远低于制造业对生产性服务业的投入，两者之间的投入融合均衡度为 0.311，这两个产业之间的投入差异既由产业本身技术属性决定，也和价值链重组的有效性有关。即如果价值链得以有效重组，那么制造业和生产性服务业之间通过价值链的分解和重组保留有助于提升自身竞争力的环节，而将其他环节外包给对方，这样，二者之间的融合水平和融合的均衡度也自然会得到优化。从需求角度看，融合的均衡度也比较低，制造业对生产性服务业的需求要远低于生产性服务业对制造业的需求。综合投入和需求，得到总的融合均衡度为 0.238。

表 8–3　生产性服务业与制造业融合均衡度

	投入融合均衡度	需求融合均衡度	融合均衡度
重庆	0.311	0.164	0.238
全国	0.296	0.211	0.254

对比重庆和全国生产性服务业与制造业的融合均衡度，在投入融合度上，重庆的情况要略高于全国，即制造业和生产性服务业之间作为各种的中间投入，其相互投入的比重相对全国更均衡。值得注意的是，这种均衡只是代表两个产业之间投入更均衡，并不意味着更深入的融合，因为如果两个产业彼此投入对方的比重都很小，那么均衡度也可能很高，只不过是低水平融合的高均衡情况。从需求融合度看，重庆市的需求融合均衡度要低于全国水平。综合投入融合均衡度和需求融合均衡度，得出总的融合均衡度上重庆要低于全国。 相对于全国而言，重庆市生产性服务业与制造业的融合更不均衡。

最后，计算生产性服务业与制造业融合的演变。为进一步考察近年来重庆生产性服务业与制造业融合的变化趋势，我们利用 2002 年、2007 年和 2012 年重庆和全国的投入产出表，计算了重庆和全国在这三个年份生产性服务业与制造业的融合水平和融合均衡度。考虑到不同年份对生产性服务业划分略有不同，这些数据针对重庆市不能进行跨年份直接对比，不过由于重庆市和全国投入产出表在同一年份的行业划分是相同的，因此，可以将全国的也计算出来与重庆市作为对比，考察重庆市相对全国，其融合水平和融合均衡度的变化情况。

2002~2012 年重庆和全国生产性服务业与制造业融合水平的变化情况如图 8-5 所示。从中可以看出，相对全国而言，重庆市生产性服务业与制造业的融合水平一直是下降的。2002 年，重庆的融合水平还是高于全国水平的，可是到 2007 年融合水平就已经开始低于全国水平了，并且这种相对下降在 2012 年进一步加剧，与全国水平的差距进一步加大。这反映了近年来重庆在生产性服务业与制造业融合方面的不足，这种融合度的下降不利于两个产业的资源配置，对产业的转型升级不利。

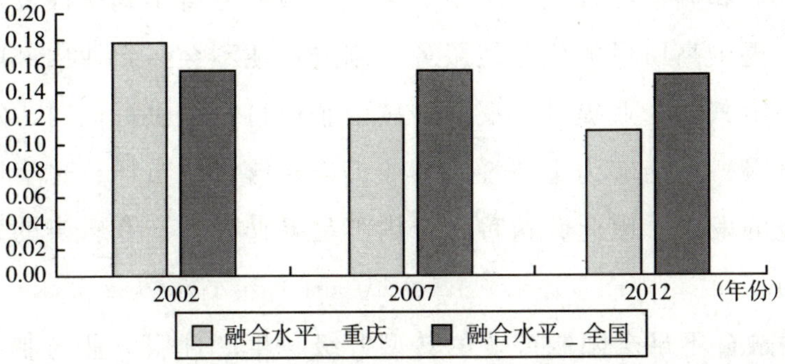

图 8-5 2002~2012 年重庆和全国生产性服务业与制造业融合水平变化趋势

2002~2012 年重庆和全国生产性服务业与制造业融合均衡度的变化趋势如图 8-6 所示。融合均衡度的变化与图 8-5 中融合水平的变化基本呈现一致的变化趋势，重庆相对全国的融合均衡度也是一直下降的。2002 年和 2007 年，重庆生产性服务业与制造业的融合均衡度还是高于全国水平的，可是到了 2012 年开始出现了反转，重庆生产性服务业与制造业的融合度开始低于全国水平。这种融合均衡度的下降反映了相对于全国而言，重庆的生产性服务业与制造业融合发展的不均衡。

从以上生产性服务业与制造业融合水平和均衡度的演变可以发现，近年来重庆生产性服务业与制造业的融合情况并不理想。由 2002 年的高于全国水平，变为 2012 年的低于全国水平。这种融合的不足，来自于生

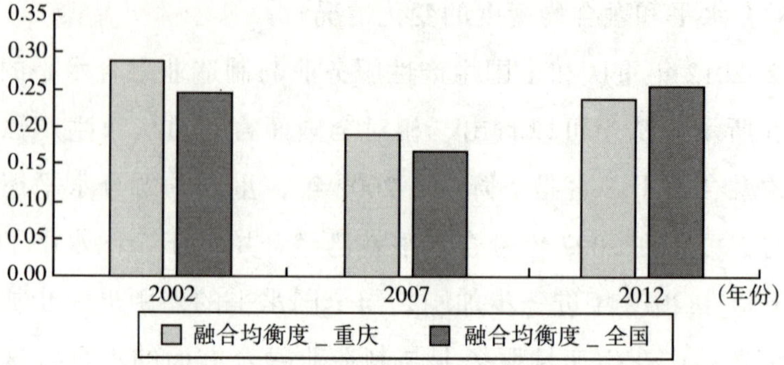

图 8-6　2002~2012 年生产性服务业与制造业融合均衡度变化趋势

产性服务业和制造业发展的不足，生产性服务业得不到全面发展，无法为制造业提供高质量的生产性服务，制造业便不会将企业内部的生产性服务外包给其他企业提供，反而继续由企业自身提供。同时，制造业无法实现升级，不能够为生产性服务业提供足够大的市场，也会制约生产性服务业的发展。因此，这种融合的不足是伴随着产业自身的发展不足而产生的。

这种融合不足会限制产业的转型升级，生产性服务业与制造业之间本是密切相关、共生和融合发展的关系，彼此之间在这种融合中，可以实现价值链的分解和重组，进而带动各自实现价值链的提升和生产率的提高，最终实现产业升级。可是重庆市生产性服务业和制造业融合水平和融合均衡度均较低，并且在 2002~2012 年这种融合水平和均衡度相对于全国还是一直下降的，理论上是不利于重庆产业升级的。

3. 生产性服务业与制造业融合对产业升级的影响

理论上，生产性服务业与制造业融合通过各自价值链的分解和重组有助于产业升级。生产性服务业与制造业融合，可以将各自的价值链打散，制造业和生产性服务业各自保留具有比较优势和竞争力的核心环节，而将其他环节外包给对方，这种价值链的分解和重组，实现了资源配置的优化，有助于产业升级。

利用中国各省的投入产出表和各省的行业数据，实证考察生产性服务业与制造业融合对产业升级的影响。实证利用全国 31 个省（自治区、直辖市）2002 年、2007 年和 2012 年的投入产出表和分行业数据。用投入产出表计算生产性服务业和制造业的融合指标，利用分行业数据计算产业升级指标，因此，构造了一个三年期的面板数据。建立计量模型如下：

$$y_{it}=\beta_0+\beta_1 z_{it}+X_{it}\gamma+\mu_i+v_t+\varepsilon_{it} \tag{8-11}$$

其中，i 表示省份，t 表示时间。y 为产业升级指标，在不同的情况下分别为产业结构合理化、产业结构高级化和产业生产率的提升。z 为核心解释变量，测算的生产性服务业与制造业融合水平和融合均衡度。X 为一系列随着省份和年份同时变化的控制变量，包括发展水平、人力资本、基础设施和市场开放度等。μ 为省份个体效应，v 为时间个体效应，ε 为随机扰动项，令其服从正态分布。模型通过剔除省份和时间维度的固定效应，可以有效控制不随时间而变的其他可能对产业升级产生影响的因素，包括地区的资源禀赋情况、地理区位和行政地位等，以及不随省份而变得宏观冲击等因素。

被解释变量为地区的产业升级，具体包括以下几个方面：产业结构合理化，产业结构高级化和产业生产率提升。考虑省份数据的可得性，参照现有文献的做法，将产业结构合理化定义为各个产业的劳动生产率与加总劳动生产率的结构偏离度，即

$$E=\sum_{i=1}^{n}\left|\frac{Y_i/L_i}{Y/l}-1\right| \tag{8-12}$$

产业结构高级化定义为第三产业占全部就业的比重，产业生产率由于缺乏资本数据，用各个产业的劳动生产率来表示。核心解释变量为生产性服务业与制造业融合水平和融合均衡度两个变量。通过 2012 年、2007 年和 2002 年全国 31 个省份的投入产出表计算得到。由于缺乏 2007 年和 2002 年西藏的投入产出表，最终计算得到 91 个观测值。

控制变量包括可能影响产业升级的其他因素，具体包括：

第一，代表地区发展水平的人均地区生产总值，产业升级与地区经济发展密切相关，发展水平高的地区有更高级的产业，并且产业结构也更趋合理，同时，产业结构也会影响地区经济发展，为此，加入人均地区生产总值来控制发展阶段的影响。

第二，人力资本水平，产业升级需要更多高技能人才提供先进技术，人力资本充裕的地区可以为产业升级提供更多的高技能劳动力，为此，加入每万人高等学校在校学生数来代表地区人力资本水平对产业升级的影响。

第三，对外开放度，开放经济中，国际产业分工导致本地产业与世界其他国家的产业密切联系，一个地区的开放度越高，越深入融入全球产业分工中，这对本地产业升级也会产生影响。参照现有文献的通常做法，用地区进出口总额占地区生产总值代表对外开放度。

第四，基础设施水平，地区的交通基础设施对于经济发展非常重要，也会影响地区产业升级和产业效率提升，为此，加入地区每万人铁路里程和每万人公路里程来控制基础设施对产业升级的影响。

省份的地区生产总值用各省的地区生产总值折算为 2002 年为基期的实际值。2012 年缺乏三次产业的全部就业数据，我们根据 2009 年和 2007 年数据采用插值法推算得到。研究中使用的数据来自历年《中国统计年鉴》，以及 2012 年、2007 年和 2002 年全国 31 个省（自治区、直辖市）的《投入产出表》，共 91 个投入产出表（西藏缺少 2002 年和 2007 年的投入产出表）。

（1）融合对产业结构合理化影响的回归结果。

将产业结构合理化对生产性服务业与制造业融合变量进行回归（见表 8-4）。从表 8-4 中可以看出，第 1 列是产业结构合理化指标单独对生产性服务业与制造业融合水平的回归结果，这里没有控制省份固定效应和时间固定效应，结果显示，融合水平的回归系数显著为负。由于产业结构合理化指标越低代表产业结构越合理，因此，该结果意味着生产性服务业与制造业融合有助于产业结构的合理化。正如前文的理论分析，生产性服务业与制造业融合是两个产业各自价值链分解和重组的过程，在这个过程中，有助于两个产业各自寻找自己具有竞争力和比较优势的环节，将其他环节外包给对方，从而达到资源的优化配置，这样也实现了产业结构的合理化，在竞争性的市场下，生产性服务业和制造业生产率差距会逐步缩小。

表 8-4　融合对产业结构合理化影响的回归结果

	OLS	OLS	FE	FE
x1	−2.280** (1.028)		−3.924** (1.605)	−2.888* (1.679)
x2		1.071* (0.590)	0.132 (0.480)	−0.641 (0.475)
pgdp				0.357*** (0.120)
open				−0.218 (0.510)
edu				−0.004 (0.002)
rail				0.134 (0.316)
road				0.002 (0.009)
省份固定效应			有	有
年份固定效应			有	有
样本量	91	91	91	91

注：括号中为标准误，***、**、* 分别表示在 1%、5%和 10%的显著性水平上显著。

第 2 列是产业结构合理化单独对生产性服务业与制造业融合均衡度的回归结果，就单独加入该变量来看，融合的均衡度也有助于产业结构的合理化。融合的质量一方面是融合水平，另一方面是融合均衡度。融合均衡度度量了两个产业彼此投入对方和对对方需求的均衡程度，从另一个侧面考察了生产性服务业与制造业的融合情况。如果融合水平高，生产性服务业对制造业的投入多而制造业对生产性服务业投入很少，或者相反的情况，那么这种融合也是不利于资源配置和产业结构合理化的。

第 3 列同时加入融合水平和融合均衡度，并且控制省份固定效应和时间固定效应。结果发现此时融合水平仍然是十分显著的，可是融合均衡度变得不再限制，这可能是二者之间由一定相关性导致的，也意味着相对于融合水平来说，融合均衡度对于产业结构合理化的作用相对要小一些。

第 4 列进一步加入控制变量，发现融合水平的回归系数有所下降，显著性水平也有所降低，不过仍可以在 10%的水平上显著，而融合均衡度变得不再显著。因此，通过第 1~第 4 列的回归结果发现，生产性服务业与制造业的融合是有助于产业结构合理化的。具体来看，融合水平的作用要超过融合均衡度的作用，通过加强生产性服务业与制造业的融合，可以带来资源在两个产业间的优化配置，提高整个产业结构的合理化水平。

控制变量中，人均地区生产总值的回归系数显著为正，这表明人均地区生产总值提高反而不利于产业结构合理化，这和直觉不符。我们认为导致这种结果的可能原因是我国大部分省份仍处于工业化阶段，第二产业的劳动生产率要远高于第一产业和第三产业，而人均地区生产总值和第二产业比重相关，因此，人均地区生产总值越高，第二产业比重越高，那么这种三次产业间生产率差异导致的产业结构合理化水平也就越低。对外开放度的回归系数不显著，中国各省份之间的分工可能主要是在一国之内，国内不同省份之间贸易壁垒较低，要素流动也更加自由，因此，分工和产业结构的差异可能主要是由国内因素引起的，对外开放对国内产业结构的影响相对较弱。代表人力资本和每万人高等学校在校学生数、代表基础设施水平的每万人铁路里程和每万人公里里程的回归系数均不显著，说明这些因素对产业结构合理化的影响相对较弱。

值得注意的是，由于回归中只有 91 个观测值，样本量较小，所以回归中变量的显著性水平较低，因此，并不能直接推断这些因素无影响，只能认为这些因素在小样本下并不显著。例如，教育、基础设施等，在样本量较大时，这些变量可能是显著的。不过即使样本量较小，得到生产性服务业和制造业融合也是有助于产业结构合理化的。这说明生产性服务业与制造业融合对产业结构合理化具有较大的影响。

（2）融合对产业结构高级化影响的回归结果。

将产业结构高级化对生产性服务业与制造业融合变量进行回归（见表 8-5），从表中可以看出，第 1 列是代表产业结构高级化的第三产业比

表 8-5　融合对产业结构高级化影响的回归结果

	OLS	OLS	FE	FE
x1	0.227* (0.132)		0.310* (0.179)	0.022 (0.104)
x2		0.200*** (0.063)	−0.016 (0.053)	0.070** (0.029)
pgdp				0.012* (0.007)
open				0.020 (0.032)
edu				−0.000*** (0.000)
rail				0.000 (0.020)
road				−0.000 (0.001)
省份固定效应			有	有
年份固定效应			有	有
样本量	91	91	91	91

注：括号中为标准误，***、**、* 分别表示在 1%、5%和 10%的显著性水平上显著。

重直接对融合水平的回归结果，发现生产性服务业与制造业的融合水平提升有助于产业结构的高级化。这意味着生产性服务业与制造业的融合可以带动第三产业的发展，提升第三产业在地区的比重。其机制是通过价值链的分解和重组，一方面，增加了制造业对生产性服务的需求，另一方面，也通过价值链重组提升生产性服务业的竞争力，从而带动第三产业的发展。

第 2 列是产业结构高级化对融合均衡度的回归结果。可以看到，融合均衡度的系数也是非常显著的，说明生产性服务业与制造业之间相互投入和需求的均衡程度也是有助于产业结构的高级化的。这种融合的均衡度代表了融合的结构优化，彼此之间互相依赖，互相需求，形成一种共生的状态。这种状态下，通过制造业对生产性服务业的需求增加了生产性服务业的市场规模，生产性服务业可以得到更好的发展，产业结构也得以优化。

第 3 列同时加入融合水平和融合均衡度指标，并控制省份固定效应和时间固定效应。此时，融合水平的回归系数仍然是显著的，可是融合均衡度变得不再显著。这一方面可能是融合水平和融合均衡度之间有相关性造成的，另一方面可能是样本量较少，得出的结果偏差较大。第 4 列进一步加入控制变量，此时，融合水平的估计系数不再显著，而融合均衡度的估计系数显著为正。通过第 1~第 4 列的回归分析，我们大致可以得出生产性服务业与制造业融合有助于产业结构高级化的结论。不过限于数据，这里得出的回归结果稳健性相对较差，这有待于将来采用更全面的数据进行实证研究。

控制变量中，人均地区生产总值的回归系数显著为正，这和理论与直觉相符。随着经济发展水平的提高，第三产业比重会逐步提高，产业结构趋向高级化。对外开放度的回归系数不显著，表明地区的对外开放对于第三产业的发展并没有非常大的影响，第三产业主要是非贸易部门，依赖于本地对其需求。更具体地说，更依赖于制造业的发展对生产性服务的需求，以及人均收入水平提高对生活性服务以及公共服务的需求。代表人力资本的每万人在校高等学校学生人数的回归系数显著为负，这与直觉不太符合，不过其回归系数非常小。人力资本高的地区通常收入水平和第三产业比重较高，这里得出相反的结果可能反映了高人力资本地区第二产业的比重更高。代表基础设施水平的每万人铁路里程和每万人公里里程的回归系数均不显著，表明基础设施对于产业结构高级化并无显著影响。

（3）融合对产业生产率影响的回归结果。

为了考察生产性服务业与制造业融合对产业内升级的影响。我们认为产业生产率的提高即是产业内的升级，即如果产业内细分行业的结构趋向合理化和高级化，那么最终会反映在加总的产业生产率上。为此，我们将第二和第三产业的劳动生产率对融合水平和融合均衡度进行回归。

融合对产业生产率影响的回归结果如表 8-6 所示。第 1 列是第二产业对融合水平和融合均衡度的回归结果，控制了省份固定效应和时间固定效应后，发现融合水平和融合均衡度的回归系数均显著为正，这意味着生产性服务业与制造业的融合有助于第二产业生产率的提升。正如前文理论机制中讨论的，生产性服务业作为制造业的中间投入，两者的融合可以让制造业将价值链分解，专注于具有核心竞争力的制造业环节，而将其他生产性环节外包给市场上的专业化生产性服务业企业。这种融合可以提升制造业的竞争力和生产率，因为由制造业企业自己提供生产性服务业不具有规模经济，而且也会分散企业的资源，在当前全球竞争日益加剧的背景下，专业化分工是节约成本提升竞争力的重要手段，为此，将非核心环节外部给市场中的专业化生产性服务企业，可以降低企业的运营成本，提升企业的竞争力和生产率。

第 2 列是第三产业劳动生产率对融合水平和融合均衡度的回归结果。

表 8–6　融合对产业生产率影响的回归结果

	第二产业	第三产业	第二产业	第三产业
x1	13.519* (7.461)	4.724* (2.565)	15.294* (9.065)	4.295* (2.455)
x2	2.407** (1.117)	1.024* (0.545)	2.269* (1.363)	0.751 (0.609)
pgdp			3.042*** (0.650)	1.704*** (0.155)
open			−3.937 (2.755)	0.547 (0.655)
edu			−0.022* (0.013)	0.022*** (0.003)
rail			3.119* (1.706)	0.066 (0.406)
road			0.025 (0.047)	−0.001 (0.011)
省份固定效应	有	有	有	有
年份固定效应	有	有	有	有
样本量	91	91	91	91

注：括号中为标准误，***、**、* 分别表示在 1%、5%和 10%的显著性水平上显著。

融合水平和融合均衡度的回归系数显著为正，表明生产性服务业与制造业的融合有助于第三产业生产率的提升。以往研究关注的是生产性服务业对制造业的影响，认为作为制造业的中间投入，生产性服务业的发展可以为制造业提供更高质量和低价格的中间投入，从而提升制造业生产率，较少研究生产性服务业与制造业融合对第三产业的影响。事实上，制造业和生产性服务业之间的影响是相互的，在生产性服务业为制造业提供中间服务的同时，制造业也会对生产性服务产生需求，扩大生产性服务的市场规模。市场规模的扩大，有助于生产性服务业的进一步分工细化，产生更为专业化的生产性服务市场，这种规模经济的增加是分工细化的必要条件；同时，市场规模的扩大，也增加了市场竞争，迫使生产性服务企业提升自己的竞争力。因此，生产性服务业与制造业的融合是生产性服务业发展的一个重要动力，最终有助于第三产业的生产率提升。

第 3 和第 4 列进一步加入一系列控制变量。第 3 列是第二产业对融合的回归结果，发现融合水平和融合均衡度的估计系数大小并没有太大变化，显著性略有降低，不过仍在 10%的水平上显著。第 4 列是第三产业对融合的回归结果，发现融合水平的估计系数和显著性变化不大，而融合均衡度则变得不再显著。考虑到样本量较小，综合第 1~第 4 列的估计结果，可以大致得出生产性服务业与制造业融合有助于产业生产率提升的结论。

控制变量中，在第二产业和第三产业生产率的回归中，人均地区生产总值的回归系数都显著为正，并且在 1%的水平上高度显著。这表明地区发展水平越高，产业的劳动生产率也越高，当然，发展水平和产业生产率之间具有互为因果关系，不过通过回归结果，表明了二者之间的高度相关。对外开放度在第二产业和第三产业的回归中均不显著，对外开放对产业生产率提升作用不明显。人力资本不利于第二产业劳动力生产率的提升，这种结果可能是由于发达地区已经转型发展第三产业，因此人力资本水平高的地区第二产业生产率并不是很高，从第三产业的回归结果中，也看到人力资本是有助于第三产业生产率提升的，即高人力资本的地区更倾向发展第三产业，第三产业生产率较高。代表基础设施的每万人铁路里程在第二产业的回归结果中显著为正，而在第三产业的回归结果中不显著。表明交通基础设施有助于第二产业的发展，对第三产业的作用较弱，这是由于第二产业产品多是贸易部门，需要运输，因此依赖于交通基础设施，而第三产业多为不可贸易部门，对交通基础设施的依赖性较弱。

第三节 生产性服务业影响城市生产率的国际经验

一、伦敦

（一）伦敦的产业转型过程

伦敦位于英格兰东南部的平原，总面积 1572 平方千米，是大不列颠及北爱尔兰联合王国首都。人口约 890 万，2018 年 GDP 为 6532 亿美元，平均工资为 4.3 万英镑。伦敦是世界上最大的经济中心之一，也是欧洲最大的城市。伦敦和纽约并列为全世界顶级的国际大都会。金融业是伦敦的支柱产业，伦敦是全球最重要的银行、外汇、期货、保险和航运中心。有 19 家世界 500 强企业总部位于伦敦，75%的世界 500 强企业在伦敦金融城设有公司或办事处。全世界的跨国公司和金融机构均设有分支机构，全球大约 45%的货币业务在伦敦交易。伦敦证券交易所是世界上最重要的证券交易中心之一。

伦敦的产业经济也经历了从“工业经济”到“服务经济”最后到“创意经济”，中间两次重要的产业转型使伦敦成为今天的世界金融中心和世界创意中心。

第一次产业转型开始于 20 世纪 70 年代。1951 年伦敦的制造业高度发达，是当时世界工业规模最大的城市之一。其工业产值占国民经济的 42%，制造业就业人口达到 140 多万。在制造业迅速发展的同时，产生对相关服务业的需求，服务型经济开始崛起，尤其是国际贸易与金融保险业在伦敦开始兴起。20 世纪 60 年代，伦敦的制造业开始衰退，中小企业纷纷倒闭或迁出伦敦，1961~1966 年，伦敦制造业就业率平均每年下降 1.43%（黄炜乐和肖扬，2017）。撒切尔夫人在 20 世纪 70 年代末当选英国首相后，相继出台了一系列金融改革措施，为伦敦服务业发展奠定了基础。截至 80 年代末，金融保险等服务业在伦敦产业中起主导地位，伦敦进入“服务经济”时代。

第二次产业转型开始于 20 世纪 90 年代末。伦敦的制造业由于知识密集型产业发展，土地资源与劳动力成本上升而大大萎缩。为实现制造业转型，发展高附加值、低能耗、低污染的制造业成为必然选择。通过创意设计增加制造业的附加值的方式推动了伦敦制造业的转型，也推动了伦敦创意经济的发展。1997 年布莱尔担任英国首相后将创意产业发展列为国家发展战略，专门成立创意产业小组为政府提供创意产业研究报告。此外，伦敦政府还为中小创新创意企业提供良好的资本环境帮助创意企业融资。同时伦敦政府大力组织城市创意活动激发市民创造活力，营造良好的创意环境让全民参与创意经济。经过十几年的发展，伦敦已经成为世界“创意之都”。

伦敦在《更宜居的城市——2030 伦敦规划》中提出要提高金融业、旅游业、商业、文化产业、创意产业、咨询服务业等产业的国际竞争力，提升英国产业领域资源配置能力和国际话语权，提升产业发展能级和密度。伦敦大力支持新兴的、有活力的增长和创新部门，如环保和创意产业，并且鼓励信息技术、研究以及商务智能的发展，以此支持伦敦成为一个国际创意产业和新的知识型经济中心。同时也关注中小企业的发展，建设信息通信技术基础设施，以电子信息支持中小企业发展。

（二）伦敦生产性服务业对制造业及城市发展的作用

伦敦由制造业为主向生产性服务业为主的产业转型，为伦敦的产业和城市发展提供了重要支撑。伦敦的制造业在“二战”前后达到鼎盛，制造业部门结构合理而且专业化水平高。产业门类齐全，既有资本密集型产业，如钢铁和重型机械等，亦有劳动密集型产业，如印刷和家具制造等。

1970 年开始，英国进行大规模工业改造，伦敦城内的许多工厂关闭或外迁，伦敦制造业出现了快速下滑。1961~1981 年，伦敦制造业产值年均下降约 10%，制造业就业人口从 1971 年的 130 万骤减至约 40 万。随着部分企业向伦敦之外的地区转移，以及产业收缩与分散，伦敦制造业产值和就业量急剧下降，伦敦制造业逐渐走向衰退。然而，衰退的主要是传统产业，在传统部门衰退的同时，伦敦的高附加值部门，如电子机械业、制药业、车辆制造业等高附加值的高新技术产业部门仍存在，并有进一步壮大的趋势。

这是因为，高新技术产业是高度依赖生产性服务业的，从产品研发到生产再到销售，其中各个环节都需要技术服务、金融、销售、咨询等中间服务，这些高新技术企业往往是将这些环境外包给专业化的生产性服务企业，这既可以节约企业的运营成本，也有助于提高中间服务的质量。因此，尽管产业结构由制造业向服务业转型，这些高新技术产业仍留在伦敦，成为伦敦经济发展的重要组成部分（黄炜乐和肖扬，2017）。相反，一些劳动密集型产业则会没落或向外搬迁，因为这些产业从本地生产性服务业中获得的外部性相对更少，却由于土地、劳动力价格的上升增加企业的运营成本，因此这些产业的企业会选择退出伦敦。在这个过程中，高新技术产业继续壮大，而劳动密集型产业退出，带来了资源在产业之间的优化配置。即资源由低生产率产业流入高生产率产业，进而带来产业升级和城市生产率的提高。

然而，伦敦生产性服务业的发展也会挤压制造业的生存空间。20 世纪 90 年代初期，伦敦制造业比重持续下降，基本实现“去工业化”的过程。虽然制造业产值基本呈现增加趋势，就业水平保持稳定，约 35 万人口。但制造业在经济中的比重稳中微降，创造的毛附加值占伦敦总增加值的 10%（吴忠，2018）。这意味着制造业的发展滞后于生产性服务业的发展速度。

为了让高端制造业回流，使“高附加值制造”成为英国经济发展的主要推动力。21 世纪初，英国政府推出了一系列资金扶持措施，以帮助企业实现从设计到实现商业化整个过程的创新。在此基础上，伦敦提出了伦敦制造业的发展目标：把伦敦建成世界上最具吸引力的制造业地区之一，开展高附加值、知识密集型、具有创新性和设计主导的制造业活动。依托于发达的生产性服务业支撑，目前伦敦制造业对 GDP 的贡献率为 11%，成为继金融服务业、旅游业之后的第三大产业。目前，伦敦制造业正进一步向生产性服务业延伸发展，创意设计产业迅速崛起，制造业整体呈现高端化、服务化的势头。

通过伦敦制造业发展历程可以看出，英国的制造业从衰落到平稳，就业人口开始向服务业转移，为服务业发展提供了大量的人才储备，英国的产业结构和产业布局为伦敦金融服务业的发展提供了有利的外部条件，英国的金融服务业无论是产值，还是就业人数，每年都在增加，伦敦的变化就更显著。1997 在英国共有金融服务企业 12228 家，其中大伦敦金融区就有 5430 家，占总数的 44.4%。1989 年伦敦市总产值中，生产性服务业比重为 40.8%，而以制造业为主体的产品生产与运输部门的产值比重只有 23%（田华泉和张祥建，2010）。在这两个阶段，生产性服务业对制造业的促进作用似乎并不明显，甚至“牺牲”了制造业来发展生产性服务业。然而“牺牲”的制造业都集中在低附加值产业部门，通过“牺牲”这些低附加值产业为后来生产性服务业对高附加值制造业积蓄了力量。

21 世纪，伦敦提出了伦敦制造业的发展目标：把伦敦建成世界上最具吸引力的制造业地区之一，开展高附加值、知识密集型、具有创新性和设计主导的制造业活动。这体现了生产性服务业对引入高端制造业的配置作用，正是因为前期对生产性服务业的发展，才为后来发展高端制造业奠定了坚实的基础。通过对2007年、2008年两个年度的“世界500强”企业总部进行汇总，两个年度均上榜的企业中，伦敦吸引了4家以制造业为主导产业的500强企业总部落户于此，而对于整个英国，这一数字是6家。总部落户伦敦的4家企业的主导产业分别属于烟草制造业、医药制造业、航空国防工业以及食品制造业。据统计，伦敦制造业的工人生产率从20世纪90年代以来提高了约120%，这充分体现了生产性服务业的发展对城市增长率的正面促进作用。

二、新加坡

（一）新加坡的产业转型过程

新加坡，位于马来半岛南端、马六甲海峡出入口，人口数量564万。16世纪以前，新加坡凭借其优越的地理位置，成为中国、波斯、阿拉伯和西方国家或者地区贸易往来的必经之地。因此，转口贸易与商贸服务等传统的生产者服务业，已经在新加坡有着相当程度的发展。正因为新加坡良好的地理位置，地处全球东西方之间的交通要道，成为了东西贸易的必经之地。新加坡交通发达，是世界最繁忙的港口和亚洲主要枢纽之一，也是世界最大燃油供应港口，新加坡还是联系亚、欧、非、大洋洲的航空中心。依托于物流贸易和金融行业的发展，2017年新加坡GDP总计3239.07亿美元，人均GDP 57714美元。

新加坡拥有四大国际中心，分别是国际航运中心、国际金融中心、国际贸易中心和国际旅游会议中心，它们是依赖于其服务业中发展最突出的四大行业确立起来的。这四大行业是批发零售业、商务服务业、交通通信业和金融服务业。2011年新加坡批发零售业占整个服务业增加值的22.7%，商务服务业的18.7%，运输通信的16%，金融服务业的16%，四大行业总和占服务业增加值的73.4%（张志勇，2014）。

新加坡的服务业产业层次提升路径经历了以下四个阶段：

1959年至20世纪60年代末：以单一转口贸易为主。凭借优越的地理位置，新加坡作为东南亚地区的货物聚散地，主要收集来自印度尼西亚、菲律宾、马来西亚和印度半岛的农产品，如橡胶、甘蔗、丁香等，再出口到西方国家。或者是中国的丝绸、茶叶和印度的香料、红茶等的转口贸易活动。此时制造业发展相比于传统服务经济处于次要地位。

20世纪60年代末至80年代中期：以培育发展基础为主。新加坡注重培养服务业产业升级的基础准备，重点培育财会、法律咨询、广告业、市场研究、咨询业、房地产、工程与设计等与区域服务业中心相关的基础设施和产业，开始向专门化、系统化、高效率方向发展，为将来从总体上提高商业运营效率和质量提供了保证。

20世纪80年代中期至90年代末期：以总部经济为主。在此阶段，新加坡提出制造业与服务业双引擎发动战略，大力推进制造业向现代服务业转型。一是以资本、技术密集型产业升级制造业；二是优先发展现代服务业，如物流业、金融业、商贸业、交通通信，使新加坡服务业逐渐具备了整体商务能力，逐步成为跨国公司认可的国际枢纽，成功实现向现代服务型经济的转型。新加坡政府于1986年提出鼓励跨国公司在新加坡设立区域性营运总部的政策，规定凡是在新加坡设立营运总部的公司，其海外子公司所赚取的股息，在汇回国内总部时可免缴纳预扣税，海外子公司赚取的其他盈利仅须缴交10%公司税（毕斗斗，2008）。

2000年至今：以区域中心和知识密集为主。首先，建立服务业区域中心，实现从总部经济到区域中心的飞跃。在成功实现总部经济战略后，新加坡又在2000年以后把建成服务业区域中心作为其现代服务业产业层次跃升的发展方向，借此提高服务业竞争力。新加坡继续巩固了若干区域中心，包括贸易中心、物流中心、国际会议中心、教育中心、国际医药和医疗保健中心和金融中心。这些区域中心把新加坡服务业的辐射半径大大拓展，从原来4小时经济圈拓展到7小时经济圈。其次，提升知识密集型现代服务业竞争力，提高新加坡服务经济的产业层次。1997年亚洲金融危机后，新加坡政府提出要将新加坡建设成为知识型产业枢纽。一是注重培育新兴服务业，高标准培育创意产业、法律服务业、教育产业和健康保健产业；二是重点培育生产性服务业，将制造业产业中心上移，从下游的产品生产环节提升到研发和设计等上游环节；三是重新定位传统服务业，以知识化和信息化来重新定位和改造贸易、物流、旅游等传统服务业，以此推动新加坡转向现代服务经济。

（二）新加坡生产性服务业对制造业及城市发展的作用

新加坡注重生产性服务业与自身比较优势相匹配。新加坡在现代服务业的行业选择上十分注重发挥自身比较优势选择优势行业，因地制宜发展生产性服务业。以地理区位优势为起点，顺势培育国际贸易、物流和旅游等传统服务业。以产业发展规模优势，吸引和聚集国际金融机构、跨国公司、国际组织总部，服务经济跃升到总部经济和国际金融，把新加坡打造成了国际航运中心、国际贸易中心、国际金融中心以及国际旅游会议中心。21世纪，新加坡又凭借其多语种通行、多种族融合的优势，将服务经济向知识经济和信息经济跃升，全力推进教育、健康保健和法律服务等新兴服务业发展。

从新加坡生产性服务业转型的过程来看，其生产性服务业在1990年初完成了以培育发展基础为主到以总部经济为主的转型，这些生产性服务业为本地制造业生产率和竞争力提升提供了重要支撑。通过观察期间的制造业的数据，可以看出生产性服务业对制造业的贡献以及对城市发展的影响。

依托高度发达的生产性服务业，1991~2005年，新加坡制造业产值年复合增长率维持在约7.7%的高增长率。2005年，新加坡制造业产值年增长率达到13%。分行业来看，其中，生物医药制造业的增长率最高为

20%，接下来依次是化学工业 12%，运输工程业 9%，电子制造业 8%，精密工程制造业 6%，一般制造业 1%。新加坡制造业增加值也呈增长态势，1991~2005 年平均年增长率为 8.3%。2005 年，制造业增加值达到 500 亿美元，其中，电子制造业对制造业增加值的贡献最大，约占到制造业总增加值的 1/3，其他制造业部门，如生物医药、化学工业、精密工程、运输工程和一般制造业占制造业总增加值的比例在 9%~21%。比较不同行业可见，尽管不同行业在该时期都有增长，不过不同行业的增长速度却并不相同。生物制药、运输工程、精密工程的高端制造业，由于其对生产性服务需求密集度更高，本地发达的生产性服务业对这些产业的贡献更大，因此这些产业的增长速度更快。而一般制造业虽然也可以从本地生产性服务业中获益，可是相对于高端制造业，这些制造业从生产性服务业中获得的好处要相对低一些，因此也体现在其产值和增加值增速低于高端制造业。

同时，不同制造业行业的增速不同，也意味着制造业内部结构会随着时间推移而发生变化。高端制造业比重会越来越高，一般制造业比重则会越来越低。这种产业增速的不同，最终带来产业结构的演变，产业逐步由低端制造业向高端制造业转型升级，优化资源配置，提高城市整体的生产率。

第四节　本章小结

本章列举了几个国内外典型城市的发展案例，分析城市的生产性服务业发展历程，以及生产性服务业发展对城市生产率的影响。通过这些案例分析，可以发现：

第一，生产性服务业发展是产业和城市发展到一定阶段的产物，并与本地的产业结构相适应。随着制造业的发展，会产生对中间生产性服务的需求，制造业企业更倾向将中间服务环节外包给专门的生产性服务部门，这时生产性服务业便产生了。并且，这种生产性服务业与本地的产业结构和产业需求是相适应的，例如新加坡依赖于其航运产业而产生的商业服务和金融业，北京为适应高端制造业而产生的技术、咨询和商业服务业等。地方政府在规划产业发展时，需要结合本地的产业结构和比较优势，发展特定的生产性服务业部门。

第二，生产性服务业对制造业发展有促进作用，尤其是对高端制造业。生产性服务业诞生于制造业需求，同时随着生产性服务业的发展，也会对制造业生产率有提升作用。制造业在生产中需求大量的中间投入服务，尤其是高端制造业，本地生产性服务业的发展，可以为制造业提供高质量和低价格的中间投入，因此有利于制造业生产率提升。尤其是高端制造业，其对生产性服务的需求更多，从生产性服务业发展中获益更多。国内外城市制造业的繁荣均体现了生产性服务业对制造业的作用，并且高端制造业往往有更大程度的生产率提升。

第三，生产性服务业也会带来不同制造业行业资源再配置，促进产业升级和城市生产率提高。高端生产性服务业从本地生产性服务业获益更多，因此高端生产性服务业会倾向与生产性服务业共同集聚，二者的共同集聚推动了土地、劳动等要素价格的上涨，进而挤出低端制造业。因此，不同制造业从生产性服务业中获益的不同，会导致产业结构的调整，优化资源配置，进而最终提高城市生产率。从新加披和重庆的例子中均发现了生产性服务业发展对产业升级和城市生产率的提升作用。

第九章 结论与政策建议

第一节 主要结论

城市是国家财富积累的载体，其生产率高低决定了经济长期增长。中国城市生产率不足被认为是提升经济增长质量的重要挑战。遵循新经济地理学和城市经济学的模型，现有的文献多从制造业来测度城市生产率和分析其影响因素。本书的研究认为，生产性服务业的发展及其与制造业的空间互动，会决定城市生产率的高低。这主要通过集聚经济、再配置和供需平衡三种机制来实现。首先，生产性服务业作为制造业中间投入，通过自身集聚经济，直接提高制造业生产率；其次，其促进不同生产率的制造业在各个规模城市的再配置，影响加总的制造业生产率；最后，其需求来自本地的制造业，平衡供需结构会影响城市生产率。在城市经济学理论框架下，建立数理模型分析三种微观机制，并用中国数据进行实证。总结本书，主要得出以下结论。

一、生产性服务业通过中间投入集聚经济，促进制造业生产率提升，并对生产性服务业投入密集型制造业影响更大

以往关于生产性服务业对制造业生产率的影响，主要从中间投入的集聚经济角度，进行加总层面分析。本书在以下 3 个方面有新的发现：

（1）生产性服务业通过两种效应，影响制造业生产率。

一方面，其比重的提高，会增加本地服务提供的规模，促进中间投入的分工和增加中间投入品种类，从而产生集聚经济，促进本地制造业的生产率；另一方面，其比重提高，也增加了其自身的市场竞争，降低中间投入的服务品的价格，也有利于提高制造业的生产率。

（2）识别了生产性服务业中间投入的集聚经济机制。

理论上，如果是通过中间投入的方式，对制造业的生产率产生作用，那么对其投入密集度更高的制造业应能够从中获得更多收益。基于此，本书构造了制造业生产性服务投入密集度指标，利用该指标和本地生产性服务业比重的交叉项，识别中间投入机制。发现生产性服务投入密集型制造业，从生产性服务业中获得更高的生产率提升，从而在实证上识别了中间投入机制。

（3）在城市中，其规模和本地生产性服务业的比重，对制造业生产率影响不同。

生产性服务的总量供给取决于其比重和城市规模，但二者在城市中的作用并不相同。生产性服务业比重提升一方面增加中间投入，增加总产出水平，另一方面增加中间投入市场竞争，降低中间投入价格，两种效应均有利于提高制造业生产率。而城市规模一方面增加中间投入，增加总产出，另一方面增加拥挤成本，降低总产出，总的影响呈倒 U 型。城市规模较低时，正向影响超过拥挤成本，有利于提高制造业生产率，当城市规模超过一定值时，拥挤成本开始超过正向作用，继续增加城市

规模反而不利于制造业生产率。

二、生产性服务业促进制造业再配置，这种再配置影响加总的制造业生产率

生产性服务业和制造业产业关联性，使得二者在区位选择上产生协同性。制造业靠近生产性服务业，可以共享多样化生产性服务中间投入，通过前向关联提高收益；而生产性服务业靠近制造业，可以获得更大的需求市场，通过后向关联提高收益。因此，生产性服务业和制造业在空间区位选择上倾向共同集聚。利用修正的 E-G 指数发现了这种共同集聚现象。制造业存在异质性时，生产性服务业投入密集型制造业从本地生产性服务中获得收益更高，更倾向集聚在生产性服务业比重高的大城市；而劳动密集型制造业从本地生产性服务中获得收益较低，为了避免拥挤成本，更倾向于生产性服务业比重低的小城市。相对来说，生产性服务密集型制造业生产率更高，这种制造业“自选择”产生的再配置效应，改变了城市加总的制造业生产率。使生产性服务业比重高的大城市的生产率更高。

识别该机制具有重要的理论和政策意义：理论上，若再配置效应存在，则以往关于生产性服务业对制造业生产率的估计是有偏的，由于再配置效应和集聚效应同方向，产生内生性问题，简单的最小二乘法会高估生产性服务业对制造业生产率的直接作用。更为重要的是，其具有重要的政策含义。再配置效应的存在，使各城市发展生产性服务业的政策效果不同。若再配置效应占主导，高生产率制造业向大城市集聚，低生产率制造业向小城市集聚。这会导致大小城市之间生产率差距进一步拉大。大城市发展生产性服务业，不仅直接促进制造业生产率提升，而且会通过高生产率制造业“自选择”进入，进一步提高城市生产率。而小城市发展生产性服务业的政策，难以吸引高生产率制造业，并且对本地

劳动密集型制造业促进作用微弱，很可能是无效的，此外，生产性服务业的比重过高，反而导致服务业行业内的竞争加剧，降低其生产率。

三、生产性服务业对城市生产率的影响存在规模门槛效应，在大小城市中作用不同

实证识别 2 个规模门槛值，将城市按规模划分为 3 个区间。规模小于 50.96 万人的城市，生产性服务业供给超过需求，导致资源和要素过度配置于低生产率的服务业，降低了城市生产率。规模介于 50.96 万~261.2 万人的城市，生产性服务业和制造业供需平衡，结构变动对制造业生产率无显著影响。规模超过 261.2 万人的城市，生产性服务的需求超过本地的供给，通过生产性服务业发展，能够促进其对制造业的带动作用，从而形成两者之间的良性互动，促进城市的生产率。

作为中间投入产业，生产性服务的需求取决于最终产品产业制造业，存在最优比重。制造业空间再配置下，大城市集聚生产性服务密集型的制造业，如果城市中的生产性服务业发展滞后，会限制其对制造业的促进作用。在大城市中，适当提高生产性服务业比重，推动二者形成良性互动，促进城市生产率提高。而小城市集聚的往往是劳动密集型制造业，生产性服务业的发展对制造业促进作用较弱。而其比重过高，反而会加剧服务业行业内的竞争，降低其自身效率，资源和要素过度配置于低生产率的服务业，降低小城市生产率。小城市通过结构调整，降低生产性服务业比重，将资源和要素转移到制造业，促进城市生产率提高。

以往研究生产性服务业对城市生产率作用，缺乏空间维度。本书发现，在产业空间再配置作用下，不同规模城市具有各自不同的最优结构，城市应根据各自规模选择符合自身的产业结构。

四、生产性服务业比重和城市规模，对城市生产率影响机制不同

生产性服务业总量由生产性服务业比重和城市规模共同决定，本书研究中一直将二者分开，是由于二者具有不同的影响机制。生产性服务业比重改变属于结构调整，城市规模改变属于总量调整。生产性服务业比重增加，增加了生产性服务业供给，但并不改变城市规模，不会产生拥挤成本，对城市经济具有正向影响。而城市规模增加，虽然增加了生产性服务业供给，但同时也产生拥挤成本，对城市经济具有负面影响。

实证结果中，二者对制造业生产率和城市生产率影响有显著差异。生产性服务业比重增加有利于提高制造业生产率，而制造业生产率和城市规模呈倒 U 型关系。在不同规模区间，生产性服务业对城市生产率具有不同影响，而城市生产率和城市规模呈倒 U 型曲线关系。

区别这种差异对各个城市调整产业结构具有重要意义。现阶段，我国一些大城市规模过大，接近甚至超过最优规模，这些城市继续集聚对城市生产率提升效果微弱，甚至产生负面影响。在这些城市中，调整产业结构，促进生产性服务业发展，能够提升城市最优规模，为城市生产率提升再次注入动力。而小城市仍处于集聚不足阶段，当前核心仍是发展制造业，推动城市集聚，以充分发挥集聚经济对经济效率的促进作用。

第二节　政策建议

本书的研究对决策者制定城市产业政策具有意义。在城市生产率不足，制造业对城市生产率带动不足的背景下，城市面临结构调整，转型

升级的任务。关键是在各个城市中，建立生产性服务业和制造业协调发展的产业格局。生产性服务业通过多种机制影响城市生产率。作为中间投入，其通过自身的分工和专业化生产，为制造业的生产率提升提供了动力。而拓展到空间城市体系中，生产性服务业发展促进制造业在各城市间的再配置，改变加总的制造业生产率。同时，再配置也决定了城市对生产性服务需求，通过供需平衡影响城市生产率。识别这些机制，有利于针对各个规模城市，确立科学的结构调整方向，促进城市生产率提升。根据研究发现，提出以下政策建议。

一、制造业转型升级过程中，应当充分发挥生产性服务业对制造业的促进作用

随着我国的产业走向成熟，以往依靠增加要素投入驱动的发展模式难以为继，需要改善产业质量，从要素投入驱动转向效率驱动，促进产业转型升级。在此过程中，生产性服务业发挥重要促进作用。作为中间投入性服务，其通过细化分工，为企业提供高效和专业化的服务，使制造业企业可以专注于核心的制造功能。同时，其自身的高效率，也能够为制造业提供更低价格、更高质量的服务，对制造业产生进一步的促进作用。

此外，生产性服务业具有此作用的一种重要条件是空间邻近性，城市为此提供了天然的条件。由于其提供的往往是无形的生产性服务，其更加依赖信息的准确传播，甚至有些服务需要面对面的现场服务。城市使人和企业在空间上靠得更近，空间邻近性使生产性服务业企业可以为更多的制造业企业提供生产性服务，从而大大扩大了其市场。市场规模的扩大，拓展了其规模经济性，降低边际生产成本，从而能够为制造业企业提供更为低价和质优的服务，促进制造业的生产率。此外，市场规模扩大，也会促进生产性服务企业数量的增加，通过提供多样化服务，

进一步促进制造业的生产率。因此，在城市中，生产性服务业的作用更加重要。

为此，打破传统服务业低效率的观念，政策上为生产性服务业企业提供支持，鼓励生产性服务业发展，能够为制造业转型升级提供重要推动力。

二、调结构、促发展背景下，大小城市推行不同的结构调整政策

城市体系下，各个规模的城市会按照各自的比较优势，形成分工和专业化模式，这种分工模式决定了不同规模城市推行不同的结构调整政策。

规模较大的城市，劳动力成本较高。分工体系中，专业化生产性服务密集型的制造业通过后向关联，扩大了生产性服务业的市场规模。在大城市中，推动产业结构向生产性服务业转变，增加其在就业和增加值中的比重，是大城市提升自身的比较优势，促进产业良性互动的有效手段。通过生产性服务业发展促进制造业的升级，制造业的升级带动生产性服务业的发展，从而提高城市生产率。

规模较小的城市，劳动力成本较低。分工体系中，专业化劳动密集型的制造业的生产性服务需求相对较低，生产性服务业对制造业促进作用较小。这些城市处于集聚经济加速的阶段，降低服务业比重，将资源从低效率的服务业中转移出来，投入制造业当中，继续推动制造业集聚，是发挥小城市比较优势，提升城市生产率的途径。现阶段小城市规模较小，仍处于集聚经济加速阶段，当务之急是继续推动产业集聚，充分发挥集聚外部性对经济效率的促进作用。

三、选择符合自身规模优势的制造业，促进制造业在城市间自由迁移。我国城市产业同构现象严重

政策上产业退出机制的缺乏，以及城市在引资过程中对产业缺乏科学的选择，导致各城市产业同构化严重，并且往往产业多样化，集聚各种类型产业，难以充分发挥各个产业的规模经济性。大城市集聚多种类型制造业，承担过多的制造功能，使城市过度拥挤，降低了城市生产率（Duranton，2015）；而小城市规模较小，配套软硬件设施不足，难以吸引企业进入，制造业难以发展壮大，也限制小城市的集聚经济。

为此，政策上建立进入退出机制，促进各城市间企业自由迁移至关重要。大城市推动产业结构向生产性服务业转变的同时，适时淘汰劳动密集型制造业，专注比较优势的产业，激发城市技术进步，促进城市生产率提升。而小城市完善城市软硬件设施，吸引转移产业的进入，专注符合自身优势的产业并发展壮大，有利于充分发挥优势产业的规模经济，促进城市生产率。大小城市之间按照各自优势，形成分工和专业化模式，促进整个城市体系效率提升。

四、尊重市场机制，充分发挥市场在资源和要素配置中的基础作用

我国城市规模和结构不匹配导致的低效率，一个重要的原因是来自市场在资源和要素配置中的缺失。在市场经济条件下，若某个产业中要素获得回报低于另一个产业，则该要素会从该产业转移出来，进入高回报的产业。

然而，在我国城市中，制造业和服务业劳动的要素回报在大小城市差异很大。大城市中，服务业企业生产率高于制造业；而小城市中，服务业企业生产率远低于制造业。资源在不同规模城市中均出现了不合理

配置，大城市中服务业比重偏低，不仅使其对制造业带动作用不足，也导致制造业竞争加剧，劳动力等要素成本增加。而小城市中制造业比重偏低，使得资源和要素过度配置于低效率的服务业，小城市中制造业难以达到规模经济。为此，需要破除要素流动的体制障碍，促进资源和要素在各个产业之间、各个城市之间自由流动，充分发挥市场在资源和要素配置中的基础作用。

第三节　进一步研究方向

我国城市转型中，通过结构调整促进经济效率提升，探索各个规模城市的产业结构调整方向具有重要理论和现实意义。本书在统一的框架下，分析了在城市体系下，生产性服务业对城市生产率的影响机制，并结合中国数据进行了实证检验。

通过生产性服务业对城市生产率的影响机制分解，用尽可能获得的微观数据和多种实证方法进行分析，得出了丰富结论。但理论和实证上还有问题需要进一步研究。理论上，本书侧重生产性服务业，在一个生产—流通—消费的框架中，加入生活性服务业的讨论会得到更丰富的发现。实证上，城市层面相关数据的缺乏限制了部分研究的进一步深入。在城市层面，制造业和生产性服务业存在互动，寻找更好的工具变量和计量方法，估计出各自影响的大小具有重要意义。同时，伴随市场一体化进程，我国的超大城市呈现“去制造业、过度生产性服务业”的趋势，出现生产性服务业的“本地市场效应”，对周边城市的辐射带动值得进一步研究。这些将成为未来进一步研究的方向。

参考文献

[1] Abadie A, Dermisi S. Is Terrorism Eroding Agglomeration Economies in Central Business Districts? Lessons from the Office Real Estate Market in Downtown Chicago [J]. Journal of Urban Economics, 2008, 64 (2): 451-463.

[2] Abdel-Rahman H. Product Differentiation, Monopolistic Competition and City Size [J]. Regional Science and Urban Economics, 1988, 18 (1): 69-86.

[3] Abdel-Rahman H, Fujita M. Product Variety, Marshallian Externalities, and City Sizes[J]. Journal of Regional Science, 1990, 30 (2): 165-183.

[4] Alonso W. Location, Land Use. Toward a General Theory of Land Rent [M]. Cambridge: Harvard University Press, 1964.

[5] Anatolyev S. Inference When a Nuisance Parameter is Weakly Identified Under the Null Hypothesis [J]. Economics Letters, 2004, 84 (2): 245-254.

[6] Andrews D W K, Ploberger W. Optimal Tests When a Nuisance Parameter is Present Only Under the Alternative [J]. Econometrica, 1994, 62

(6): 1383-1414.

[7] Arnold J M, Javorcik B, Lipscomb M and Mattoo A. Services Reform and Manufacturing Performance: Evidence from India [J]. Economic Journal, 2016, 126 (590): 1-39.

[8] Au C, Henderson J V. Are Chinese Cities Too Small? [J]. Review of Economic Studies, 2006, 73 (3): 549-576.

[9] Audretsch D B, Feldman M P. R&D Spillovers and the Geography of Innovation and Production [J]. American Economic Review, 1996, 86 (3): 630-640.

[10] Bai J. Estimating Multiple Breaks One at a Time [J]. Econometric Theory, 1997, 13 (3): 315-352.

[11] Baldwin R E, Okubo T. Heterogeneous Firms, Agglomeration and Economic Geography: Spatial Selection and Sorting [J]. Journal of Economic Geography, 2006, 6 (3): 323-346.

[12] Banzhaf H S, Walsh R P. Do People Vote with Their Feet? An Empirical Test of Tiebout's Mechanism [J]. American Economic Review, 2008, 98 (3): 843-863.

[13] Barrios S, Bertinelli L, Strobl E. Coagglomeration and Growth [Z]. Cepr Discussion Papers, 2003.

[14] Bianchi M, Buonanno P and Pinotti P. Do Immigrants Cause Crime? [J]. Journal of the European Economic Association, 2012, 10 (6): 1318-1347.

[15] Black D, Henderson V. Urban Evolution in the USA [J]. Journal of Economic Geography, 2003, 3 (4): 343-372.

[16] Bleakley H, LIN J. Thick-Market Effects and Churning in the Labor Market: Evidence from US Cities [J]. Journal of Urban Economics,

2012，72（2-3）：87-103.

[17] Blundell R，Bond S. Initial Conditions and Moment Restrictions in Dynamic Panel Data Models [J]. Journal of Econometrics，1998，87（1）：115-143.

[18] Borukhov E，Hochman O. Optimum and Market Equilibrium in a Model of a City without a Predetemined Center [J]. Environment and Planning A，1977，9（8）：849-856.

[19] Bronzini R，Piselli P. Determinants of Long-Run Regional Productivity with Geographical Spillovers：The Role of R&D，Human Capital and Public Infrastructure [J]. Regional Science and Urban Economics，2009，39（2）：187-199.

[20] Browning H L，Singelmann J. The Emergence of a Service Society：Demographic and Sociological Aspects of the Sectoral Transformation of the Labor Force in the USA [Z] . Springfield，1975.

[21] Carlino G A，Chatterjee S，Hunt R M. Urban Density and the Rate of Invention[J]. Journal of Urban Economics，2007，61（3）：389-419.

[22] Charnes A，Cooper W W，LI S. Using Data Envelopment Analysis to Evaluate Efficiency in the Economic Performance of Chinese Cities [J]. Socio-Economic Planning Sciences，1989，23（6）：325-344.

[23] Chen Y，Ebenstein A，Greenstone M and LI H. Evidence on the Impact of Sustained Exposure to Air Pollution on Life Expectancy from China's Huai River Policy [J]. Proceedings of the National Academy of Sciences，2013，110（32）：36-41.

[24] Ciccone A，HALL R E. Productivity and the Density of Economic Activity [J]. American Economic Review，1996，86（1）：54-70.

[25] Coffey W J and Bailly A S. Producer Services and Flexible Pro-

duction: An Exploratory Analysis [J]. Growth and Change, 1991, 22 (4): 95-117.

[26] Combes P, Gobillon L. The Empirics of Agglomeration Economies [Z]. CEPR Discussion Paper, 2014.

[27] Combes P, Duranton G, Gobillon L. Spatial Wage Disparities: Sorting Matters [J]. Journal of Urban Economics, 2008, 63 (2): 723-742.

[28] Combes P, Duranton G, Gobillon L, Puga D, Roux S. The Productivity Advantages of Large Cities: Distinguishing Agglomeration from Firm Selection [J]. Econometrica, 2012, 80 (6): 2543-2594.

[29] Costa D L, Kahn M E. Understanding the American Decline in Social Capital, 1952-1998 [J]. Kyklos, 2001, 56 (1): 17-46.

[30] Davies R B. Hypothesis Testing When a Nuisance Parameter is Present Only Under the Alternative [J]. Biometrika, 1987, 74 (1): 33-43.

[31] Davis J C, Henderson J V. The Agglomeration of Headquarters [J]. Regional Science and Urban Economics, 2008, 38 (5): 445-460.

[32] Deardorff A V. International Provision of Trade Services, Trade, and Fragmentation [J]. Review of International Economics, 2001, 9 (2): 233-248.

[33] Delgado M, Porter M E, Stern S. Clusters and Entrepreneurship [J]. Journal of Economic Geography, 2010, 10 (4): 495-518.

[34] Devereux M P, Griffith R, Simpson H. The Geographic Distribution of Production Activity in the UK [J]. Regional Science and Urban Economics, 2004, 34 (5): 533-564.

[35] Dixit A K, Stiglitz J E. Monopolistic Competition and Optimum Product Diversity [J]. American Economic Review, 1977, 67 (3): 297-308.

[36] Dong L and Liu L. Analysis and Research on the Aggregation of

Producer Services in China [Z]. 2014 International Conference on e-Education, e-Business and Information Management (ICEEIM 2014). Atlantis Press, 2014.

[37] Dornbusch R, Fischer S, Samuelson P A. Comparative Advantage, Trade, and Payments in a Ricardian Model with a Continuum of Goods[J]. American Economic Review, 1977, 67 (5): 823-839.

[38] Dornbusch R, Fischer S, Samuelson P. Heckscher-Ohlin Trade Theory with a Continuum of Goods [J]. Quarterly Journal of Economics, 1980, 95 (2): 203-224.

[39] Duranton G. Growing through Cities in Developing Countries [J]. World Bank Research Observer, 2015, 30 (1): 39-73.

[40] Duranton G, Puga D. Nursery Cities: Urban Diversity, Process Innovation, and the Life Cycle of Products [J]. American Economic Review, 2001, 91 (5): 1454-1477.

[41] Duranton G, Puga D. Micro-Foundations of Urban Agglomeration Economies [M] // Henderson J. Vernon and François Jacques. Handbook of Regional and Urban Economics. Amsterdam: Elsevier, 2004: 2063-2117.

[42] Duranton G, Puga D. From Sectoral to Functional Urban Specialisation [J]. Journal of Urban Economics, 2005, 57 (2): 343-370.

[43] Duranton G, Turner M A. Urban Growth and Transportation [J]. Review of Economic Studies, 2012, 79 (4): 1407-1440.

[44] Ebenstein A, Fan M, Greenstone M, He G, Yin P, Zhou M. Growth, Pollution, and Life Expectancy: China From 1991-2012 [J]. American Economic Review, 2015, 105 (5): 226-231.

[45] Elliott G, Müller U K, Watson M W. Nearly Optimal Tests When a Nuisance Parameter is Present Under the Null Hypothesis [J]. Econometrica,

2015, 83 (2): 771-811.

[46] Ellison G, Glaeser E L. Geographic Concentration in U.S. Manu-facturing Industries: A Dartboard Approach [J]. Journal of Political Economy, 1997, 105 (5): 889-927.

[47] Ellison G, Glaeser E L, Kerr W R. What Causes Industry Ag-glomeration? Evidence from Coagglomeration Patterns [J]. American Economic Review, 2010, 100 (3): 1195-1213.

[48] Ethier W J. National, International Returns to Scale in the Modern Theory of International Trade [J]. American Economic Review, 1982, 72 (3): 389-405.

[49] Fare R, Grosskopf S, Lovell C K. Production Frontiers [M]. Cambridge: Cambridge University Press, 1994.

[50] Fernandes A M, paunov C. Foreign Direct Investment in Services and Manufacturing Productivity: Evidence for Chile [J]. Journal of Develop-ment Economics, 2012, 97 (2): 305-321.

[51] Flaherty B O, Sethi R. Urban Crime [M] //Duranton Gills, et al. Handbook of Reginal and Urban Eonomics. Amsterdam: Elsevier, 2014.

[52] Francois J F. Trade in Producer Services and Returns Due to Spe-cialization Under Monopolistic Competition [J]. Canadian Journal of Economics, 1990, 23 (1): 109-124.

[53] Francois J, Hoekman B. Services Trade and Policy [J]. Journal of Economic Literature, 2010, 48 (3): 642-692.

[54] Francois J, Woerz J. Producer Services, Manufacturing Linkages, and Trade[J]. Journal of Industry, Competition and Trade, 2008, 8 (3-4): 199-229.

[55] Freedman M L. Job Hopping, Earnings Dynamics, and Industrial

Agglomeration in the Software Publishing Industry [J]. Journal of Urban Economics, 2008, 64 (3): 590-600.

[56] Fujita M. A Monopolistic Competition Model of Spatial Agglomeration: Differentiated Product Approach [J]. Regional Science and Urban Economics, 1988, 18 (1): 87-124.

[57] Fujita M, Ogawa H. Multiple Equilibria and Structural Transition of Non-Monocentric Urban Configurations [J]. Regional Science and Urban Economics, 1982, 12 (2): 161-196.

[58] Fujita M, Mori T, Henderson J V, Kanemoto Y. Spatial Distribution of Economic Activities in Japan and China [M] // Henderson J V and François Jacques. Handbook of Regional and Urban Economics. Amsterdam: Elsevier, 2004.

[59] Glaeser E L, Kahn M E. Sprawl and Urban Growth [M] // Henderson J V and François Jacques. Handbook of Regional and Urban Economics. Amsterdam: Elsevier, 2004: 2481-2527.

[60] Glaeser E L, sacerdote B. Why is there More Crime in Cities? [J]. Journal of Political Economy, 1999, 107 (S6): S225-S258.

[61] Glaeser E L, Kallal H D, Scheinkman J A and Shleifer A. Growth in Cities [J]. Journal of Political Economy, 1992, 100 (6): 1126-1152.

[62] Glaeser E L, Kerr S P, Kerr W R. Entrepreneurship and Urban Growth: An Empirical Assessment with Historical Mines [J]. Review of Economics and Statistics, 2015, 97 (2): 498-520.

[63] Glaeser E L, Kolko J, Saiz A. Consumer City[J]. Journal of Economic Geography, 2001, 1 (1): 27-50.

[64] Glaeser E L, Scheinkman J, Shleifer A. Economic Growth in a Cross-Section of Cities [J]. Journal of Monetary Economics, 1995, 36 (1):

117-143.

[65] Glaeser L E, Maré C D. Cities and Skills [J]. Journal of Labor Economics, 2001, 19 (2): 316-342.

[66] Greenfield H I. Manpower, the Growth of Producer Services [M]. New York: Columbia University Press, 1966.

[67] Greenstone M, Hornbeck R, Moretti E. Identifying Agglomeration Spillovers: Evidence from Winners and Losers of Large Plant Openings [J]. Journal of Political Economy, 2010, 118 (3): 536-598.

[68] Grossman G M, Helpman E. Quality Ladders in the Theory of Growth [J]. Review of Economic Studies, 1991, 58 (1): 43-61.

[69] Hall R E, Jones C I. Why Do Some Countries Produce So Much More Per Worker than Others? [J]. Quarterly Journal of Economics, 1999, 114 (1): 83-116.

[70] Hansen B E. Inference When a Nuisance Parameter is Not Identified Under the Null Hypothesis [J]. Econometrica, 1996, 64 (2): 413-430.

[71] Hansen B E. Threshold Effects in Non-Dynamic Panels: Estimation, Testing, and Inference [J]. Journal of Econometrics, 1999, 93 (2): 345-368.

[72] Hansen B E. Sample Splitting and Threshold Estimation [J]. Econometrica, 2000, 68 (3): 575-603.

[73] Hansen N. Do Producer Services Induce Regional Economic Development? [J]. Journal of Regional Science, 1990, 30 (4): 465-476.

[74] Hansen N. The Strategic Role of Producer Services in Regional Development [J]. International Regional Science Review, 1993, 16 (1-2): 187-195.

[75] Hanson H G. Localization Economies, Vertical Organization, and

Trade [J]. American Economic Review, 1996, 86 (5): 1266-1278.

[76] Harrington J W. Empirical Research on Producer Service Growth and Regional Development: International Comparisons. The Professional Geographer, 1995, 47 (1): 66-74.

[77] Hart O. Corporate Governance: Some Theory and Implications [J]. Economic Journal, 1995, 105 (43): 678-689.

[78] Haughwout A F. Public Infrastructure Investments, Productivity and Welfare in Fixed Geographic Areas [J]. Journal of Public Economics, 2002, 83 (3): 405-428.

[79] Helpman E, Krugman P. Market Structure and Foreign Trade [M]. Cambridge: MIT Press, 1985.

[80] Helsley R W, Strange W C. Matching and Agglomeration Economies in a System of Cities [J]. Regional Science and Urban Economics, 1990, 20 (2): 189-212.

[81] Helsley R W, Strange W C. Coagglomeration, Clusters, and the Scale and Composition of Cities [J]. Journal of Political Economy, 2014, 122 (5): 64-71.

[82] Henderson J V. The Sizes and Types of Cities [J]. American Economic Review, 1974, 64 (4): 640-656.

[83] Henderson J V. Marshall's Scale Economies [J]. Journal of Urban Economics, 2003, 53 (1): 1-28.

[84] Henderson J V, Ono Y. Where Do Manufacturing Firms Locate their Headquarters? [J]. Journal of Urban Economics, 2008, 63 (2): 431-450.

[85] Henderson V, Kuncoro A, Turner M. Industrial Development in Cities [J]. Journal of Political Economy, 1995, 103 (5): 67-70.

[86] Holmes T J. Localization of Industry and Vertical Disintegration [J]. Review of Economics and Statistics, 1999, 81 (2): 314-325.

[87] Howells J, Green A E. Location, Technology and Industrial Organisation in U.K. Services[J]. Progress in Planning, 1986, 26 (2): 83-183.

[88] Huang C. The Impact of Informative Producer Services on Economic Growth: Theory and Evidence from US Manufacturing Industries [D]. North Carolina State University, 2012.

[89] Jaffe A B, Trajtenberg M and Henderson R. Geographic Localization of Knowledge Spillovers as Evidenced by Patent Citations [J]. Quarterly Journal of Economics, 1993, 108 (3): 577-598.

[90] Ke S, HE M, Yuan C. Synergy and Co-Agglomeration of Producer Services and Manufacturing: A Panel Data Analysis of Chinese Cities[J]. Regional Studies, 2014, 48 (11): 29-41.

[91] Koopmans T. Three Essays on the State of Economic Science [M]. New York: McGraw-Hill, 1957.

[92] Krugman P. Increasing Returns, Monopolistic Competition, and International Trade[J]. Journal of International Economics, 1979, 9 (4): 469-479.

[93] Krugman P. Scale Economies, Product Differentiation, and the Pattern of Trade [J]. American Economic Review, 1980, 70 (5): 50-59.

[94] Krugman P. Increasing Returns and Economic Geography [J]. Journal of Political Economy, 1991, 99 (3): 83-99.

[95] Levinsohn J, Petrin A. Estimating Production Functions Using Inputs to Control for Unobservables [J]. Review of Economic Studies, 2003, 70 (2): 317-341.

[96] Lucas R E. On the Mechanics of Economic Development [J]. Jour-

nal of Monetary Economics, 1988, 22 (1): 3-42.

[97] Macpherson A. The Role of Producer Service Outsourcing in the Innovation Performance of New York State Manufacturing Firms [J]. Annals of the Association of American Geographers, 1997, 87 (1): 52-71.

[98] Mameli F, Faggian A, Mccann P. Employment Growth in Italian Local Labour Systems: Issues of Model Specification and Sectoral Aggregation [J]. Spatial Economic Analysis, 2008, 3 (3): 343-360.

[99] Markusen J R. Trade in Producer Services and in Other Specialized Intermediate Inputs [J]. American Economic Review, 1989, 79 (1): 85-95.

[100] Marrewijk V C, Stibora J, Vaal D A, Viaene J. Producer Services, Comparative Advantage, and International Trade Patterns[J]. Journal of International Economics, 1997, 42 (1-2): 195-220.

[101] Marshall J N, Damesick P, Wood P. Understanding the Location and Role of Producer Services in the United Kingdom [J]. Environment and Planning A, 1987, 19 (5): 575-595.

[102] Martin P, Mayer T, Mayneris F. Spatial Concentration and Plant-Level Productivity in France[J]. Journal of Urban Economics, 2011, 69 (2): 182-195.

[103] Melitz M J, Ottaviano G I P. Market Size, Trade, and Productivity [J]. Review of Economic Studies, 2008, 75 (1): 295-316.

[104] Mills E S. An Aggregative Model of Resource Allocation in a Metropolitan Area [J]. American Economic Review, 1967, 57 (2): 197-210.

[105] Mirrlees J A. The Optimum Town [J]. Swedish Journal of Economics, 1972, 74 (1): 114-135.

[106] Moretti E. Estimating the Social Return to Higher Education: Evidence from Longitudinal and Repeated Cross-Sectional Data [J]. Journal of

Econometrics, 2004a, 121 (1-2): 175-212.

[107] Moretti E. Human Capital Externalities in Cities [M] // Henderson J V and François Jacques. Handbook of Regional and Urban Economics. Amsterdam: Elsevier, 2004.

[108] Nunn N. Relationship-Specificity, Incomplete Contracts, and the Pattern of Trade [J]. Quarterly Journal of Economics, 2007, 122 (2): 569-600.

[109] Olley G S, PAKES A. The Dynamics of Productivity in the Telecommunications Equipment Industry [J]. Econometrica, 1996, 64 (6): 63-77.

[110] Ottaviano G I P. "New" New Economic Geography: Firm Heterogeneity and Agglomeration Economies [J]. Journal of Economic Geography, 2011, 11 (2): 231-240.

[111] Porter M E. Competitive Advantage of Nations [M]. New York: The Free Press, 1990.

[112] Rajan R G, Zingales L. Financial Dependence and Growth [J]. American Economic Review, 1998, 88 (3): 559-586.

[113] Riddle D I. Service-Led Growth: The Role of the Service Sector in World Development [J]. International Executive, 1986, 28 (1): 27-28.

[114] Rivera-Batiz F L. Increasing Returns, Monopolistic Competition, and Agglomeration Economies in Consumption and Production [J]. Regional Science and Urban Economics, 1988, 18 (1): 125-153.

[115] Romer P M. Increasing Returns and Long-Run Growth [J]. Journal of Political Economy, 1986, 94 (5): 22-37.

[116] Rosenthal S S, Ross A. Violent Crime, Entrepreneurship, and Cities [J]. Journal of Urban Economics, 2010, 67 (1): 135-149.

[117] Rosenthal S S, Strange W C. Geography, Industrial Organization, and Agglomeration[J]. Review of Economics and Statistics, 2003, 8533: 377-393.

[118] Schiller D, Burger M J, Karreman B. The Functional and Sectoral Division of Labour Between Hong Kong and the Pearl River Delta: From Complementarities in Production to Competition in Producer Services?[J]. Environment and Planning A, 2015, 47 (1): 188-208.

[119] Serafinelli M. Good Firms, Worker Flows and Local Productivity [J]. Journal of Labor Economics, 2019, 37 (3): 747-792.

[120] Tra C I. A Discrete Choice Equilibrium Approach to Valuing Large Environmental Changes [J]. Journal of Public Economics, 2010, 94 (1-2): 183-196.

[121] Van Beveren I. Total Factor Productivity Estimation: A Practical Review [J]. Journal of Economic Surveys, 2012, 26 (1): 98-128.

[122] Venables A J. Equilibrium Locations of Vertically Linked Industries [J]. International Economic Review, 1996, 37 (2): 341-359.

[123] Viladecans-Marsal E. Agglomeration Economies and Industrial Location: City-Level Evidence [J]. Journal of Economic Geography, 2004, 4 (5): 565-582.

[124] Wheaton W C, Lewis M J. Urban Wages and Labor Market Agglomeration [J]. Journal of Urban Economics, 2002, 51 (3): 542-562.

[125] Williamson O. The Economic Intstitutions of Capitalism: Firms, Markets, Relational Contracting [M]. New York: The Free Press, 1985.

[126] Wu W. Urban Infrastructure Financing and Economic Performance in China [J]. Urban Geography, 2010, 31 (5): 648-667.

[127] Yang L, Yao F, Dreger C. Producer Services-Structure Affects

Regional TFP Growth in China [R]. Washington DC: International Conference on Business Computing and Global Informatization, 2013.

[128] Young A. Gold into Base Metals: Productivity Growth in the People's Republic of China During the Reform Period [J]. Journal of Political Economy, 2003, 111 (6): 20-30.

[129] Henderson J V.中国的城市化：面临的政策问题与选择 [J]. 城市发展研究，2007 (4): 32-41.

[130] 白俊红，江可申，李婧. 中国地区研发创新的相对效率与全要素生产率增长分解 [J]. 数量经济技术经济研究，2009 (3): 139-151.

[131] 毕斗斗. 亚洲“四小龙”地区生产性服务业政策导向及启示 [J]. 国际经贸探索，2008 (5): 54-58.

[132] 薄文广. 外部性与产业增长——来自中国省级面板数据的研究 [J]. 中国工业经济，2007 (1): 37-44.

[133] 陈国亮，陈建军. 产业关联、空间地理与二三产业共同集聚——来自中国212个城市的经验考察[J]. 管理世界，2012 (4): 82-100.

[134] 陈建军，陈国亮，黄洁. 新经济地理学视角下的生产性服务业集聚及其影响因素研究——来自中国222个城市的经验证据 [J]. 管理世界，2009 (4): 83-95.

[135] 陈健，史修松. 产业关联、行业异质性与生产性服务业发展 [J]. 产业经济研究，2008 (6): 16-22.

[136] 陈洁，王耀中. 产业关联、空间效应与生产性服务业集聚——基于中国城市面板数据的研究 [J]. 山西财经大学学报，2015 (7): 35-46.

[137] 陈宪，黄建锋. 分工、互动与融合：服务业与制造业关系演进的实证研究 [J]. 中国软科学，2004 (10): 65-71.

[138] 陈钊，陆铭. 从分割到融合：城乡经济增长与社会和谐的政治经济学 [R]. 中国北京：北京论坛 (2006) 文明的和谐与共同繁荣——对

人类文明方式的思考，2006.

［139］程大中. 中国生产者服务业的增长、结构变化及其影响——基于投入—产出法的分析［J］. 财贸经济，2006（10）：45-52.

［140］程中华，于斌斌. 产业集聚与地区工资差距——基于中国城市数据的空间计量分析［J］. 当代经济科学，2014（6）：86-94.

［141］豆建民，汪增洋. 经济集聚、产业结构与城市土地产出率——基于我国234个地级城市1999~2006年面板数据的实证研究［J］. 财经研究，2010（10）：26-36.

［142］豆建民，张可. 集聚与污染：研究评述及展望［J］. 苏州大学学报（哲学社会科学版），2014（2）：109-118.

［143］范红忠. 交通住房政策效应与生产和人口的过度集中［J］. 经济研究，2008（6）：73-84.

［144］范剑勇，冯猛，李方文. 产业集聚与企业全要素生产率［J］. 世界经济，2014（5）：51-73.

［145］冯鹏飞，申玉铭. 北京生产性服务业和制造业共同集聚研究［J］. 首都经济贸易大学学报，2017（2）：49-59.

［146］冯泰文. 生产性服务业的发展对制造业效率的影响——以交易成本和制造成本为中介变量［J］. 数量经济技术经济研究，2009（3）：56-65.

［147］高传胜，李善同. 中国生产者服务：内容、发展与结构——基于中国1987~2002年投入产出表的分析［J］. 现代经济探讨，2007（8）：68-72.

［148］高觉民，李晓慧. 生产性服务业与制造业的互动机理：理论与实证［J］. 中国工业经济，2011（6）：151-160.

［149］格鲁伯，沃克. 服务业的增长：原因和影响［M］. 陈彪如译. 上海：上海三联书店，1993.

［150］顾乃华. 我国服务业对工业发展外溢效应的理论和实证分析

[J]. 统计研究，2005（12）：9-13.

[151] 顾乃华. 转型期中国服务生产率研究 [M]. 北京：经济科学出版社，2008.

[152] 顾乃华. 生产性服务业对工业获利能力的影响和渠道——基于城市面板数据和SFA模型的实证研究 [J]. 中国工业经济，2010（5）：48-58.

[153] 顾乃华. 我国城市生产性服务业集聚对工业的外溢效应及其区域边界——基于HLM模型的实证研究[J]. 财贸经济，2011（5）：115-122.

[154] 顾乃华，毕斗斗，任旺兵. 中国转型期生产性服务业发展与制造业竞争力关系研究——基于面板数据的实证分析 [J]. 中国工业经济，2006（9）：14-21.

[155] 顾乃华，毕斗斗，任旺兵. 生产性服务业与制造业互动发展：文献综述 [J]. 经济学家，2006（6）：35-41.

[156] 韩峰，王琢卓，李玉双. 生产性服务业集聚与城市经济增长——基于湖南省地级城市面板数据分析[J]. 产业经济研究，2011（6）：19-27.

[157] 何玮. 我国大中型工业企业研究与开发费用支出对产出的影响——1990~2000年大中型工业企业数据的实证分析[J]. 经济科学，2003（3）：5-11.

[158] 贺正楚，吴艳，蒋佳林，陈一鸣. 生产服务业与战略性新兴产业互动与融合关系的推演、评价及测度 [J]. 中国软科学，2013（5）：129-143.

[159] 黄莉芳，黄良文，郭玮. 生产性服务业对制造业前向和后向技术溢出效应检验 [J]. 产业经济研究，2011（3）：29-37.

[160] 黄炜乐，肖扬. 全球城市产业发展历程与战略解析及对上海的启示 [J]. 城市建筑，2017（12）：56-58.

［161］黄永春，郑江淮，杨以文，祝吕静. 中国“去工业化”与美国“再工业化”冲突之谜解析——来自服务业与制造业交互外部性的分析［J］. 中国工业经济，2013（3）：7-19.

［162］江静，刘志彪，于明超. 生产者服务业发展与制造业效率提升：基于地区和行业面板数据的经验分析［J］. 世界经济，2007（8）：52-62.

［163］江小涓，李蕊. FDI 对中国工业增长和技术进步的贡献［J］. 中国工业经济，2002（7）：5-16.

［164］金相郁. 中国城市全要素生产率研究：1990~2003［J］. 上海经济研究，2006（7）：14-23.

［165］柯善咨，赵曜. 产业结构、城市规模与中国城市生产率［J］. 经济研究，2014（4）：75-88.

［166］赖永剑. 集聚、空间动态外部性与企业创新绩效——基于中国制造业企业面板数据［J］. 产业经济研究，2012（2）：9-17.

［167］李嘉图. 政治经济学及赋税原理［M］. 周洁译. 北京：华夏出版社，2005.

［168］李建民. 人力资本与经济持续增长［J］. 南开经济研究，1999（4）：1-6.

［169］李美云. 服务业的产业融合与发展［M］. 北京：经济科学出版社，2007.

［170］李培. 中国城市经济增长的效率与差异［J］. 数量经济技术经济研究，2007（7）：97-106.

［171］李筱乐. 政府规模、生产性服务业与经济增长——基于我国 206 个城市的面板数据分析［J］. 国际贸易问题，2014（5）：105-112.

［172］李郇，徐现祥，陈浩辉. 20 世纪 90 年代中国城市效率的时空变化［J］. 地理学报，2005（4）：615-625.

［173］李妍，赵蕾，薛俭. 城市基础设施与区域经济增长的关系研

究——基于 1997-2013 年我国 31 个省份面板数据的实证分析[J]. 经济问题探索，2015（2）：109-114.

［174］李杨，程斌琪. 北京市生产性服务业发展与高端制造业增长［J］. 北京社会科学，2017（10）：10-17.

［175］李子奈，叶阿忠. 高级应用计量经济学［M］. 北京：清华大学出版社，2012.

［176］连玉君，程建. 不同成长机会下资本结构与经营绩效之关系研究［J］. 当代经济科学，2006（2）：97-103.

［177］梁琦. 产业集聚论［M］. 北京：商务印书馆，2004.

［178］梁琦，李晓萍，简泽. 异质性企业的空间选择与地区生产率差距研究［J］. 统计研究，2013（6）：51-57.

［179］梁琦，李晓萍，吕大国. 市场一体化、企业异质性与地区补贴——一个解释中国地区差距的新视角［J］. 中国工业经济，2012（2）：16-25.

［180］林毅夫. 新结构经济学［M］. 苏剑译. 北京：北京大学出版社，2012.

［181］刘秉镰，李清彬. 中国城市全要素生产率的动态实证分析：1990~2006——基于 DEA 模型的 Malmquist 指数方法［J］. 南开经济研究，2009（3）：139-152.

［182］刘纯彬，杨仁发. 中国生产性服务业发展的影响因素研究——基于地区和行业面板数据的分析[J]. 山西财经大学学报，2013（4）：30-37.

［183］刘培林，宋湛. 服务业和制造业企业法人绩效比较［J］. 经济研究，2007（1）：89-101.

［184］刘生龙，胡鞍钢. 交通基础设施与经济增长：中国区域差距的视角［J］. 中国工业经济，2010（4）：14-23.

[185] 刘修岩. 集聚经济、公共基础设施与劳动生产率——来自中国城市动态面板数据的证据 [J]. 财经研究，2010（5）：91-101.

[186] 刘志彪. 全球化背景下中国制造业升级的路径与品牌战略 [J]. 财经问题研究，2005（5）：25-31.

[187] 刘志彪. 论现代生产者服务业发展的基本规律[J]. 中国经济问题，2006（1）：3-9.

[188] 路江涌，陶志刚. 中国制造业区域聚集及国际比较[J]. 经济研究，2006（3）：103-114.

[189] 鲁晓东，连玉君. 中国工业企业全要素生产率估计：1999~2007 [J]. 经济学（季刊），2012（2）：541-558.

[190] 罗勇，曹丽莉. 中国制造业集聚程度变动趋势实证研究 [J]. 经济研究，2005（8）：106-115.

[191] 马国霞，石敏俊，李娜. 中国制造业产业间集聚度及产业间集聚机制 [J]. 管理世界，2007（8）：58-65.

[192] 马歇尔. 经济学原理 [M]. 贾开吉译. 沈阳：万卷出版公司，2012.

[193] 毛德凤，李静，彭飞，骆正清. 研发投入与企业全要素生产率——基于 PSM 和 GPS 的检验 [J]. 财经研究，2013（4）：134-144.

[194] 毛艳华，李敬子. 中国服务业出口的本地市场效应研究 [J]. 经济研究，2015（8）：98-114.

[195] 倪鹏飞. 中国城市竞争力与基础设施关系的实证研究 [J]. 中国工业经济，2002（5）：62-69.

[196] 聂辉华，江艇，杨汝岱. 中国工业企业数据库的使用现状和潜在问题 [J]. 世界经济，2012（5）：142-158.

[197] 齐讴歌，周新生，王满仓. 房价水平、交通成本与产业区位分布关系再考量 [J]. 当代经济科学，2012（1）：100-108.

[198] 乔为国，周卫峰. 中国三次产业结构特征及解释[J]. 数量经济技术经济研究，2004（11）：36-43.

[199] 邵军，徐康宁. 我国城市的生产率增长、效率改进与技术进步[J]. 数量经济技术经济研究，2010（1）：58-66.

[200] 邵敏，包群. 政府补贴与企业生产率——基于我国工业企业的经验分析［J］. 中国工业经济，2012（7）：70-82.

[201] 沈飞，吴解生，陈寿雨. 生产性服务业对制造业集聚、竞争力提升的影响及两产业耦合关联的实证研究［J］. 技术经济，2013（11）：50-56.

[202] 司传宁. 政府补贴与异质企业选址［J］. 理论学刊，2014（9）：78-82.

[203] 斯密. 国富论［M］. 严复译. 北京：世界图书出版公司，1970.

[204] 藤田昌久，克鲁格曼，维纳布尔斯.空间经济学——城市、区域与国际贸易［M］. 梁琦译. 北京：中国人民大学出版社，2010.

[205] 田华泉，张祥建. 生产性服务业的集群化发展模式与形成机理——基于伦敦和纽约的比较［J］. 上海经济研究，2010（9）：46-54.

[206] 王成东，綦良群，蔡渊渊. 装备制造业与生产性服务业融合影响因素研究［J］. 工业技术经济，2015（2）：134-142.

[207] 王小鲁，夏小林. 优化城市规模推动经济增长［J］. 经济研究，1999（9）：22-29.

[208] 王业强. 倒“U”型城市规模效率曲线及其政策含义——基于中国地级以上城市经济、社会和环境效率的比较研究［J］. 财贸经济，2012（11）：127-136.

[209] 吴三忙，李善同. 专业化、多样化与产业增长关系——基于中国省级制造业面板数据的实证研究［J］. 数量经济技术经济研究，2011（8）：21-34.

［210］吴延兵. 自主研发、技术引进与生产率——基于中国地区工业的实证研究［J］. 经济研究，2008（8）：51-64.

［211］吴忠. 纽约、东京、伦敦制造业发展模式及对上海的启示［J］. 科学发展，2018（11）：14-25.

［212］席强敏. 城市效率与城市规模关系的实证分析——基于 2001~2009 年我国城市面板数据［J］. 经济问题，2012（10）：37-41.

［213］肖文，樊文静. 产业关联下的生产性服务业发展——基于需求规模和需求结构的研究［J］. 经济学家，2011（6）：72-80.

［214］徐清，陈旭. 劳动力转移与城市劳动力集聚的最优规模——基于地级城市的面板数据［J］. 当代经济科学，2013（5）：65-73.

［215］许政，陈钊，陆铭. 中国城市体系的"中心—外围模式"［J］. 世界经济，2010（7）：144-160.

［216］雅各布斯. 城市经济［M］. 项婷婷译. 北京：中信出版社，2007.

［217］杨本建，毛艳华. 产业转移政策与企业迁移行为——基于广东产业转移的调查数据［J］. 南方经济，2014（3）：1-20.

［218］杨仁发. 生产性服务业发展、制造业竞争力与产业融合［D］. 南开大学博士学位论文，2013.

［219］杨仁发. 产业集聚与地区工资差距——基于我国 269 个城市的实证研究［J］. 管理世界，2013（8）：41-52.

［220］姚先国，张海峰. 教育、人力资本与地区经济差异［J］. 经济研究，2008（5）：47-57.

［221］余壮雄，杨扬. 大城市的生产率优势：集聚与选择［J］. 世界经济，2014（10）：31-51.

［222］袁志刚，高虹. 中国城市制造业就业对服务业就业的乘数效应［J］. 经济研究，2015（7）：30-41.

[223] 张伯伦. 垄断竞争理论 [M]. 周文译. 北京：华夏出版社，2009.

[224] 张浩然. 生产性服务业集聚与城市经济绩效——基于行业和地区异质性视角的分析 [J]. 财经研究，2015 (5)：67-77.

[225] 张军，吴桂英，张吉鹏. 中国省际物质资本存量估算：1952~2000 [J]. 经济研究，2004 (10)：35-44.

[226] 张可，豆建民. 集聚对环境污染的作用机制研究[J]. 中国人口科学，2013 (5)：105-116.

[227] 张学良. 中国交通基础设施促进了区域经济增长吗——兼论交通基础设施的空间溢出效应 [J]. 中国社会科学，2012 (3)：60-77.

[228] 张应武. 基于经济增长视角的中国最优城市规模实证研究 [J]. 上海经济研究，2009 (5)：31-38.

[229] 张志彬. 生产性服务业与城市经济可持续发展研究 [D]. 湖南大学博士学位论文，2013.

[230] 张志勇. 新加坡服务业产业升级经验及对济南市服务业竞争力提升的启示 [J]. 山东商业职业技术学院学报，2014 (1)：6-10.